河南农业大学2025年度教材建设项目立项教材（25JCXM05）

九州文库

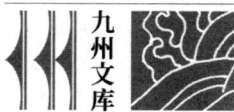

乡村治理概论

张颖举　主编

九州出版社
JIUZHOUPRESS

图书在版编目（CIP）数据

乡村治理概论／张颖举主编；呼连焦等副主编 .
北京：九州出版社，2025.5. -- ISBN 978-7-5225
-3977-5

Ⅰ. D638
中国国家版本馆 CIP 数据核字第 20258W8Q02 号

乡村治理概论

作　　者　张颖举　主　编　　呼连焦　等　副主编
责任编辑　郝军启
出版发行　九州出版社
地　　址　北京市西城区阜外大街甲 35 号（100037）
发行电话　（010）68992190/3/5/6
网　　址　www.jiuzhoupress.com
印　　刷　三河市华东印刷有限公司
开　　本　710 毫米×1000 毫米　16 开
印　　张　16
字　　数　287 千字
版　　次　2025 年 5 月第 1 版
印　　次　2025 年 5 月第 1 次印刷
书　　号　ISBN 978-7-5225-3977-5
定　　价　95.00 元

编委会

前　言

　　本书编写的目的是满足高校乡村治理专业"乡村治理概论"课程的教学需要。所以本书的内容与结构要根据这一编写目的来确定。首先,它在研究乡村治理问题上,必须与其他有关课程,有必要的分工。乡村治理学作为一门研究领域较广的学科,既要从国家治理和城乡关系视角研究宏观的乡村治理问题,也要从乡村内部和基层乡村治理主体视角研究微观的乡村治理问题。但是,由于科学和课程分工的发展,这本《乡村治理概论》将其论述的任务主要限制在宏观乡村治理问题方面。因此,本书主要介绍乡村治理的基本概念、基本理论、治理组织体系、基本制度等,让学生对乡村治理专业的研究范畴、研究对象、研究内容形成一个框架性认识,具有概论性质。许多问题的更深入研究和介绍留给其他更加专门的课程去解决。据此,本书的内容与结构体系为:第一章,绪论,主要介绍与乡村治理相关的概念、乡村治理的主体客体和基本功能,使学生对乡村治理有一个概念性的认知。第二章,介绍中国乡村治理的历史沿革,使学生系统性了解中国主要朝代的乡村治理及对当代中国乡村治理体系的影响和启示。第三章选取美德日作为世界主要发达国家的代表,介绍一下其当前的乡村治理情况,使学生了解主要发达国家乡村治理情况及对当代中国乡村治理的影响和启示,本章与第二章相呼应,使学生对于古今中外的乡村治理情况有一个全面性的了解。第四章,梳理及讲述与乡村治理相关的主要理论及其在乡村治理中的运用,使学生了解指导乡村治理的主要理论有哪些及这些理论对现实的乡村治理实践产生了哪些实质性影响。第五章,系统性地介绍乡村治理的主要制度,通过梳理和介绍乡村治理领域中主要的政治、经济、社会、文化和环境制度,让学生对乡村治理现实场景中运行的主要法律法规和政策有一个全面性的了解。第六章,介绍和分析当代中国乡村治理体系和治理能力现代化问题,使学生了解和把握当前中国乡村治理体系和治理能力现代化建设的理论依据、现实路径和建设进程中面临的挑战及对策。

　　由于乡村治理是一个新兴的专业,作为基础和纲领性质的《乡村治理概论》

教材在编写过程中可直接借鉴和学习的文献和资料不多，加之我们对乡村治理学钻研不深，书中错误与不当之处在所难免，请读者予以指正，以便后续改进。本书在写作过程中，借鉴了诸多国内外相关学科、相关领域的资料和文献，在此一并感谢。本书的写作分工如下：张颖举担任主编，负责本书大纲拟订和书稿统筹工作。张颖举编写前言、第一章和第三章，呼连焦编写第二章，高霞编写第四章，董鑫编写第五章第一、三、四节，孙梅编写第五章第二、五节和第六章。

目 录
CONTENTS

第一章

绪 论

乡村治理作为一个贯穿古今、跨越东西方的基本治理问题之一，是国家治理中必不可少的关键环节，其治理能力和治理水平关系到国家治理能力和治理水平的发展。本书将从基本概念、治理组织体系、基本理论、基本制度、治理体系和治理能力现代化五大方面介绍乡村治理的主要内容。本章主要介绍乡村治理的基本概念，分为"乡村治理相关概念""乡村治理的主体客体、基本特征与基本功能"两节。特别说明，本书认为乡村与农村系同一概念、不同称谓，这是学术界、政府部门、社会公众的主流观点和普遍认知，故在本章及本书其他章节，根据学术习惯、政府文件或具体阐释内容的不同，采取不同的称谓，存在着混用现象。

第一节 乡村治理相关概念

一、乡村概念与类型划分

（一）乡村概念

对概念形成一定的认知，是一个学科前行的基础。乡村作为乡村治理学的核心概念，其重要性不言而喻。对乡村概念形成怎样的认知，指引着乡村治理的方向。不同的国家和国际组织均以适合其当地背景或政策愿望的方式定义乡村。本节在各类定义之间进行有效的比较，然后提出或筛选出一个适用于中国，特别是适用于中国乡村治理的定义。

1. 农业产业视角的定义

从农业产业的视角看，乡村是一种产业概念。乡村指的是以农业生产为主体的地域，从事农业生产的人就是农民，以农业生产为主的劳动人民聚居的场所就是农村聚落。这一定义的出发点是把农业产业作为乡村赖以存在、发展的前提，没有农业的存在，乡村就不成其为乡村，农民就不成其为农民。在日常用语中，人们习惯将"乡村"等同于"农村"，就是基于这一概念。比如，按照《辞海》的解释，狭义的乡村专指村庄，广义的乡村是以农业生产劳动者为主的聚居地。学者韩欣宇将乡村概念界定为以农业生产为主，与城镇化区域在社会、经济、生态等领域存在显著差异的地域空间。[①]

从界定乡村的角度分析，这一定义的内涵和外延都缺乏严密性。首先，以农业生产为主体，是以从事农业生产的人来决定，还是以农业生产在整个经济中的地位，或者是以农业生产用地在整个土地利用结构中的比重来确立呢？这个主体的含义是模糊的，没有明确说明以什么为主体。不管是以人，还是以经济、用地来确立主体都难以正确地把握当今的农村与非农村。其次，对从事农业生产的人——农民而言，农业人口＝农民＝农村人，也许在单一从事农业生产的地方，这个等式是存在的，但农业人口兼业化的发展，使这一性质日趋复杂，他们既从事农业生产又从事非农活动，这些农户可以根据其兼业的行业分为一兼农户（主要就业于农业，其收入主要来源于农业经营）、二兼农户（主要就业于非农产业，收入主要来源于非农业经营），还不包括农业内部的兼业活动，或者已经有固定的非农就业岗位的农户。再次，从场所和地域的角度来看，农村聚落往往是农业活动与非农业活动并存，农业人口与非农业人口混杂。而且在某些非农业发达的农村地区，不管是从非农化水平还是从总量上看，都超过了中心城区，出现了所谓的"农村包围城市"现象，这样就更难以对该地方或地域进行归类。

2. 人口规模视角的定义

居民点的人口规模经常用于区分城市/乡村。美国人口普查局在每十年一次的人口普查后会调整一次城市定义并公布相应的名单；相应地，不是城市的区域（不在名单上的地方）就被界定为乡村。这种界定不断调整是为满足政策制定者和研究人员的需求，主要涉及各类公共资金的分配问题。按照2010年标准，城市分为两类：城市化地区（Urbanized Areas，UAs）和城市群落（Urban Clusters，UCs）。城市化地区需要有至少5万名居民，且其中心城市的人口密度必须达到1000人/平方英里（即386人/平方公里）以上，以及毗邻中心的腹地人口密度必须达500人/平方英里（193人/平方公里），城市群落至少拥有2,500

---

① 韩欣宇. 城乡统筹背景下乡村住区发展与空间重构研究 [D]. 天津：天津大学博士学位论文，2018：4.

人（2500—49,999 人），其他地方就相应地成为乡村（Rural）。总结来说，按照人口规模，一个特定区域被列为城市至少具有 2,500 名居民，且城市地区的核心人口密度至少为每平方英里 1,000 人，包括每平方英里至少 500 人的毗连地区，低于以上标准的区域就是乡村。

2022 年 12 月 29 日，美国人口普查局根据 2020 年的人口普查数据公布了新的城市划分标准和城市名单，相应地就产生了新的乡村标准。这个标准发生了三大变化：（1）把"城市化地区"和"城市群落"两个名称合并为一个名称"城市地区（Urban Areas）"。（2）人口规模标准提高，确定一个地区是否是城市的两个标准之一是拥有至少 5,000 居民。（3）人口密度标准被取消，增加了住房单元标准。确定一个地区是否是城市的两个标准之一是拥有至少 2,000 个住房单元。新标准即，"如果一个地区拥有至少 2,000 个住房单元或至少 5,000 人口，则该地区将符合城市标准的要求"①。相应地，拥有少于 2,000 个住房单元或少于 5,000 名居民的定居点就是乡村。从上述定义可以看出，城市地区不一定遵循市政边界；它们本质上是从空中看起来人口稠密的地区。大多数县，无论是大都市还是非大都市，都包含城市和农村人口的组合。相似的还有英国，英国政府将居住人口少于 10,000 人的定居点定义为乡村地区。

实际上，许多国际组织都提倡以人口密度来划分城市和乡村。2021 年，欧盟、联合国粮农组织、联合国人居署、国际劳工组织、经济合作与发展组织以及世界银行等六大国际机构在历时五年商讨研究的基础上，形成了一个关于城乡界定的研究报告 *Applying the Degree of Urbanisation*：*A METHODOLOGICAL MANUAL TO DEFINE CITIES, TOWNS AND RURAL AREAS FOR INTERNATIONAL COMPARISONS*《城市化水平判定——国际比较中定义城市、市镇和农村的方法手册》。这个向世界各国提出的具有实操性的统计改革手册，提出的界定城乡的方法，是将目标区域按每一平方公里面积划分为连续的单元，根据每个单元的人口密度、人口规模以及每个单元与相邻单元的连续情形来划定城乡。这个方案实际上把人口分布聚落划分为 3 个类别，分别是城市、市镇及人口半稠密区、乡村。城市：在连续的若干单元中，每个单元的人口密度大于等于 1,500 人，居民点相互连接，人口总量超过 5 万人，且至少一半人口处于地理上完全连续的中心区。按这个定义，设想一个松散型、类似美国的最小城市情形：

---

① U. S. Census Bureau. Urban Area Criteria for the 2020 Census-Final Criteria [R/OL]. https：//www.federalregistergov/documents/2022/03/24/2022-06180/urban-area-criteria-for-the-2020-census-final-criteria.

3平方公里居住2.5万人构成核心区，其余2.5万人住在与中心区域相毗邻的约16平方公里的区域里，且每平方公里人口密度都大于1,500人。当然还可以设想一个紧凑型最小城市的情形，如荷兰的小城市。市镇及人口半稠密区：在连续的若干单元中，排除城市群中的市中心区域，每个单元的人口密度大于300人，人口总量大于5,000人，居民点有分隔，且中心区域的人口不超过半数。乡村：去除以上区域后，目标区域的其他部分都是乡村。

这种定义的优点是比较简洁，通过人口网格单元的最小人口阈值来衡量。然而，缺点是，分类是基于人口的，通常不会讨论城乡农村文化和经济差异——这些差异对政策和研究有重大影响。① 事实上，一个有用的定义不仅应该区分什么是城市和农村，还应该能够描述农村地区不同地区之间的差异。

3. 社会文化视角的定义

社会学家和人类学家多从社会文化这一角度来定义乡村，着眼于城乡居民之间行为与态度上的差异性。基于社会文化视角的学者把乡村作为一种社会文化构成，认为低人口密度地区（乡村地区）的居民与高人口密度地区（城市地区）的居民存在价值观、行为和文化上的差异。乡村是一种社会文化概念，是涵盖着农耕文明、传统习俗、镶嵌于现代化进程、实施村民自治等物质、组织、机制等文化符号的组合，也包括社会公众对乡村缓慢的生产生活节奏、繁闹的集市、仲夏夜满天的星星、与牛羊同框等田园般生活样态的浪漫想象，当然也包括对乡村落后、愚昧、封建的歧视性标签。例如，叶君认为，乡村往往与城市对举，它们分别指涉两种基本的、互有差异的经济形态、文化形态、生活方式和社会组织结构等。②

乡村往往与固守传统的地方性价值观相联系，但是在不同地理环境中的调查和比较表明，虽然乡村社会行为相对单一，风俗、道德的习惯势力较大，乡村社会生活以大家庭为中心，家庭观念、血缘观念比城市重，但并不存在基于价值基础定义"乡村"所要求的居民态度的统一性和稳定性。

4. 景观生态视角的定义

基于景观生态视角的学者从城市与乡村之间的人口分布、景观、土地利用特征、相对隔离程度等生态环境与景观差异着手，将乡村界定为土地利用方式

① Hart, G., Larson, H., & Lishner, M. Rural definitions for health policy and research [J]. American Journal of Public Health, 2005, 95 (7), 1149-1155.
② 叶君. 农村·乡土·家园·荒野——论中国当代作家的乡村想象 [D]. 武汉：华中师范大学博士论文，2004：15. 任大鹏. 法律规范乡村概念 助推乡村振兴 [A/OL]. https：//www.farmer.com.cn/2021/05/12/99869997.html.

粗放，郊外空间开阔，聚居规模较小的地区。这一定义将乡村认为一个特定的空间地域单元，既包括乡村居民点，又包括居民点所管辖的周围地区。"乡村是一种地理概念，是相对于城市的地理区域，乡村就是由村落和农舍、田园和庄稼、牛羊猪鸡以及时而忙碌时而闲散的人口等具有明显特征的要素组合而成的特定区域。"

该视角下的乡村定义与人们对乡村的表观印象比较接近。但其不足之处在于，乡村的景观和生态特征具有可变性，并且景观和生态特征缺乏明确的分类和评价的标准。

5. 特定政策制度视角的定义

新中国成立后，我们逐渐建立起来各种具有社会主义特色的、具有城乡差异的社会管理制度，比如户籍、土地、教育、医疗、养老、基础设施建设等制度。由于某一特定的制度，会形成市民和农民、城和乡的概念。这种概念是制度意义上的，两种不同的制度，形成的城和乡概念都会不同；或者某一制度的自身变化，也会改变相应的城和乡的概念。比如，在人口登记制度上，我国在20世纪60年代区分了农村与城市户籍以后，除少数管道（国家招聘、国有企业正式就业、考入公办大学或专科院校等）外，所有出生于农村家庭的人口，都被称作"农民"，他们所居住的地方，习惯上被看作乡村。

改革开放以来，尤其是党的十八大以来，在消除城乡之间的制度差异方面，党和国家出台了一系列重大政策，例如改革土地征收制度、集体经营性建设用地直接入市、义务教育统筹发展、逐步实现基本公共服务均等化等。但我们还需要认识到，诸多具有城乡差异的制度并未完全消失，基于相应制度形成的城市与乡村观念和界定还在影响着公共管理活动和社会生活。

6. 城乡二分法定义乡村

城乡二分法是一种非常普遍的界定乡村的方式。这种观念认为，乡村是一种地理概念，是相对于城市的地理区域。比如，《中华人民共和国乡村振兴促进法》第二条第二款规定，本法所称乡村，是指城市建成区以外具有自然、社会、经济特征和生产、生活、生态、文化等多重功能的地域综合体，包括乡镇和村庄等。这是我国第一次在法律中规定乡村的概念。

城市建成区是指在城市行政区内实际已成片开发建设、市政公用设施和公共设施基本具备的地区。[①] 从广义上讲，建成区是指城市行政范围内，实际建成

①　中华人民共和国建设部. 城市规划基本术语标准［R/OL］（1998-8-13）［2024-1-3］. https：//www. planning. org. cn/law/uploads/2013/1384002148. pdf.

5

或正在建成的、相对集中分布的地区，是城市建设发展在地域分布上的客观反映，包括中心区集中连片的部分，以及分散到近郊区内，但与城市有着密切联系的其他城市建设用地。理论上说，城区实体地域范围应当与城市建成区范围相吻合。从现实上说，每个城市的住房和城乡建设局都会公布明确的城市建成区范围。例如，2023 年 8 月，郑州市人民政府发布了关于 2022 年郑州市城市建成区规模的通告。根据通告，2022 年郑州市中心城区城市建成区面积 774.32 平方公里，市域城市建成区面积为 1384.51 平方公里。①

乡村是指城市建成区以外的区域，也就是把县城以下的区域以及城市行政区内的区辖镇（乡）和村看作乡村。在这一区域，有其明显的自然、社会和经济特征，也具有某些共同的制度特点，如土地主要归集体所有，产业主要是种植业和养殖业，基础设施和公共服务相对滞后，需要从法律和政策上给予特别扶持。

此概念的优点在于：与公众认知一致，易于理解和使用。不足之处在于：在城镇化、工业化快速发展的条件下，不少建制镇（乡）的建成区的居民和产业与农业关系不大，甚至有些从地域规模上可以算作小城市。这些地方本质上属于"城市"，即城市的一类"城镇"。与此同时，一些城市郊区虽然被划为城区，但实际上农业仍很重要，从经济形态和社会形态上来说，这些本质上还属于农村。因此当前的这个概念在某些条件会失真，会名不符其实。但总体上来说，此概念瑕不掩瑜，能对乡村有明确、易于操作的界定，具有重要的实践价值。

7. 本书所采用的乡村概念

本书采用《中华人民共和国乡村振兴促进法》的乡村概念。乡村是指城市建成区以外具有自然、社会、经济特征和生产、生活、生态、文化等多重功能的地域综合体，包括乡镇和村庄等。采用原因有两大方面，一是该概念符合公众的普遍认知，易于理解和使用，同时乡村治理语境下的乡村概念与乡村振兴促进法所定义的概念在应用场景上具有一致性。

（二）乡村类型划分

我国地域辽阔，农业人口和村庄数量众多，加之自然环境、区域位置、经济基础等条件的不同，导致广大乡村在发展方面存在着不平衡性，内部还存在着巨大差异。政府和学界普遍认为研究和解决乡村发展问题，需要首先对乡村

---

① 郑州市人民政府. 郑州市人民政府关于 2022 年郑州市城市建成区规模的通告［R/OL］
（2023-8-29）［2024-1-3］. https://public.zhengzhou.gov.cn/D0104X/7762708.jhtml.

进行类型细分，从而立足当地实际和发展水平制定合适的乡村发展政策。在经济和社会发展领域，划分乡村类型的依据大体相同，主要依据经济发展水平和区域位置两个维度进行，只是在具体的划分标准、划分指标选取和划分的侧重点方面有所不同；但划分乡村类型的口径却存在着宏观和微观之分。

所谓宏观口径的乡村类型划分，是指以县及以上行政区为基本单位来细分乡村区域类型。刘慧根据发展水平、产业结构、发展潜力、市场化与对外交流和发展速度六个方面的指标，以省为单位，把我国的乡村分为现代化乡村、发达乡村、农业为主的中等发达乡村、非农产业发展较快的中等发达乡村、欠发达乡村、不发达乡村6种类型，如上海市的乡村属于现代化乡村类型，西藏和青海乡村为不发达乡村类型。① 崔明等按照经济发展水平相对一致的原则，以省为单位，把我国乡村划分为发达类型、相对发达类型、发展中类型、相对落后类型、落后类型五个类型。② 黄顺江将村庄经济发展水平、产业类型、地理位置相结合，将乡村分为城郊型、工矿型、普通型、离散型四类。③ 许涛等根据区域经济规模、人均国内生产总值、农民人均家庭纯收入、乡村非农份额等指标，以地市（州）为单位，将新疆乡村划分为发达、较发达和不发达三种类型区。④ 李鋆等采用类似的分类方法，把河南省18地市乡村划分为7大类，即以商丘为代表的第一类、以驻马店为代表的第二类、以安阳为代表的第三类、以洛阳为代表的第四类、以新乡为代表的第五类、以郑州为代表的第六类、以济源为代表的第七类。⑤

所谓微观口径的乡村类型划分，是以村庄为基本单位来细分乡村区域类型。杜漪根据村庄经济的发达程度，将乡村划分归为四种类型，即发达类型、相对发达类型、相对落后类型、落后类型。李孝坤等根据村庄经济发展水平和产业支撑状况，将乡村划分为第一产业主导型、工矿业主导型、商旅服务型和均衡型等四种类型⑥。河南、陕西、青海在新型农村社区建设中，根据村庄所处区位

① 刘慧. 我国农村发展地域差异及类型划分 [J]. 地理学与国土研究 2002 (4)：71-75.
② 崔明，覃志豪，唐冲，耿杰，王娜. 我国新农村建设类型划分与模式研究 [J]. 城市规划，2006 (12)：27-32.
③ 黄顺江，曹妙会. 新农村规划的几种类型 [J]. 城乡建设，2008 (5)：59-60.
④ 许涛，杨德刚，张秋菊. 新疆农村经济地域类型划分与不发达类型区农村产业结构调整的基本思路 [J]. 干旱区地理，2001 (2)：177-181.
⑤ 李鋆，孟彦菊，翁丽丽，李永实. 河南农村经济类型的聚类划分及分析 [J]. 农村农业农民，2006 (5)：59.
⑥ 杜漪. 汶川地震重灾区新农村社区重建模式研究 [J]. 河北经贸大学学报，2009 (6)：75-80.

的不同，将乡村分为城镇规划区范围内乡村和城镇规划区范围外乡村；河北省结合村庄所处区位和经济发展程度两方面的因素，将乡村细分为城乡接合部乡村、经济条件较好乡村、经济落后乡村。

宏观口径的乡村类型细分实质是对县及以上行政区域内乡村整体发展水平的评估和分类，它讨论和比较的是县与县之间、市与市之间、省与省之间乡村发展差异的问题，对全国性或地区性的乡村发展战略制定具有重要指导和参考意义。微观口径的乡村类型细分实质是对个体村庄发展水平和区域位置的评估和分类，它讨论和比较的是村庄之间的发展差异问题，对微观的村庄整治和发展战略制定具有重要的指导和参考意义，但部分分类的缺陷在于把村庄概念与乡村概念混同了。

二、农村社区相关概念

（一）社区

有人群的地方就有社区，人类社区一直客观存在着；但产生"社区"概念并以此来形容具有共同价值观和归属感的人群共同体则是近代的事情。1887年，德国社会学家费迪南·滕尼斯在其代表作《共同体与社会》中最早提出"社区"一词。他将"社区"与"社会"予以明确区分，认为"社区"是具有共同价值观和归属感的社会生活共同体，是人们"本质意志"的联合体；而社会是基于理性利益的选择而建立起的人群组合，是"选择意志"的"机械合成体"①。这可以说是最原始的社区概念。滕尼斯创造社区概念，意在分析欧洲工业化进程中社会群体消解、变迁、异化的过程，是一个纯粹的社会学概念。但随着社区概念在人类学、政治学、经济学等不同学科的广泛使用，社区的概念和内涵不断丰富和变化，目前学界尚无统一的定义。虽然社区定义众多、表述各有不同，但从本质上来说，众多定义基本可以分为两大类：一类认为社区是精神和人群的共同体，并不包含地域要素，认为群体成员具有共同的价值观和归属感即为社区。滕尼斯的定义即属这一类型。一类在认可社区是精神和人群的共同体的同时，强调社区的地域特征，即群体成员必须具有共同的居住地。美国芝加哥学派帕克教授的定义较有代表性："社区是占据在一块被或多或少明确地限定了的地域上的人群汇集。"② 从总体上说，第二类的定义较多。

---

① ［德］F. 滕尼斯 著，林荣远 译. 共同体与社会 ［M］. 北京：商务印书馆，1999：78.
② ［美］R. E. 帕克，E. N. 伯杰斯，R. D. 麦肯齐等 著，宋俊玲等 译. 城市社会学 ［M］. 北京：华夏出版社，1987：110.

著名社会学家费孝通先生 20 世纪 30 年代将"社区"一词引入我国并提出了最早的社区定义。费孝通先生的定义如下："若干社会群体（家庭、民族）或社会组织（机关、团体）聚集在一地域里，形成一个在生活上互相关联的大集体。"① 从中可以看出，自"社区"一词引入我国，中国社会科学界对它的理解便含有了地域性的因素。当代著名社会学家郑杭生视社区是一种地域社会，认为社区是进行一定的社会活动、具有某种互动关系和公共文化维系力的人类生活群体活动区域。② 项继权认为，社区是一定地域范围内的人们基于共同的利益和需求密切的交往而形成的具有较强认同的社会生活共同体。③ 刘君妮视社区为生活在同一地理区域内、具有共同意识和共同利益的社会群体。④ 刘视湘也提出了类似的定义："社区是某一地域里个体和群体的集合，其成员在生活上、心理上、文化上有一定的相互关联和共同认识。"⑤ 民政部 2000 年在《〈民政部关于在全国推进城市社区建设的意见〉的通知》中对社区的定义如下："社区是指聚居在一定地域范围内的人们所组成的社会生活共同体。"从以上定义中我们可以看出，理论界乃至政府部门关于社区概念的表述虽然有所不同，但基本观点相同，都认为社区具有共同的地域、较强的群体认同和密切的社会联系三个方面的特征。本书采用民政部概念，社区是指聚居在一定地域范围内的人们所组成的社会生活共同体。

（二）农村社区

尽管社区分类多样，但最基本的就是根据社区所处的地域和居民所从事产业的不同，分为农村社区和城市社区。这里的农村社区也称传统农村社区，两者含义合同，长期以来两者存在混用现象。特别是在"新型农村社区"这个概念广泛使用时，学界为了避免文字或理解上的歧义，往往以"传统农村社区"指代"农村社区"，从而与"新型农村社区"形成对照。出于不同的研究需要和认识，学者提出了多样性的农村社区概念。徐永祥提出："农村社区是居民以农业生产活动为主要生活来源的地域性共同体或区域性社会。"⑥ 娄成武把农村社区界定为"大部分人以传统的农业作为生产生活的主要活动和手段，人口规

---

① 社会学概论编写组.社会学概论［M］.天津：天津人民出版社，1984：213.
② 郑杭生.社会学概论（新修）［M］.北京：中国人民大学出版社，2003：272.
③ 项继权.论我国农村社区的范围与边界［J］.中共福建省委党校学报，2009（7）：4-10.
④ 刘君妮.汶上县新型农村社区建设研究［D］.山东农业大学硕士学位论文，2011：3.
⑤ 刘视湘.社区心理学［M］.北京：开明出版社，2013：60.
⑥ 徐永祥.社区发展论［M］.上海：华东理工大学出版社，2000：43.

模较小、居住相对松散的社区"①。

詹成付认为，严格意义上的农村社区是指聚居在一定地域范围内的农村居民在农业生产方式基础上所组成的社会生活共同体。② 刘健认为，农村社区是指一定地域范围内，以第一产业为主要经济活动，以共同的文化和心理因素为特征，以共同的利益为联结纽带，按照传统制度和社会关系结合而成的社会共同体和空间聚落。③ 沈亚南提出的农村社区定义是，"以农业生产活动为基础聚集起来的人群以一定的组织模式所形成的农村共同体"。④

从农村社区的众多定义中我们发现，学界普遍认同农村社区是一个居民以从事农业生产为主的地域性社会生活共同体。但对于这个"社会生活共同体"的地域范围有不同的认识。一些学者认为，农村社区应界定为"行政村"。李博的观点较有代表性："农村社区是由我国长期以来的行政村自发演变形成的传统社区，是指聚居在一定地域范围内的农村居民在农业生产方式基础上，通过共同的利益关系、社会互动和共同的服务体系所组成的社会生活共同体"。⑤ 一些学者则把农村社区的范围限定为一个自然村。于显洋把农村社区等同于自然村落。⑥ 另一些学者则把农村社区视为以乡镇为单位的小型农村社会。胡申生认为，农村社区指以村镇为活动中心，把从事农业生产作为主要生产功能的社会区域共同体。⑦ 陈百明认为，农村社区指农村各级居民点及乡政府所在地，即乡辖集镇和不同规模的村庄。⑧ 笔者认为，农村社区的地域范围应界定为"自然村"，原因如下：一是多数自然村路是根据血缘和地缘关系聚集起来的，这使自然村落是一个事实上的熟人社会，具有强烈的社会联系和群体认同，这是构成了社区的必要条件，而行政村或乡镇范围内的人群并不一定具有强烈的社会联系和群体认同，多数条件下不具备构成社区的必要条件。二是自然村也具有自己的管理组织和土地边界，管理组织往往以某某行政村某某村民小组的名义活

---

① 娄成武，孙萍. 社区管理 [M]. 北京：高等教育出版社，2003：11.
② 詹成付. 农村社区建设实验工作讲义 [M]. 北京：中国社会出版社，2008：5.
③ 刘健. 山东省新型农村社区发展模式与规划对策研究 [D]. 山东建筑大学硕士学位论文，2010：6.
④ 沈亚南. 基于社会基础理论的多村—社区模式研究 [D]. 曲阜师范大学硕士学位论文，2010：9.
⑤ 李博. 我国新型农村社区建设问题研究——以河南省为例 [D]. 河南大学硕士学位论文，2013：4.
⑥ 于显洋. 社区概论 [M]. 北京：中国人民大学出版社，2006：50.
⑦ 胡申生. 社区词典. [M]. 上海：上海古籍出版社，2006：45.
⑧ 陈百明. 农村社区更新理念模式及其立法 [J]. 自然资源学报，2000（4）：101-106.

动，是行政村村委会的一个构成部分，但具有独立处理自身所在村落事务的权力和能力；自然村落所拥有的土地数量及其边界范围也是明确的，无行政干预或国家政策重大改变情况下，行政村村委会或行政村内的其他村民小组不能也无权去索取其所拥有的土地或改变其土地边界。这说明自然村也是一个具有明确地理范围和共同利益的社会实体，充分具备了社区应具有的特征。所以说，把农村社区的地域范围界定为自然村符合农村社区概念的本质，符合农村实际。因此，本书把农村社区界定为，一个以自然村落为地理范围、居民以从事农业生产为主要生活来源的地域性共同体。

（三）新型农村社区

随着社会经济的发展和农民生活水平的提高，农民对居住环境和生活质量提出了更高的要求，而传统农村社区基础设施落后、公共服务匮乏、土地浪费严重的问题日益凸显。在此情况下，国家大力开展社会主义新农村建设和城镇化建设，一种区别于传统农村社区，又不同于城市社区的新型社区开始出现。这种新型社区是根据城乡发展规划进行选址，通常由若干村落合并在一起，通过地域范围内的统一规划和集中建设，形成人口相对集中、基础设施相对完善、公共服务较为齐全的现代化农民集聚点。各地对这种新型社区赋予不同的名称，有新型农村社区、农村新型社区、新农村综合体、中心村、农民新村等，本书在此以新型农村社区作为统称。

从总体上看，新型农村社区的定义基本上可以分为两大类。第一类定义多产生于学术界，从本质属性出发界定新型农村社区，强调新型农村社区是农村地域产生的现代意义上的"社会生活共同体"。宋凯认为，新型农村社区是以一个或多个行政村为依托，主要以农民为主体，多种社会关系和经济关系相结合，具有比较完备的社区行政组织和社区服务的居民生活共同体；并指出新型农村社区与传统农村社区相比，具有四个方面的不同，即新型农村社区的地域范围具有明显的政府规划性、新型农村社区的产业基础出现多样性、新型农村社区的居民构成呈现多样性、新型农村社区居民居住形式公寓化。[①] 刘健认为，新型农村社区是指在一定的地域范围内，产业和人口结构多元，基础设施和公共服务设施完善，以社区共同利益（非家族利益）为纽带形成的社会共同体和空间聚落；新型农村社区具有经济活动复杂化、空间布局集聚性、社区成员构成异

---

① 宋凯. 山东省新型农村社区资源营销研究 ［D］. 中国海洋大学硕士学位论文，2012：16.

质性、社区管理行政化等新特征。① 刘君提出，新型农村社区是以中心村为范围、以农民为主体的、成员具有多种联系的社会生活共同体。② 赵淑玲认为，新型农村社区是指以中心村为主体，一般由 2 至 4 个行政村组成的具有一定人口规模和较为齐全的公共设施的农村组合体。③ 张军把新型农村社区概括为"具有一定血缘、地缘、业缘关系的农民群体，基于共同的生活需要和利益联系，在特定空间上聚集居住而形成的共同体"④。李博认为，新型农村社区是在政府主导下，按照城镇总体规划，破除原有自然村落的格局，建立的以农民为居住和生活主体的、具有规划性特征的、包含多种经济关系和社会关系的农村社会生活共同体和现代化农民居住区。⑤

第二类定义多产生于政府部门，它们出于实际工作的需要，从外在特征出发界定新型农村社区，强调新农村社区是"现代化新型农民聚居点"。河南省人民政府 2012 年颁布的《河南省新型农村社区规划建设标准》对"新型农村社区"的定义是，"在农村区域按新型农村社区布局规划所建设的、居住方式与农村产业发展相协调，且具备完善基础设施和社会化公共服务设施的现代化新型农民聚居点"。2012 年颁布的《青海省新型农村社区规划建设导则》中指出："新型农村社区是功能齐全、公共服务设施完备，基础设施配套完善，生产发展，生活舒适，环境优美，管理制度健全的新型农牧民聚居点。" 2010 年颁布的《山东省农村新型社区建设技术导则》规定，农村新型社区是"指在农村区域按照土地利用规划和新农村建设布局规划所建设的，居住方式与产业发展相协调，具备完善基础设施和社会化公共服务设施配套的现代化农民新型聚居点"。2013年颁布的《陕西省新型农村社区建设规划编制技术导则》规定，新型农村社区是由一个行政村或若干行政村合并组建而成，通过统一规划和建设，最终形成的居住方式与产业发展相互协调、基础设施和公共服务设施配套完善的现代化农村新型聚居点。《成都市农村新型社区建设技术导则（试行）》规定，农村新型社区是指在农村区域按照土地利用规划和新农村建设布局规划所建设的，居住方式与产业发展相协调，具备完善基础设施和社会化公共服务设施配套的

① 刘健.山东省新型农村社区发展模式与规划对策研究［D］.山东建筑大学硕士学位论文，2010：7.
② 刘君.农村社区建设问题研究［D］.四川大学硕士论文，2007：20.
③ 赵淑玲.快速城市化进程中新型农村社区规划探索［J］.郑州航空工业管理学院学报，2010（1）：96-100.
④ 张军.新型农村社区建设的理论依据与重要作用［J］.农村经济，2013（3）：3-6.
⑤ 李博.我国新型农村社区建设问题研究——以河南省为例［D］.河南大学硕士学位论文，2013：4.

现代化农民聚居区。本人认为，单纯地从本质属性出发界定新型农村社区过于抽象，难以与现实状况紧密联系起来；而单纯地从外在特征出发界定新型农村社区过于浅显，且不能真正反映新型农村社区实质。因此，本书从综合角度，提出如下新型农村社区概念：新型农村社区是政府根据城乡发展需要，在农村地域内规划和建设的，以农民为主体的，具备较完善公共基础设施和公共服务的社会生活共同体和现代化农民居住区。

三、治理与乡村治理概念

（一）治理概念

"治理"一词最早源于亚里士多德的《政治学》，具有"控制、指导和操纵"之意。主要指"统治者或管理者通过公共权力的配置和运作，管理公共事务，以支配影响和调控社会"（徐勇，1997：63）。英文中的"*governance*"一词来源于拉丁文和古希腊语，初意为"控制、引导和操纵"之意，常与统治管理和政府活动联系使用。在西方传统文化里，"*governance*""*governing*"与"*government*"等概念内涵的区别不大，都是具有"统治、支配、管控"之意的政治性术语。在中华传统文化里，治理即"治国理政"，包含"统治、秩序安定、管理"三方面的含义，多指统治者为达到控制社会和政治稳定的目的而从事的管理过程，"治理"和"统治"在一定时期内被长期交叉使用。

"治理"一词被赋予新的内涵，始于 20 世纪 80 年代末。世界银行 1989 年在讨论非洲的发展一份报告中（报告题目：《撒哈拉以南非洲：从危机到可持续增长》）首次提出了"治理"和"治理危机"的概念，"治理"这个概念被广泛应用于社会、政治、经济等诸多领域，由此逐渐被世人所识，并被一些国际机构和学者们赋予了新的内涵。1995 年，联合国全球治理委员会发表的《我们的全球伙伴关系》研究报告将"治理"被界定为："治理是个人和公共或私人机构管理其共同事务的诸多方式的总和。它是使相互冲突的或不同的利益得以调和并且采取联合行动的持续的过程。它既包括有权迫使人们服从的正式制度和规则，也包括人民和机构同意的或以为符合其利益的各种非正式的制度安排。认为治理的特征在于治理不是一整套规则，也不是一种活动，而是一个过程；治理过程的基础不是控制，而是协调；治理既涉及公共部门，也包括私人部门；治理不是一种正式的制度，而是持续的互动。"① 从这个概念界定可以看出，"治理"一词被赋予了新的内涵，"治理"是相对于"管理"或"统治"而言的

---

① 全球治理委员会. 我们的全球伙伴关系 ［M］. 牛津：牛津大学出版社，1995：2-3.

新概念、新理念。从宏观叙事的角度来看，人类对公共事务的应对策略大体经历了从"统治"到"管理"再到"治理"的历史演进轨迹，当今正处于由"管理"向"治理"转型的过程之中。从词源上看，"管理"侧重于内部控制，强调对单中心权威的服从，注重对结果的关注；"治理"侧重于"引导"与"服务"，强调多主体之间的合作与共赢，除了内部取向的管理方式之外，更多关注外部环境的变化，既追求结果，也注重改进技能和增强责任，它基本涵盖传统"管理"的领域。因此，治理理论运用融合思维对传统思维中的自由主义与国家主义的对立进行了超越，它"打破了社会科学中长期存在的市场与计划、公共部门与私人部门、政治国家与公民社会、民族国家与国际社会等两分法传统思维方式，把有效的管理看作两者的合作过程，力图发展起一套管理公共事务的全新技术，强调管理就是合作，并形成了一种新型的国家与社会关系分析范式"①。

治理理论创始人之一詹姆斯·罗西在其代表作《没有政府统治的治理》中将治理定义为："一系列活动领域里的管理机制，他们虽未得到正式授权，却能发挥作用。治理是一种由共同的目标支持的活动，这些管理活动的主体未必是政府，也无须依靠国家的强制力量来实现。"② 詹姆斯·罗西从主体上对治理的内涵进行了拓延，治理主体不再仅限于单一的政府，而是包括社会组织、企业、个人等在内的多元主体。我国最早研究治理问题的学者俞可平指出："与统治相比，治理是更高层次的社会管理形式，其优势在于：它的基础不是控制而是协调，它不仅涉及公共部门，也包括私人部门，因此，它是多元权力（权利）的持续互动、信任合作与协调平衡。"③ 这较为系统地阐明了治理的内涵本质。王浦劬认为，我国的治理概念主要有国家治理、政府治理和社会治理。④ 安娜则进一步细化和诠释了治理的主体、方式和目的，认为治理的关键在于协商，治理的方式在于引导，治理的目的在于满足社会公众需要，维护公共秩序稳定，多元多渠道化解基层矛盾。⑤ 这进而拓展了治理的内涵，并逐步将治理的外延拓宽，治理也不再是政治学、社会学的范畴，而是逐步发展成为多学科沿用的概

---

① 胡祥. 近年来治理理论研究综述［J］. 毛泽东邓小平理论研究，2005（3）：25-30.

② 詹姆斯·罗西瑙. 没有政府的治理［M］. 张胜军，等，译. 南昌：江西人民出版社，2001：9.

③ 俞可平. 治理与善治［M］. 北京：社会科学文献出版社，2000：9.

④ 王浦劬. 国家治理、政府治理和社会治理的含义及其相互关系［J］. 国家行政学院学报，2014（3）：11-17.

⑤ 安娜. 改革开放以来中国共产党乡村治理的理论与实践［M］. 北京：当代中国出版社，2019：24.

念范畴。

不难看出，治理主要是指官方或非官方组织在一个既定的框架范围内依据一定的规则，运用公共权威维持秩序，满足公众需要的过程。治理的目的在于最大限度地促进公共利益的有效实现。治理理念在全世界范围的兴起，其引致的原因多维，集中体现在全球化浪潮和社会分化的影响，全球化使得自由、民主、平等及人权等现代政治文化价值在各个民族国家传播，随着互联网时代的到来，信息传递越发趋于扁平化发展，民族国家内部政治过程不再局限于自上而下的单维传递，命令性政府行为在减少，协商性合作行为在增加。全球性的社会分化主要体现在"功能性的系统结构分化"与"利益上的等级阶层结构分化"两方面，全球性社会分化的加剧，促使社会不稳定因素增加，任何单一组织都难以有效应对一系列困境的挑战，因此，合作治理便成为一种可能。同时，全球治理的兴起与政府与市场的双重失灵紧密相关：任何单一的市场调控都无法达到经济学中的帕累托最优状态，市场作为资源配置的基础性手段，虽然有诸多优势，但是在公共产品供给、限制垄断、约束市场主体的自私行为及克服生产的无政府状态等方面却存在失灵；同样，单一的政府计划调控也不能使一个社会的资源配置达到最优状态，政府调控存在诸多"公共弊病"，并不能保证公民的经济、政治及社会权利获得长久而有效的发展。所以，对传统进行超越的"善治"目标便成为各国政府追求的公共价值，所谓"善治"就是"强调民间和政府组织、公共部门和私人部门之间通过建立伙伴关系，以促进社会公共利益达到最大化状态"①。

综合上述学者们的观点，结合中国国情，本书认为治理是基于维护社会秩序、促进公共利益的需要，由执政党领导和政府负责、社会组织和公众共同参与的公共管理活动。

（二）乡村治理概念

随着"治理"被引入乡村研究，有关乡村治理的探究广泛兴起。在中国，从 20 世纪 90 部分学者将"治理"其引入中国的农村场域。自从 1998 年以徐勇为代表的华中师范大学中国农村问题研究中心首次提出"乡村治理"这一新的更具包容性的概念以来，乡村治理便成为学术界研究乡村问题的主流范式。2006 年中央"一号文件"（《中共中央 国务院关于推进社会主义新农村建设的若干意见》）首次正式提出建设"乡村治理机制"，自此国内学术界便开始掀起一股乡村治理的研究热潮。学者们纷纷从政治学、经济学、社会学等多种学

---

① 俞可平．治理与善治［M］．北京：社会科学文献出版社，2000：9．

科视角出发对乡村治理的概念加以探讨，但截至目前仍莫衷一是，大体围绕两种思路：一是以国家政权建设为研究取向。如党国英认为，乡村治理是以乡村政府为基础的国家机构以及乡村其他权威机构，为乡村进行公共品提供的活动。① 二是以村级治理为研究取向。如贺雪峰认为："乡村治理是中国的乡村通过优化自主管理的方式，实现乡村社会的有序发展。"② 该概念着重突出了乡村的自主优化管理，将自治看作乡村治理的关键，也是明显区别于管理的显著标识，着重彰显了自治的重要性。刘刚则从乡村治理的内容上提出，乡村治理的核心是村级治理，村级党政组织、经济组织、社会组织及村民等各类主体，通过民主和协商等多元方式自主治理③，从治理主体和治理方式的视角对乡村治理的内涵进行了系统阐述，道明乡村治理的内涵要义，囊括乡村治理的主要目的和核心组织，指明乡村治理的主体是多元参与，其方式是协商，其目的是维护乡村社会之稳定。三是以多元协商共治为研究取向。黄光宗认为，乡村治理就是指由乡镇政府、社会组织、社会精英、村民等多元主体良性互动、协同共治，共同管理乡村文化教育、计划生育、社会治安等公共事务，维护乡村公共利益和秩序，实现乡村善治目标的过程。④

综合上述学者们的观点，本书将乡村治理界定为：多元治理主体在乡村共同体场域内，以维护乡村公共秩序和促进乡村发展为目标，运用公共权力、采用多种方式处理和解决乡村政治、经济、文化等各项公共事务的过程。

第二节 乡村治理的主体客体、基本特征与主要功能

一、乡村治理的主体客体

（一）乡村治理主体

乡村治理的主体一般可以界定为直接领导和参与乡村治理活动的组织、团体或个人。由于各国社会制度、政治制度、经济发展状况、文化传统、农村发展状况的不同，各国的乡村治理组织体系和治理结构的不同，相应的治理主体

---

① 党国英．我国乡村治理改革回顾与展望［J］．社会科学战线，2008（12）：1-17.
② 贺雪峰．乡村治理研究与村庄治理研究［J］．地方财政研究，2007（3）：46.
③ 刘刚．乡村治理现代化：理论与实践［M］．北京：经济管理出版社，2020：21.
④ 黄光宗．民族地区乡村治理多元主体协同机制研究［D］．广西民族大学，2020：12.

会存在着差别。本节针对中国的乡村治理主体进行具体的介绍。

1. 乡村基层党组织

本书将乡村基层党组织界定为县、乡、村三级党组织。乡村基层党组织作为党乡村工作的基础组织，是党乡村工作的战斗堡垒，全面领导乡村各类组织和各项工作。在乡村，党的基层组织上联国家，下接村民，是实现乡村治理的领导核心。尤其是党的十八大以来，乡村事务中更加强调发挥乡村基层党组织领导作用，注重以党组织为主导，重组和整合乡村权力结构和社会力量。

乡村基层党组织在乡村治理中的主要职能如下：（1）宣传党的主张、贯彻党的决定。乡村基层党组织需将党农村工作的最新方针政策宣传、传达和贯彻到人民群众中，使群众了解和遵循党农村工作的基本路线。（2）领导基层治理。构建以农村基层党组织为核心，党组织全面领导，村委会依法履职，乡村各类组织积极协同，人民群众广泛参与的制度体系，提升治理能力。（3）领导发展乡村经济，不断壮大村集体经济的规模，增强村级组织的凝聚力。（4）加强乡村社会建设，以建设服务型党组织为目标，为乡村发展、为群众生活提供基本公共服务。（5）依法领导村民开展自治，尤其是支持和保障村委会依法对村庄施行自治权。不断创新村级民主方式，增强村级民主的民主性和公信力，提升村民参与基层自治的积极性、主动性。（6）依法领导乡村各类组织，通过组织覆盖等方式，扩大农村基层党组织的覆盖面和渗透力，把党的领导贯穿于乡村治理的全过程、各方面。

2. 县乡政府

县乡政府作为国家行政体系的重要组成部分，是连接乡村社会和国家行政体系的重要枢纽。国家的大政方针在这里细化，最终由基层政府落实，乡村的各项工作由它们监督执行。在全面推进乡村振兴和实现基层治理现代化过程中，县级政府在同级党委的领导下发挥着统一指挥作用。乡镇政府作为县级政府权力的延伸，负责抓工作落实。因此，作为国家政权机构，县乡政府与"三农"的关系最为紧密，对乡村治理、乡村发展的影响重大。

3. 村委会

村委会是乡镇政府指导下和村级党组织领导下开展村民自治的群众性组织。村民自治是我国经过多年实践探索，逐渐形成的以村庄自治组织为主要组织形式的基层群众自主治理模式。所谓村民自治，即由广大农民群众直接行使民主权利，依法办理农民自己的事务，实行自我管理、自我教育、自我服务的一项基本社会政治制度。村民自治的提法最早出现于1982年修订颁布的《宪法》第111条，其中具体规定了由村民的基层自治性组织即村民委员会（以下简称

"村委会") 在村党支部的领导下对村庄事务进行自我管理，并制定和监督执行村规民约，以协助党和政府贯彻落实国家的法律政策，以及组织村办经济，维护乡村治安，发展乡村公共福利，开展人民调解和发展乡村社会文化事业等。因此，作为一项全国广泛推行的制度模式，由村民自治产生的村委会在广大乡村中是普遍存在的，其主要功能在于对内民主管理村庄公共事务，对外贯彻落实国家政策法规及计划方针，通过二者结合共同实现和维护农民群体的利益。

4. 各类非政治性乡村组织

随着乡村的开放性越来越强和乡村社会的再组织化，除了上述乡村基层党组织、县乡政府和村民自治组织等政治性乡村组织，其他各类社会组织也积极参与到乡村治理中。这些非政治性乡村组织按照类型可以划分为经济组织、社会服务组织、文化公益组织、家族宗族组织、邻里互助组织等。这些社会组织参与到乡村治理中成为国家力量以外推动乡村发展的重要补充力量。乡村治理中，各治理主体基于自身的目标、利益和掌握的资源，它们既有为乡村振兴发挥力量的动力，又有各自具体的目标任务和行动取向。其中经济组织是以营利为目的的社会组织，它们参与乡村活动中一方面能够为乡村发展提供资金、技术、管理等方面的服务和支持。但是作为以营利为目的的组织，它们更多地关注参与中是否能够借助国家惠农政策实现经济利益最大化。社会服务和公益类组织作为公益性，多以非营利性、公益性、志愿性的目的参与乡村治理，通过文娱活动、慈善活动、义务帮扶、技能培训、义诊等活动，以此激活农村文化氛围，改善村民生活，提升村民技能。它们也需要实现自身的组织目标，扩大影响力。家族宗族组织既有维护村庄公共秩序、发展村庄公共利益的目的，也会凭借家族宗族势力，围绕家族宗族利益影响乡村活动为自身谋利的动机。邻里互助组织则以自发为形式，以互帮互助、调解纠纷、组织业余活动为目的。在乡村事务中，各主体之间既能够合作、共谋，又会发生竞争和冲突，形成不同的乡村社会关系模式，使乡村关系和乡村治理变得非常复杂。

5. 新乡贤

新乡贤是不仅具有良好的道德品质，还具备一定的文化学识和口碑声望的乡村贤达，在乡村政治、经济、文化、社会和生态等方面居于优势地位。新乡贤有能力、有资源、有情怀，愿意为家乡发展建言献策，他们"成长于乡土，奉献于乡里"，主要包括乡籍的富人、社会名流和文化名人，与乡村经济发展、治理有效、乡风文明密切相关。一方面，新乡贤从乡村走出去再回归乡土，有着浓厚的乡土情怀，了解当地资源情况，能够利用自身优势，改造本村经济结构，发展适宜产业，推动产业振兴。另一方面，新乡贤通过参与提供公共服务、表达公共利益、传递公共精神，提升自身治理动力和意愿，为乡村治理有效注入动力；同时以其蕴含的文化道德力量示范、引领村民树立正确价值观，涵养文明乡风。

6. 村民

村民具有双重身份，一方面是作为乡村治理主体参与乡村治理事务，另一方面又是乡村治理政策和活动的目标群体。村民是乡村社会中最大的群体，其主要通过以下几种方式参与和影响乡村治理进程和方向：（1）依托村民自治制度，通过直接选举方式选出自己的村民自治组织代表，通过村民自治组织代表发声和参与乡村治理事务；依托村民自治制度，通过全体村民代表大会形式，对村庄某些重大问题直接表决；通过个人经济实力、社会威望等影响乡村治理具体事务；使用威胁性方式或不合作态度反对某些政策。

（二）乡村治理的客体

乡村治理的客体是指乡村治理的对象，即乡村公共事务，包括乡村政治、经济、文化、社会、环境五个方面。乡村政治、经济、文化、社会、环境共同构成了乡村生活的全貌，能够最直接反映出乡村治理的成效。

1. 乡村政治

乡村政治关注的核心是农民问题，而农民问题的实质则是利益问题。改革开放以来，乡村社会逐渐开放，政治制度走向规范化和法治化，市场体制日臻成熟，乡村治理结构由国家主导型和权利自治型开始向均衡互嵌型转化，农民资源配置由定向计划分配转为个体经营所得，利益实现由经济利益实现扩展到政治利益实现，这种制度场景和组织方式的剧变导致农民政治利益实现方式的多样化。当然，在看到乡村政治领域取得的成就的同时，我们还应看到，城市化带来乡村精英资源外流，市场化冲击了传统农业模式，失地农民问题日益凸显，农民以原子化的方式散落，不能以组织化的方式争取政治利益实现。国家过度干预或者控制松弛都会对治理结构造成不均衡影响，治理主体各自为政、缺乏沟通造成农民政治利益实现场域的空心化，导致农民政治利益得不到有效实现，某种程度上影响社会稳定。加强乡村政治领域的治理，就显得极其重要。乡村政治领域的治理主要包含以下几个方面的内容：通过乡村政治建设和治理工作保障人员、资本等生产要素在城乡之间的双向畅通流动；坚持中国共产党的政治领导，加强基层党组织建设，党建引领乡村治理工作；建设一支政治过硬、本领过硬、作风过硬的干部队伍；规范村民自治实践，处理好乡镇政府和村委会的关系，权责明确、各司其职、互相监督，维护好社会秩序；健全自治、德治、法治"三治融合"的治理体系。

2. 乡村经济

乡村经济是指在乡村区域内从事相关物质生产经济活动和非物质生产经济活动，是乡村中各种经济活动和经济关系的统称。中国作为一个农业大国，农民人口总数超过了8亿，如此大基数的农村人口数量需要各类产业来安置。同时，我国的乡村经济又是国民经济的一个薄弱领域，乡村经济发展面临着诸多难题，在建设社会主义现代化强国进程中，加强乡村经济治理、促进乡村经济发展工作则显得极为重要。乡村经济治理指的是由各乡村治理主体通过政策、管理、服务等各种方式推动乡村产业可持续化、健康化、高效化发展的过程。

3. 乡村文化

许多学科从自身角度对于"文化"做出了不同的解释，但尚未达成统一的意见，一般可以划分为狭义和广义两种概念。狭义的文化概念，是指文化是生活在一定地域内的人群，因特定的生产生活方式经过经久不息的岁月沉淀而逐渐形成的行为模式。这些行为模式既可以凝结在一定的物质之中，又可以游离于物质之外；可以表现为具象的生产工具、陶器、服饰、食物、房舍、文字、符号等，又可以体现在抽象的生活方式、风土人情、传统习俗、文学艺术、道德规范、法律制度、价值观念和思维方式之中。广义上的"文化"是指人类在生产生活中所创造的一切物质财富和精神财富的总和。一般认为，广义上的"文化"由物质文化、精神文化和制度文化三个层面构成。物质文化是承载于物品之上的文化，包含了人类衣食住行的各个方面；精神文化是人类各种意识观念形态的集合，包含风俗习惯、价值取向、伦理观念、心理状态、人格追求、审美情趣等；制度文化是人类为了社会发展和自身生存所制定的规范体系，包含礼仪、法律、等级、宗教等。本书取广义文化概念。

乡村文化是一个与城市文化相对应的概念，可以概括为：乡民在日常生活或生产劳动中创造出来的一切物质财富和精神财富的总和。乡村文化所包含的内容十分广泛，我们同样可以从物质文化、精神文化和制度文化等不同层次来归纳、解读。其物质文化层面主要包括田园风貌、乡村聚落、历史遗迹、民宅祠堂、民族服饰、乡村饮食、手工艺品等；精神文化层面主要包括神话传说、民间文学、游艺杂技、习俗礼仪、节庆活动、地方曲艺等；制度文化层面主要包括宗法制度、乡约村规、治理模式、信仰禁忌、生产组织方式等。汇集着农民的理想信念、价值追求、思维方式以及日常生活等诸多内容的乡村文化，是农村历史发展的缩影，是中华文化的"底色"。

乡村文化治理是指各乡村治理主体为在乡村地区大力推进社会主义先进文化建设，弘扬社会主义核心价值观，推动乡村优秀传统文化创造性转化、创新性发展，以达到重塑农民行为习惯、更新农民文化观念和构建文明乡风的目的。

3. 乡村社会

我们经常把"社会"挂在我们嘴边、写在各种政策文件中，但关于"社会"的确切含义很少有人说得清，或者说对其的界定有很大的分野。许多学者认为我们可以从外延的角度将"社会"概念划分为大社会、中社会和小社会三个子概念：（1）大社会的概念。这是与自然界相对应的社会概念。它把自然界之外的人类活动领域都称作社会领域。它从内容上包括经济、政治、文化和狭义的社会，从范围上等同于国家整体。学者们认为，马克思的"社会有机体"观点，毛泽东在《新民主主义论》中提出的以新政治、新经济和新文化为内容的"新社会和新国家"，社会主义和谐社会中的"社会"，都是大社会的概念。（2）中社会的概念。这是和经济相对应的社会概念。它把经济发展之外的领域称作社会发展领域。学者们认为，我们所指的经济与社会的协调发展中的社会概念、我国制定的"国民经济与社会发展计划"中的"社会"概念，就是"中社会"意义上的概念。（3）小社会概念。这是与经济、政治、文化相对应的社会概念。它作为整个"社会"大系统中的子系统，不仅区别于经济，也区别于政治和文化领域；不仅区别于个人，也区别于国家。我们经常讲的与市场、国家相对应的社会，马克思提出的"物质生活的生产方式制约着整个社会生活、政治生活和精神生活"，就是这种狭义的社会概念。具体来说，"社会指的是由有一定联系、相互依存的人们组成的超乎个人的、有机的整体，它是人们的社会生活体系"①。相应地，乡村社会就是在乡村区域内从事生产生活的人们组成的一个相互联系、相互依存的有机整体。这些人们构成家庭、家族、宗族、村庄、社区、社群、各种正式组织等乡村社会主体并互相联结、相互作用。与城市社会相比较，乡村社会具备鲜明的特质：第一，从空间和物质形态上，乡村社会由村落共同体构成。乡村社会主要由众多的村庄组成，村庄从地域和生活两个层面形成村民群体的共同性。生活在其中的村民相互之间存在社会经济活动和文化心理发展的密切互动，因此，他们具有共同的社会经济与文化心理特征。第二，从村落或村庄中居民的关系上，彼此之间存在"熟悉关系"。在一个村庄中共同生活的村民之间是熟知关系，而正是这种熟知关系构成"熟悉社会"。在"熟悉社会"中，村民之间的信息是透明的、对称的。由于信息的透明性和对称性，在这个"熟悉社会"共同生活的人们不需要直接互动就可以达到彼此之间知根知底。第三，除了相互之间的熟悉之外，村民之间还存在情感和

① 王思斌. 社会学教程 [M]. 北京：北京大学出版社，2005：27.

道义联系。这种情感与道义之间的关系主要基于血缘或姻亲联系和地缘因素而产生。这种联系一般表现为村民们相互之间走动的人情往来行为。人情往来的联系不仅是维护彼此间情感的需要，同时也是一种道义和责任，在乡村社会秩序结构中发挥重要作用。乡村社会最常见的人情往来是参加亲友邻里的红白喜事。红白喜事承办过程中所特有的一些仪式代表了乡村社会世代相传的某些精神价值。农民在文化实践中习得并传承着这个古老民族的人生理念、生存智慧和做人之道。

改革开放以来，我国经历了急剧的社会变迁和社会变革，获得了巨大的物质财富，也改变了我国的社会基础和社会风貌。尤其是随着工业化和城镇化的发展，农民工大量进城，乡村的社会结构、社会关系和社会价值观念发生巨大改变，对传统乡村的社会秩序产生冲击，引发诸如农村家庭留守化、离农人口两栖化、土地抛荒化、传统文化断裂、社会道德滑坡等"农村病"。因此，加强乡村社会治理，是应对乡村社会矛盾变化、创造美好生活、满足乡村居民日益增长的美好生活需要的时代诉求。同时，加强乡村社会治理，也是国家治理现代化进程中一项重要的任务。

乡村社会治理是多元乡村治理主体立足于乡村社会现实，通过不断改进社会治理方式，有效协调乡村社会利益关系，解决乡村社会矛盾冲突，促使乡村社会既充满活力又和谐有序，最终实现乡村社会公平正义与人的自由全面发展的过程。乡村社会治理一般由乡村社会秩序和乡村社会发展两个基本方面构成。

4. 乡村环境

从生物学和生态学的角度来看，环境是指生物的栖息地，以及直接或者间接影响生物发展的各种因素。2015年《中华人民共和国环境保护法》定义："环境是指影响人类生存和发展的各种天然和经过人工改造的自然因素的总体，包括大气、水、海洋、土地、矿藏、森林、湿地等等。"在乡村，人与环境的接触最为频繁，居民生产生活的各个方面均体现着人与环境的密切联系。本书的乡村环境是指影响乡村居民生产生活的各种自然或经过人工改造的自然因素的总体。乡村环境治理，就是各乡村治理主体在乡村生产生活过程中保护生态环境，不断追求人与自然和谐共生的过程，即在生态系统承载能力的范围内，在生态系统自净能力上限之下，以改善人居环境为突破口，以提高乡村居民素质和生活质量为出发点，努力实现人与自然和谐共生。

二、乡村治理的功能

乡村治理的功能，就是通过各治理主体的相互作用以及相关的制度建设和实际活动而产生的作用或功效。乡村治理长期以来一直扮演着联结国家与基层社会的纽带角色，对于乡村社会持续健康发展、国家基层民主政治建设和社会主义现代化强国建设等方面始终发挥重要作用。其具体功能如下。

（一）秩序维护功能

如何通过制度设置、政策引导、规范下沉、监督体系完善等方式，维持乡村社会井然有序的治理状态，是乡村治理的首要功能。这一功能在当前中国乡村显得极为重要。改革开放前的乡村是一个高度同质、结构性极强的社会。乡村精英依托于乡村社会内生的文化、秩序、组织对乡村进行有效治理。伴随着改革开放和经济社会的发展，农民个人之间联系开始弱化、个人与乡村治理组织之间开始疏离化及由此衍生出来的个人与国家距离变远，这在一定程度上影响了乡村社会既有的秩序和制度的功能发挥，传统的治理方式难以继续发挥效用。特别是在城镇化的背景下，乡村社会不仅面临着旧秩序与旧制度崩塌的危机，还面临着因资源、利益的输入而造成村庄的分化或撕裂风险，进而导致乡村治理的失灵与失序。① 乡村治理的秩序维护功能主要体现在治理主体能够有效承接来自中央和地方各个层级的、自上而下的任务；同时，能够有效回应来自村庄内部的、自下而上的各类具体需求，做好提供公共服务、维护社会稳定的工作。

（二）经济发展功能

发展乡村经济、促进乡村居民安居乐业是乡村治理的内在要求和重要功能。改革开放40多年来，我国乡村经济发生翻天覆地的变化，但是，与国家经济发展、城市经济发展的速度和质量相比，乡村经济发展仍处于滞后状态。乡村经济的发展滞后，导致乡村社会，尤其是传统农业区域的乡村普遍出现衰败。并且在市场机制和城乡二元结构的双重作用下，生产要素单向从乡村流进城市的趋势在加剧。如何发展乡村经济，让农村人口安居乐业，是乡村治理义不容辞的责任。乡村产业是乡村经济的载体，乡村治理的经济发展功能主要体现在促进乡村产业振兴方面。推进乡村产业振兴，对促进乡村经济发展、全面推进乡村振兴具有重要意义。正如习近平总书记强调，"产业振兴是乡村振兴的重中之重，也是实际工作的切入点。没有产业的农村，难聚人气，更谈不上留住人才，农民增收路子拓不宽，文化活动很难开展起来"②。

（三）利益整合功能

乡村社会存在的各种矛盾和问题，在很大程度上体现为不同主体间利益关系上的矛盾和冲突，其重要原因就在于利益分配的不公平。为了实现乡村社会的和谐发展，需要发挥乡村治理的利益整合功能，利用制度建设合理配置资源，从而创设一种和谐的关系格局。利益整合功能是指在乡村治理运行的过程中，通过一定的制度将乡村社会利益按一定原则分配给不同的主体，以满足他们各自不同的利益需求，并通过协调不同主体间关系，将矛盾和冲突降到最低程度，将乡村社会各种力量稳固在特定的关系结构和利益格局中，从而推动乡村社会的良性运行和协调发展。利益整合功能的发挥是由乡村治理的特点决定的，同时也是乡村治理的内在要求，乡村治理主体依据各自角色要求，行为本身就是对利益的协调和整合。

（四）服务群众功能

乡村治理以服务为载体，服务理念融于治理的每一个环节、每一个阶段，使治理变成服务治理。乡村治理中服务群众功能的发挥，主要体现为了四个方面：（1）提高服务质量。乡村治理各主体为农民所提供的服务，是在了解农民现实需求的基础之上，以农民群众的合理性和合法性需求为起点，提供有针对性的、有效性的服务。（2）培育服务组织。积极发展、培育乡村各项服务组织，建立、健全乡村服务体系，解决农民实际困难。（3）拓宽服务领域。针对农民在乡村政策、法律咨询、信息技术等方面的掌握较为滞后的现状，应及时补充供给这些类型的服务。（4）健全服务机制。对农民的帮扶、服务工作，并非"一阵风"，而是一种长期性的治理过程。因此，建立一种常态化、制度化的长效服务机制，使乡村服务工作制度化、常态化尤为重要。

三、乡村治理的基本特征

中国特色社会主义话语体系下进行的乡村治理，既包含了国家对乡村层面的治理，表现为国家治理体系的一个部分，同时也包含了乡村层面的自我治理，就是乡村中群众性自治组织管理公共事务的内容。因此，乡村治理有自身的特点。

（一）乡村治理主体的多元性

乡村治理不只是一种运用政府的政治权威来制定和执行政策的自上而下的强制性行为，更是一种通过政府和社会等不同治理主体之间的上下互动、协商合作来管理公共事务的自主性行为。乡村治理的主体有乡村基层党组织、村委会、农民合作组织、社会团体、新乡贤、村民等。并且这些主体随着社会发展，会不断地增减变化，角色作用也会不断变化。

（二）乡村治理场域固定性

乡村治理都是以乡村生活共同体为基础场域而展开的，而这种共同体则源于乡村社会内部成员之间守望相助、服从权威，拥有相同的生产活动、生活模式、信仰及风俗习惯，逐步培养起对基于血缘和地缘等乡村社会关系网络的高度认同感、归属感和安全感。

（三）乡村治理过程持续性

乡村治理不应被视为一个仅供大家共同遵守的规则制度，更不应被简单化为"上行下效"或政府决策的"一刀切"，而是一个具备高度灵活性和自主性的持续发展的过程，并由此衍生出诸如治理主体、客体等一系列构成要素。

（四）乡村治理目标公共性

治理理论彻底打破了公与私的狭隘观念，主张两者之间可以协商合作进而追求统一的价值目标，只要是有益于增进村民公共利益的行为都应被纳入乡村治理范畴之中，因而不论是国家政权建设抑或村级治理实践，最终落脚点必然为乡村公共利益的最大化。

第二章

中国的乡村治理的历史变迁

中国社会历来以农业为根基，历代统治者深知稳固基层组织的重要性。自周朝的乡遂制至当前的村民自治，虽经多次变革，但基层组织的形式始终延续，积累了丰富的实践经验，为地方稳定和社会秩序奠定基础。无论是中央集权的统一王朝，还是地方性政权，均将基层组织建设视为国家治理的重中之重。思想家与政治家们倡导法治、德治与自治相融合，旨在维护社会基层的和谐稳定，促进国家整体进步。通过宗法组织、邻里监督、互助机制等方式，中国古代形成了独特的乡村治理模式。本章通过对我国历史上代表性朝代的乡村治理情况、治理组织、土地制度、户籍制度、赋税制度、监督控制、道德教化等方面的演变，阐释我国乡村治理的变迁历程。

第一节　先秦时期

一、先秦时期乡村治理组织

1. 黄帝时期

黄帝时期的乡村治理组织形式是以邑、里为基层治理单位。据《通典·食货典·乡党》记载："昔黄帝始经土设井，以塞争端，立步制亩，以防不足"，对基层进行编组，"八家为井，井一为邻，邻三为朋，朋三为里，里五为邑，邑十为都，都十为师，师七为州"。这种编组方式，基本以同风俗、同地缘、同相助为据。夏商时期，大量奴隶参与农业劳动，延续"八家为井"的形式。邑、里的明确划分显示了"里"作为一种基层组织单位的存在。

2. 周朝时期

周朝时期，乡村治理组织扩充为里和乡。除了"里"之外，还出现了更高一级的"乡"级组织，实行"六乡六遂"。依据周朝的规制，都城周遭百里之地被定义为郊，其中，郊内划分为乡，郊外则为遂，构成了"六乡六遂"的布局。乡的政务、教化及禁令由乡大夫掌管，而遂的政令则由遂大夫负责。在乡遂之下，还设有较小的行政单位邑，邑中则设有里胥与邻长进行管理。"六乡"包括比、闾、族、党、州、乡，而"六遂"则指邻、里、酂、鄙、县、遂。《周礼·大司徒》记载，在国都区域内"令五家为比，使之相保。五比为闾，使之相受。四闾为族，使之相葬。五族为党，使之相救。五党为州，使之相赒。五州为乡，使之相宾"。而在国都外的区域，"五家为邻，五邻为里，四里为酂，五酂为鄙，五鄙为县，五县为遂"。在"国"中设置了六乡，在"野"中则设立了六遂，即"六乡谓之郊，六遂谓之野"。六乡内设有比长、闾胥、族师、党正、州长、乡大夫等职位；六遂则对应设有邻长、里宰、酂长、鄙师、县正、遂大夫等职位。

3. 春秋时期

春秋时期乡村治理组织层级或规模主要是乡、里、邑；乡村治理成员新增了"三老"。乡里制度继续得到沿用与发展，并且一种新的聚落形态——邑应运而生。与此同时，乡、党、邻、里等基层组织架构也开始拥有特定的名称。此时，县下设乡，乡下设里，已经成为固定的基层行政组织形式。为了加强对人口的管理和控制，乡村治理引入了"书社制度"，即将每25户人家划分为一个社，并将这些社的户口和土地详细记录在册。此外，"上计制度"也被用来要求郡县官员在年末前提交下一年度的家庭户数和税收预计报告。同时，国家将户籍管理与军事组织结合起来，实行"什伍连坐法"，即五家为一保，十家为一连。里长的主要职责包括征调人力参与祭祀、管理水利和灾害应对、推行道德教育以及负责礼仪和纪律。里长的选择通常依据"择其贤民，使其里正"的原则来进行。与此同时，"三老制"也在春秋战国时期萌芽。《礼记·礼运》提到，三公在朝，三老在学，《礼记·文王世子》中也有相关记录："适东序，释奠于先老，遂设三老五更群老之席位焉。"官方任命宗族中的"乡老"负责基层的思想教化工作。当时，人们或许不知道县令是谁，但却知道并且尊敬"三老"，因为他们不仅受到人们的尊敬，还拥有较高的社会地位。他们有权质询并阻止那些没有合法凭证就擅自进入里巷或官署的人，包括官吏、士兵和平民，并且在道德教化方面起到表率作用。

二、先秦时期乡村治理主要方式

先秦时期的乡村治理确实围绕着土地制度、户籍制度、赋役制度、宗法制度几个关键制度展开，这些制度共同构成了当时社会秩序的基础。土地是最重要的生产资料，土地制度直接关系到农业生产和社会稳定；户籍制度是国家对人口进行管理和控制的重要手段，它不仅用于征税和劳役动员，也是维护社会稳定、实施法律的重要依据。赋役指的是百姓向国家缴纳的税赋以及提供的劳役，这是国家财政收入的重要来源之一，也是实现国家职能的重要保障；宗法制度是以血缘关系为基础构建起来的社会管理体系，宗法制度与政治权力紧密结合，成为社会治理不可或缺的一部分。

（一）土地制度

先秦的土地所有制形式多样，第一是分封制基础上的土地国有制——井田制；第二是废井田开阡陌的土地私有制，这种制度不仅影响了农业生产的组织形式，还对社会阶层结构产生了深远的影响。通过土地分配与管理，统治者能够控制资源，维持社会秩序。

1. 西周时期的井田制

先秦时期的土地制度经历了从原始社会末期的氏族公社所有制向封建土地所有制的过渡，其典型代表就是井田制。据《周礼·小司徒》记载，井田制是一种较为系统的土地分配制度，具体表现为"九夫为井，八家共有之，一家居其中，为公田"。将一块方形的土地划分为九个等大的正方形地块，形似一个"井"字，中央的一块地被称为"公田"，由八户家庭共同耕作，收获物归国家或领主所有。其余八个地块则是"私田"，每户人家分得一块，即一百亩，用于自家的生活所需和生产活动。到了西周时期，《周礼·小司徒》记载，九夫为井，四井为邑，四邑为丘，四丘为甸，四甸为县，四县为都。这描述了井田制下从最基层的九夫之井到最高层的都邑，层层递进的土地管理结构。

周人灭商之后，在政治上推行分封制，在经济上实行井田制，这两种制度的基础是土地的国有制。正如《诗经·小雅·北山》所言："溥天之下，莫非王土；率土之滨，莫非王臣。"这句话清楚地表达了周代土地国有的现实。正是因为土地归国家所有，周初才能大规模推行分封制度。分封制意味着周王将国家的土地连同土地上的人民分封给同姓子弟及少数异姓功臣，以此来巩固政权。周作为胜利者，建立了新的统治秩序，因而以法统上的合法性获得了对全国土地的绝对所有权。周天子将土地分封给诸侯，诸侯又可以将其再分封给自己的子弟。对于诸侯而言，这实际上是土地使用权的再分配。对于商代遗民，周王也制定了相应的土地政策。

2. 春秋战国时期的初税亩制

进入春秋战国时期，随着铁器的普及和牛耕技术的应用，生产力大幅提高，原有的井田制难以适应新的生产需求，小农的数量迅速增加，私田数量激增，大量劳动人口脱离了公田（井田）。正如《国语·鲁语下》所说："先王制土，籍田以力。"这里的"籍"即"借"，意指通过借用在井田上劳作的农奴的劳动，来满足国家的粮食及其他物资需求。鲁国的统治者发现，依靠与公田相适应的传统赋税制度，已经无法保证正常的财政收入。公元前594年，鲁国实行"初税亩"，从而开始了"履亩而税"，向私田征税。《左传》昭公七年记载："初税亩，非吾知所能及也"。这里的"初税亩"指的是鲁国开始按土地面积收税，这标志着土地私有制的萌芽。这表明，传统的土地制度已经不能适应新的生产方式，改革成为必然的趋势。通过"初税亩"的改革，鲁国试图重新调整国家与农民之间的关系，以适应新的经济现实。春秋时期齐国管仲改革中的重要内容之一是对齐国的土地进行详细的勘察与评估，区分出土地的等级。根据土地质量的不同，征收不同比例的赋税。肥沃的土地税率较高，贫瘠的土地税率较低，甚至免税。在《国语·齐语》中有记载，管仲向齐桓公建议"相地而衰征"，即根据土地的肥沃程度来调整税收额度，以实现公平合理的税收制度。

3. 战国后期开阡陌封疆制度

战国后期，随着社会生产力的提升和原有井田制的逐渐瓦解，土地制度发生了重大变革。《史记·商君列传》记载，秦国在商鞅变法期间，实行了"开阡陌封疆"的政策，即废除了井田制下的土地界限，承认土地私有，并允许土地买卖。通过"开阡陌封疆"，商鞅确立了土地私有制，这标志着封建土地制度的确立。这一改革不仅促进了土地的合理利用，提高了农业生产的效率，而且为社会阶层的流动提供了条件，增强了国家的整体实力。

（二）户籍治理

1. 商朝时期的户籍萌芽

甲骨文中已有"编户"之说，表明商朝已经意识到人口管理的重要性，并开始尝试对人口进行登记管理。尽管这并非完整的户籍制度，但它却是户籍制度的早期雏形之一。正如《史记·殷本纪》所载："商王盘庚迁都于殷，始行编户之制。"

2. 西周时期的人口登记

到了西周时期，人口登记制度进一步发展，出现了较为系统的人口记录方法。据《周礼》记载，当时已有专人负责调查记录百姓家庭成员的变化情况，包括婴儿的出生和老人的去世等信息，并且每三年会对这些记录进行一次更新。《周礼·小宰》中提道："正岁之正月，大数周民之众寡，而察其死生。"

3. 春秋战国时期的户籍制度

进入春秋战国时代，由于频繁的战争，各国迫切需要扩充军力。为了有效地组织和动员人力,户籍制度得到了进一步的应用和完善。《左传》所述"凡有事于师,则征之",反映了当时对服役人员的登记和动员。

(三)赋役治理

1. 先秦的赋税制度

先秦时期,土地基本上属于国家所有。农民耕作"公田"作为劳役地租的一部分,不需要缴纳额外的赋税。西周时期实行的井田制在《孟子·滕文公上》中有详细描述:"公事毕,然后敢治私事。"意思是在完成公田的耕作之后,才能耕种自己的私田。《谷梁传·宣公十五年》也提到了井田制:"古者三百步为里,名曰井田。"按照周代的标准,一步大约为八尺(周代尺约为23.1厘米),因此一个井田单位相当于今天的460亩左右。

春秋战国之际,铁器的普及与牛耕技术的进步极大地推动了生产力的飞跃。农民利用这些先进工具大量开垦新地,扩大了耕地面积。原有的井田制难以适应新的生产需求,小农的数量迅速增加,私田数量激增,大量劳动人口脱离了公田(井田)。正如《国语·鲁语下》所说"先王制土,籍田以力"。这里的"籍"即"借",意指通过借用在井田上劳作的农奴的劳动,来满足国家的粮食及其他物资需求。鲁国的统治者发现,依靠与公田相适应的传统赋税制度,已经无法保证正常的财政收入。至公元前594年,鲁国推出了"初税亩"制度,无论公田或私田,均依据亩数统一征税。这实际上是在形式上保留井田制的同时,实质上承认了土地的私有权。齐国的管仲推行了"相地而衰征"的政策,对齐国的土地进行详细的勘察与评估,区分出土地的等级。根据土地质量的不同,征收不同比例的赋税。肥沃的土地税率较高,贫瘠的土地税率较低,甚至免税。根据土地的数量和肥沃程度来征收赋税,以实现公平合理的税收制度,这也是一种对土地所有权和使用权的调整。

而最彻底的土地制度改革出现在秦国,商鞅变法中的一个重要内容就是"废井田,开阡陌",即废除井田制,允许土地自由买卖。《商君书·境内》对此有所记载:"民有二男以上不分异者,倍其赋。"这意味着家庭中有多名成年男子而不分家的,需要缴纳双倍的赋税,以此来促进土地的分配和人口的流动。

2. 先秦的力役制度

先秦时期,力役与战争是社会生活中常见的现象。《孟子·尽心下》中首次提出了"力役之征"这一概念,狭义上的力役指的是国家征发的劳役和戍边活动,广义上还包括刑徒及罪犯所承担的劳役。力役是先秦时期国家征调民众无偿劳动的主要形式。根据古籍记载,力役的适用范围非常广泛,包括但不限于筑城修路、开河筑堤、运输物资等大型基础设施建设,以及田猎、追捕盗贼、丧葬和祭祀等活动，这些劳役对于维持社会秩序起到了重要作用。综合先秦文献，关于力役的规定大致如下：人数规定。如果一个家庭有七个人，那么需要三人服力役；若家庭成员为六人，则为 2.5 人服力役，一般由两个六口之家共同提供五人服力役；若家庭成员为五人，则需要两人服力役。在大规模征发力役的情况下，每家只需派出一人，其余人作为预备力量。而在田猎或追捕盗贼时，则要求所有应服役的人都必须参与。（2）年龄规定。居住在都城内的"国人"从二十岁到六十岁之间需服力役，而居住在郊外的"野人"则从十五岁到六十五岁需服力役。（3）时间规定。力役的天数依据服役者的年龄有所不同。一般而言，青年人需服役三天，中年人两天，老年人一天。在遭遇灾荒或瘟疫的年份，则可免除力役。（4）减免规定。根据《管子》记载，对于有七十岁以上老人的家庭，可以免除一名男子的力役；若有八十岁以上老人，则可以免除两名男子的力役。对于在战场上阵亡士兵留下的孤儿，如果有人愿意抚养一名孤儿，那么可以免除一个人的力役和兵役；抚养两名孤儿，则可以免除两个人的力役和兵役；抚养三名孤儿，则全家可以免除力役和兵役。

3. 先秦的兵役制度

先秦时期，由于战争频仍，各国纷纷建立了常备兵制度，主要职责是保卫边境安全。在春秋时期，各国的军队主要由贵族及其家族成员组成。不仅是诸侯国君拥有自己的军队，卿大夫也有自己的私兵。这些贵族军队是对外作战的中坚力量。

春秋末期到战国初期，由于农田制度的变化，原本的"国人"和"庶民"逐渐转变为自耕小农，这些自耕小农成了各国军队的主要来源。为了在兼并战争中取得优势，各国普遍实行了征兵制度。据《史记·仲尼弟子列传》记载，战国时期各国在战争时通常以郡为单位征兵。例如，公元前 483 年，吴王夫差曾征发九郡兵力攻打齐国；公元前 240 年，赵国将领庆舍率领东阳、河外的军队守卫黄河桥；公元前 235 年，秦王嬴政也曾征调四郡兵力协助魏国进攻楚国。为了确保足够的兵源，各国通常规定男子成年后必须单独成立家庭。在征兵时，并不会征召家庭中的所有男性，但在大战之际，则会广泛征召全国各地的壮丁，倾国而出。而对于小规模冲突，则仅征召靠近敌国的郡县壮丁参战，其他地区则休养生息，以备不时之需。

根据《睡虎地秦墓竹简》记载，秦国男子达到一定年龄后，必须到地方政权机关登记注册，称为"傅籍"。这一过程始于男子十五岁，此后便有可能随时被征召入伍。登记内容包括姓名、年龄、健康状况等。服兵役的期限并非连续不断，而是采取轮换制，即在一定时间内服役，期满后回家，再由其他人接替。

戍边服役的时间通常为一年。服兵役的标准有两种：一是年龄，二是身高。《战国策·楚策二》中提到，楚国大司马昭常在防守东部边境时，曾征召身高五尺、年至六十岁的男子，这表明即使是少年和年长者也被纳入兵役对象。相比之下，西周时期的服役标准为"身长七尺"，即只有成年人才能服兵役。此外，一些诸侯国还通过选拔勇士的方式来组建精锐部队。例如，魏国选拔"武卒"时，要求士兵携带三天的粮食，在半天内跑完五十公里。通过考核的士兵不仅能够免除家庭的赋税，还能获得良田和住宅。在特殊情况下，如守城战时，妇女和老弱也可能参与到军事活动中，他们负责后勤支持，如烹饪食物、修补城墙等。在极端情况下，甚至会直接参与战斗。

（四）宗法治理

1. 先秦的宗亲制度

在原始的氏族社会中，血缘关系一直是最为重要的纽带。随着夏、商、周三代的发展，血缘宗法制度逐渐完备。早在夏代，宗法制度就已经有了萌芽。《礼记·礼运》中有记载："天下为家……大人世及以为礼，城郭沟池以为固……以设制度，以立田里。"这表明夏代已经开始通过世袭制度来维护家族权力。商朝时期，家族宗统与中央集权的君统进一步结合，形成了以"父死子继"为主、"兄终弟及"为辅的宗法制度。到了周代，嫡长子继承制得以确立，并在宗族中建立了一个由上至下的金字塔状等级结构。《左传》桓公二年中提道："天子建国，诸侯立家，卿置侧室，大夫有贰宗，士有隶子弟。"这些记载揭示了周代宗法制度的系统性和完整性。

礼制作为宗法制度的一种体现，借助一系列规范化的典礼仪式，确立了基于血缘关系的身份等级，明确了社会成员之间的尊卑贵贱秩序。《礼记》指出："礼者，天地之序也。"礼包括多种仪式和规范，如"五礼""六礼"和"九礼"。其中，"五礼"涵盖吉、嘉、宾、军、凶等五个方面的礼仪，分别对应祭祀、冠婚、迎宾、行军作战和丧葬；"六礼"包括冠、婚、丧、祭、乡饮酒、相见等礼仪，强调成年礼、婚姻礼、丧葬礼、祭祀礼、乡里聚会礼和见面礼；"九礼"则包括冠、婚、朝、聘、丧、祭、宾主、乡饮酒、军旅等，涵盖了诸侯朝觐和诸侯间的交往礼仪。这些礼仪不仅是社会行为的规范，更是维护社会秩序的重要手段。这些礼仪不仅是社会行为的规范，更是维护社会秩序的重要手段。家庭层面同样如此，西周时期的婚姻制度以"一夫一妻多妾"为核心，遵循"同姓不婚"和"父母之命，媒妁之言"两项基本原则，同时关于婚姻缔结的"六礼"（纳采、问名、纳吉、纳征、请期、亲迎）、婚姻解除的"七去"（不顺父母去、无子去、淫去、妒去、有恶疾去、口多言去、盗窃去）以及保护妻子免于被休的"三不去"（所娶而无所归，不去；与更三年丧，不去；前贫贱后富贵，不去）的规定，进一步体现了对家庭和社会秩序的重视。这种通过礼制强化的社会秩序感，贯穿于中国古代乡村管理制度之中，成为连接政府与民间、官方与宗族的重要桥梁。

2. 先秦乡村的法律制度

西周时期的法律制度有两个特点。一是西周时期的法律形式以"礼"为主。"礼"起源于氏族时代的祭祀风俗，旨在维护宗法血缘关系和宗法等级制度。在西周时期存在着以"礼"为表现形式的各种习惯法。二是西周时期的刑法体现了"出礼则入刑"的原则。《尚书·吕刑》中有云："刑期于无刑。""礼"作为一种积极的规范，旨在预防不良行为的发生；而"刑"则是一种消极的惩罚手段，用于制裁已经发生的违法行为。凡是"礼"所禁止的行为，同样也为"刑"所不容，即所谓"礼之所去，刑之所取"。

春秋时期，随着宗法制的逐渐瓦解，新的法制开始确立。《左传》记载，郑国在公元前536年由子产将法律条文铸刻在鼎上，向全社会公布，成为中国历史上首次公布的成文法例，即"铸刑书"。随后，邓析在公元前530年编撰了一部名为"竹刑"的刑书，刻于竹简之上，称为"竹刑"。晋国也在公元前513年由赵鞅将范宣子所著的刑书铸于鼎上，公布了晋国的成文法律，即"铸刑鼎"。战国时期，《法经》成为中国历史上第一部较为系统的封建成文法典。此法典由魏国的李悝编纂，他是在归纳春秋以来各国成文法实践经验的基础上完成的。《法经》共分为六篇：盗法、贼法、囚法（或称网法）、捕法、杂法、具法。其中，"盗法"和"贼法"针对危害国家安全和社会稳定的犯罪行为；"囚法"和"捕法"涉及追捕、囚禁及审讯犯罪人的程序规定；"杂法"包含除贼盗之外的其他犯罪类型；"具法"则规定了定罪量刑的原则，类似于后来法典中的总则部分。这些内容共同构成了中国封建法律体系的基础。

第二节　秦汉时期

一、秦汉时期乡村治理组织

秦汉时期，随着国野乡遂制度的逐渐消逝，基层行政体系简化为县—乡—亭里的结构。

（一）秦推行郡县制

秦始皇一统六国后，为强化中央集权，实施了一系列深刻的政治、经济与文化变革，乡村治理体系的重构尤为关键。《左传》哀公二年提道："克敌者，上大夫受县，下大夫受郡。"虽然《左传》中提到了"县"和"郡"的概念，但此时的郡县制尚未完全成型。实际上，郡县制起源于春秋时期的楚国和秦国，《尔雅·释名》解释："郡，群也，人所群聚也；县，悬也，县系于郡也。"《说文》："周制，天子地方潜力，分为百县，县有四郡。"《广韵》里也提道："楚庄王灭陈为县，县名自此始。"经过战国时期的逐步发展，郡县制最终在秦朝统一六国后得以全面推行。在秦朝时期，郡县制成为国家地方行政的第一级行政区，全国被划分为 36 个郡，郡下再设县，有 1000 个左右。

（二）秦汉乡亭里制

秦汉时期的乡作为一级正式行政机构，处于县以下。其含义与先秦时期的乡遂不同，先秦时期的乡多指国、都、邑等城镇，遂指鄙、野、村等农村。秦汉时期的乡与遂相对应，专指农村地区。乡作为国家权力机关，是县政府的延伸机构，乡里的官员属于食禄阶层，是国家官吏的一部分。百姓按照身份和地域关系，每五户组成一单位，分区居住，其生产和生活活动均受到国家严密监控，邻里间相互监督，并实行责任连坐制度。《封诊式》有"覆"条，记某男自述"居某县某里，去亡"的过程，这一事件由乡官向上级汇报，并最终由县官指示乡里官员进行详细调查，这表明了乡里已成为国家正式的基层组织，并承担了监控民众流动的责任。

"亭"是乡下一级组织，《汉书·百官公卿表》中提道："县令、长，皆秦官，掌治其县。十亭一乡，乡有三老、有秩、啬夫、游徼。"《后汉书·百官志》中也提到，亭设亭长，"主求捕盗贼，承望都尉"。亭长协助都尉管理治安，并负责接待官吏，监管物资传递。后期亭发展成与乡同一级别的组织单位，亭类似于今天的镇。西汉平帝时，全国有乡 6622 个，亭 29635 个，东汉永兴时，全国有乡 3681 个，亭 12443 个。

乡下有里，里有门有垣，是一个相对封闭的社区。里是乡下属的户口管理单位，负责控制平民的户籍，里吏则属于差役阶层。里门、墙垣、道路，都有严格规定。据湖北省云梦县睡虎地秦墓出土的竹简整理小组记载："越里中之与它里界者，垣为院不为？巷相直为院；宇相直者不为院。"这里的"垣"指的是围墙，用来区分不同的里；而"院"则是指家庭之间的隔墙。如果处在两条巷子对齐的位置，则认为是完整的院落；如果不是这种情况，则不算作完整的院落。里与里之间有围墙隔离，而在一个里之内也设有围墙。里内的道路被称为

"巷",而连接不同里的道路称为"术"。里之下是什伍组织,《二年律令·户律》提道:"自五大夫以下,比地为伍,以辨为信,居处相察,出入相司。"同时,《盐铁论·周秦》也有类似的记载:"故今自关内侯以下,比地于伍,居家相察,出入相司。"这表明什伍组织是人员管理中最为基础的单位。尽管有些文献记录了个别或群居在山中或野外的人们,但大部分民众仍然生活在里内。

二、秦汉时期乡村治理主要方式

(一)土地制度

秦国在商鞅变法实行"授田制",其主要内容如下:皇权拥有土地的最终所有权。《史记·秦始皇本纪》记载了秦始皇登上琅琊台立下的石刻:"六合之内,皇帝之土。西涉流沙,南尽北户。东有东海,北过大夏。人迹所至,无不臣者。"这明确表达了土地所有权归属于皇帝。"废井田,开阡陌"。商鞅在公元前359年的变法中,提出了"为田开阡陌封疆"的政策,打破了原有的"井田制",即所谓的"废井田,开阡陌"。《商君书·算地》中提道:"地狭而民众者,民胜其地;地广而民少者,地胜其民。民胜其地,务开;地胜其民者,事徕。"这反映了当时鼓励农民积极开垦土地的态度。同时还有按"军功授田"的土地分配制度。《史记·商君列传》也提到,商鞅实行了按"军功授田"为主的土地分配制度,规定"有军功者,各以率受上爵……明尊卑爵秩等级,各以差次名田宅",以此来激励士卒作战的积极性,并确立了一套基于军功的等级制度。"黔首自实田",上报土地数量。公元前216年,秦始皇一统六国后,实施了"黔首自实田"政策,令农民自主向官府报备所垦田地。官府核实后,据此征税,此举实质上废除了井田制,为农民提供了更为稳固和清晰的土地使用及收益。

汉朝建立后继承了秦朝的土地制度,并在此基础上进行了发展和完善。汉初的土地制度主要表现为土地私有,律令中详细规定了土地的继承、买卖和赠送等事项。例如,律令中有关土地继承的规定指出:"死母子男代户,令父若母,毋父母令寡,毋寡令女,毋女令孙,毋孙令耳孙,毋耳孙令大父母,毋大父母令同产子代户。同产子代户,必同居数。弃妻子不得与后妻子争后。"为了防止土地被国家收回,律令还规定了在特定情况下,亲属甚至赘婿、奴婢都有权继承土地。土地买卖在汉朝也是普遍存在的现象。据《汉书·食货志》记载,相国萧何就曾"贱强买民田宅数千万"。对此,董仲舒评论道:"民得买卖,富者田连阡陌,贫者无立锥之地。……汉兴,循而未改。"这反映出汉朝初期,土地私有制已经相当成熟，而且这种制度一直延续到东汉末年。

（二）户籍治理

秦朝在"初并天下"之时，将新统一地区的民众称为"新黔首"，并通过"归义"的方式将其纳入秦国的户籍管理体系之中。秦朝通过颁布法令，要求"新黔首"重新登记户籍，即所谓"新黔首来书名数"。秦朝针对不同类型的"新黔首"，采取了差异化的户籍管理策略：六国遗民被归入"新黔首户"；需要集中监督的则被划分为"从人"和"从户"；而不具备编户条件或必须予以打击者，则在法律上仍未被承认为秦人。此举措不仅成功将六国遗民融入国家户籍系统，也为"新地"的社会融合与整合奠定了坚实基础，同时也考虑到各地的实际状况，避免了"一刀切"的弊端。秦朝统一后，"伍"成了户口编制的基本单位，即"为户籍相伍"，其中"伍长"作为"伍"的管理者。秦律明确要求，"新黔首"的户籍登记工作由当地的"里典"与"伍长"负责，他们实际上肩负起了基层户籍管理的职责。"伍"作为基层社会组织，需要对"黔首不田作，市贩出入不时""或不勉田作、缮室屋"等不符合规范的行为进行监督，并向官府报告以进行惩治。此外，"伍"还承担着维护基层伦理道德秩序的责任。若出现家庭成员间的不敬行为，如殴打或辱骂祖父母、嫡母、公婆、父之继母、兄长或姐姐等，"伍"也有义务向官府报告。这些规定体现了秦汉时期户籍制度在维护社会稳定方面的重要作用。

汉代基本上沿袭了秦朝的户籍制度。《二年律令·户律》中明确规定："自五大夫以下，比地为伍，以辨券为信，居处相察，出入相司。"这显示出西汉初期，户籍管理已有详尽的法律条文作为依据。《续汉书·百官志》中记载"里有里魁，民有什伍，善恶以告"，反映了东汉时期的情况，表明了秦汉时期实行的户籍制度有效地保障了基层社会的治安。

（三）赋役治理

秦朝的赋役制度包括了（1）更役：成年男性每年需履行一次无偿劳动服务，每次服务期限为一个月。根据秦简《徭律》的规定，如果役徒所做工事的质量不合格需要返工，则不计入固定的服务期限内。（2）赀徭：指因犯罪而被判处的无偿劳役。例如，秦墓竹简中提道："或盗采人桑叶，赃不盈一钱，何论？赀徭三旬。"这表明罚服三十天的徭役是作为对轻微犯罪的一种处罚方式。（3）居役：以劳役来抵偿罚款、赎金或债务。秦墓竹简记录了具体的执行细节，如每日劳役可折算为八钱（若不依赖官府提供饮食），或六钱（若需官府供餐）。此类劳役可以由年龄相当、体力相近者代劳。

汉朝的赋役制度在继承秦制的基础上有所发展，主要包括（1）更役：成年男性每年需履行的一次无偿劳动服务，为期一个月。《汉书·贾捐之传》及颜师古引用如淳的解释说明，"常赋岁百二十、岁一事"，意指成年男性每年需履行一次更役。《汉书·惠帝纪》记载了两次征召长安附近居民进行城建工作的例子，每次为期三十日，反映了当时政府对特定项目实施临时性徭役动员的能力。（2）外徭：指超出常规更役期限的徭役，通常伴随着额外的赏赐。《汉书·沟洫志》提到，治河工程中的参与者会被记作外徭六个月，并可能获得奖励。文帝即位之初，为了减轻民众负担，《汉书·贾山传》记载了减外徭、卫卒和停止岁贡的措施。（3）人头税：张家山汉简《二年律令·田律》详细记录了户赋和户刍的具体征收标准，即对于卿爵以下的户主，每年五月需缴纳十六钱的户赋，十月则需交纳一石的户刍。基层行政组织中的田典与里典负责这些税款的征收工作，并确保税收过程的透明和公正。

（四）三老治理

秦汉时期，乡村治理在继承和发展中展现出独特的特色。秦时期，三老、有秩、啬夫和游徼等非官方领袖人物在乡村治理中发挥着重要作用，他们既代表了地方民意和利益诉求，又协助官方管理人员维护乡村秩序和社会稳定。《汉书·循吏传》记载："三老掌教化。"《汉书·食货志》记载："啬夫之职，掌管田赋。"《史记·陈涉世家》中有"令游徼"的描述。具体而言，三老是负责乡中教化的官员，通常由年长且德高望重的人担任，旨在引导乡民向善，维护乡村伦理道德；有秩和啬夫则负责乡中的具体事务，前者多设于大乡处理如税收、断案等重要职责，后者则在小乡执行类似任务；游徼主要负责巡视缉捕盗贼，保障乡村治安。汉朝沿袭并发展了秦朝的制度，在乡里制度方面尤其重视"三老"的角色和地位。《汉书》记载："举民年五十以上，有修行，能率众为善，置以为三老，乡一人。择乡三老一人为县三老，与县令丞尉以事相教，复勿徭戍。以十月赐酒肉。"汉代的"三老"一般通过民间举荐选拔产生，虽然没有正式官员的薪俸，但其权威堪比县令。"三老掌教化。凡有孝子顺孙，贞女义妇，让财救患，及学士为民法式者，皆扁表其门，以兴善行。"①这种国家权力与地方自治的有机结合，赋予了秦汉时期乡村治理高效性和灵活性。乡村行政组织融合了上级的行政授权与下级父老的权威，不仅确保政府权力深入基层农村有效统治，还能借助父老威望辅助基层官员管理民众，从而实现社会稳定的目标。这一制度设计体现了秦汉两代在乡村治理上的连续性和创新性。

---

① 章惠康，易孟醇. 后汉书今注今译：下册［M］. 长沙：岳麓书社，1998：2896.

第三节　隋唐时期

一、隋唐乡村治理组织

（一）魏晋和南北朝实行乡、亭、里制

魏晋和南北朝主要是沿袭汉制，实行乡、亭、里制。后期战乱频繁，传统乡里组织被废置。《魏书·常景传》载："魏初不立三长，故民多荫附。荫附者皆无官役，豪强征敛，倍于公赋。""晋按千户为准，千户以上置史、佐、正三人，依户口数另设里吏一人。"乡官主要由官派产生，辅以民间推选，并享有俸禄品秩，当时的乡里首长"皆是豪门多丁为之"。里长在道德教化与司法治安方面的职责有所减弱，而主要负责的工作转变为户口登记与赋税征收。

（二）隋实行乡、里制

隋朝初期，为重塑乡村社会秩序，推行了一套基层管理体系，在京畿区域实施了族、闾、保三级制度。《洛阳伽蓝记》卷五记载："京师东西二十里，南北十五里……方三百步为一里，里开四门，门置里正二人，吏四人，门士八人，含有二百二十里。"而在京畿之外，则实行党（乡）、里二级制。根据《隋书·食货志》记载："及颁新令，制人五家为保，保有长。保五为闾，闾四为族，皆有正。畿外置里正，比闾正，党长比族正，以相检察焉。"保是新设立的最基层的组织，取消了乡一级，并将坊改为里。到了公元 589 年，即隋文帝开皇九年，朝廷决定简化行政层级，改三级制为"乡、里"二级制。隋文帝颁布诏令："五百家为乡，正一人；百里为里，长一人。"这标志着族、闾、保三级制被废除，恢复了乡制，实行乡、里两级制。此后，无论京畿内外，均统一实施了乡、里两级管理制度。这一改革在全国范围内统一了基层的行政管理体系。

（三）唐实行里、村制

唐朝通过律令形式将聚落名称规范为"村"与"坊"，正式从制度上实施城乡统一管理，明确了"城市"与"乡村"的区别。根据《大唐令》规定："在邑居者为坊，别置正一人"，而"在田野者为村，别置村正一人"，表明国家对村的制度性介入，并确立了"村"作为村落专指名词的地位。"里"与"村"逐渐取代了"乡"的地位与功能，成为唐代乡里组织的关键组成部分。据《旧唐书》记载："百户为里，五里为乡。四家为邻，五邻为保。在邑居者为坊，在田野者为村。村坊邻里，递相督察。"唐贞观十五年（641年）正式设立"村"这个行政单位，村作为最基本的行政区，村正负责村的管理工作。唐朝建立了乡里村三级制，唐太宗在贞观九年设立每乡一长二佐，至十五年有所裁减，显示了"乡"作为基层组织职能的减弱。此时，乡设乡长，里设里正，村设村正，并建立了严密的邻保组织以相互监督不法行为。全国乡的数量在天宝元年统计达到了168829个。里正与村正主要职责包括土地管理、农桑劝勉、赋税征收以及兵役、徭役的分配等事务，是直接面对民众的基层官吏。此外，《通典·乡官》记载，大唐凡百户为一里，里置里正，五里为一乡，乡置耆老或称为"父老"一人，进一步展示了唐代基层治理结构的复杂性和层次感。这种制度设计不仅促进了中央政权对广大农村地区的有效控制，也加强了乡村社会内部的自我管理和互助合作。

二、隋唐时期乡村治理方式

（一）土地制度

隋代继承了南北朝时期的均田制，旨在解决军粮短缺和恢复农耕。《隋书·食货志》详细记录了授田标准：丁男、中男分别授永业田二十亩及口分田八十亩；女子则为四十亩。对于官吏的授田，《隋书·食货志》记载，从诸王到都督，官员依据等级不同可获得不同数量的永业田，最高可达一百顷。隋文帝时期明确规定，丁男授口分田（露田）八十亩，女子四十亩，并取消了北魏"授田视轮休需要加倍或再加倍"的政策，使授田数量标准化。在隋代，均田制下的露田或口分田禁止买卖，仅限于永业田可在特定条件下进行交易。隋朝鼓励民众迁徙至土地较为宽裕的"宽乡"进行开发。隋开皇十二年（592年），政府推行政策激励移民，给予愿意迁移的人自由出售土地的权利，并对垦荒工作给予大力支持。隋朝为了应对京辅地区人口密集而土地稀缺的问题，政府推行了向土地较为宽裕地区移民的政策，激励民众迁移到所谓的"宽乡"。

唐代多次颁布均田令，规定较隋更为详尽。老男、笃疾、废疾各授口分田四十亩；工商业者减半授田，寡妻妾各授口分田三十亩。年老时收回五十亩口分田，身死时口分田全部由政府收回，另行分配。唐代继续遵循均田制下露田或口分田不得买卖的原则，而桑田作为世业田可以世代相传。《唐律疏议》有明确记载："诸桑田皆为世业"，表明桑田可买卖但有限制。唐代法律认可租佃经营模式，《唐律疏议》中有明确记载："官田宅，私家借得，令人佃食。"此外，唐代政府持续推动荒地开垦，《唐会要·户口上》记载了官方对垦荒的支持措施，促进了自耕农与佃农群体的发展壮大。唐代的农民可以从地主处租赁田地进行耕种，通过契约形式确保双方的权利与义务。当时还出现了"平民雇佣群体"，这些平民雇主不仅自行耕种，还雇佣劳动者，并通过合同详细规定劳作要求及农具、牲畜使用等细节。唐朝政府还非常重视荒地的开垦工作，致力于增加可耕地面积，并给予移民大力支持，如提供良沃田地安置，并给予长期免税优惠。会昌元年（841年），政府进一步推动荒地开垦，鼓励有能力的百姓自行开垦耕种，而不受州县干涉。随着垦荒活动的广泛开展，私有土地的数量不断增加，自耕农和佃农群体也随之扩大。唐代的土地立法保护制度体现了对土地权益的高度重视，通过严格的法律条款来保护公私田地不受侵犯，并确保土地资源的有效利用。根据《唐律疏议》的规定，对于盗耕公私田的行为，法律设定了详细的惩罚措施：一亩以下处以笞三十的处罚，每增加五亩刑罚加重一等，直至达到一年半的徒刑。对于非法侵占或盗卖公私田的行为，惩罚更为严厉，最高可至两年徒刑；若官员侵占百姓私有田地，则面临更重的处罚，最高可达两年半徒刑。为了促进荒地的有效利用，《唐律疏议》还规定了荒废三年以上的公私田地可以经由官府批准借佃给有能力耕种者使用，其中私田在三年后归还原主，而公田则需九年才归还官方。尽管允许"借佃"方式耕作，但始终强调保护原土地所有者的权益，并不允许通过这种方式将私田转变为当前耕作者的财产，除非是在特定条件下将官田转为私田。《通典·田令》明确规定，土地买卖必须经过所在部门官府的认可并登记在籍，未经正式手续的土地交易被视为无效，买方不仅不能获得土地所有权，甚至可能失去已支付的资金。

（二）户籍治理

隋朝初年，农民隐匿户口、诈老诈小的现象极为严重，导致开皇初年的全国人口统计只有380万户，这对国家财政收入和劳动力的控制产生了直接影响。这种情况源于魏晋南北朝时期战争频仍，士族豪强崛起，他们经常隐瞒人口，以充实自身实力，导致户籍制度混乱不堪。为了查实应纳税和负担徭役的人口，隋文帝在开皇五年（585年）下令："高祖令州县大索貌阅，户口不实者，正长远配，而又开相纠之科。大功已下，兼令析籍，各为户头，以防容隐。"这里的"貌阅"是指依据样貌来核验户籍信息，即政府命令州县官吏按照户籍上登记的年龄与本人的体貌进行核对，以检查是否存在谎报年龄的情况。并且规定，如果发现户口不实，里正、党正将被流放到远方，并鼓励百姓互相检举揭发。通过这次大规模的核查，大量隐匿的户口被揭露出来，增加了政府控制的人口和赋税收入。据史书记载，开皇三年（583年），这次清查行动共清理出隐瞒的男丁44.3万人，总计164.15万口。① 这一举措极大地改善了户籍管理，增加了国家的财政收入。《隋书·食货志》中记载："（开皇五年）五月，诏州县官人，大索貌阅，户口不实者，正长远配。"这一法令强调了对户籍不实者的严厉惩罚措施。此外，《资治通鉴》也提道："（开皇五年）五月，乙卯，诏州县官人，大索貌阅，户口不实者，正长远配。"这些文献都证实了隋文帝在整顿户籍方面的决心和行动。

唐代继承了隋朝的户籍管理制度，并进一步完善了户籍的编造程序。唐代规定，每三年需重新编制一次户籍，由民众自主上报户口及田地情况，记录于"手实"之中；里正则依据手实资料来汇编户籍。官员会依据各户的资产状况和人口强弱来划分户等（共分为九等），以此作为征收户税的依据。此外，上计制度改为每年进行一次，而在两次正式编制户籍之间的年份，会根据当年上报的手实资料对户籍进行补充登记，这一做法类似于现代的动态信息管理机制。为了避免虚报年龄或病老的情况，官员还会检验人丁的体貌特征，这一过程称为"团貌"（每三百家为一团）。唐代户籍体系分为编户与非编户两大类别。编户是指正式登记在册的居民，涵盖官员及平民（即白丁），且须为良民身份。非编户则包含多种类型：首先是贱户，分为三等，最低为官奴婢，其次是部曲与客女（属私家仆役，依附于主人户籍）；再其次是官户，主要是"前代以来，配隶相生，或今朝配役"的人；再者是方外之人，包括僧侣、道士及为逃避赋役而入寺院的逃户；最后是士兵，唐初行府兵制，士兵源自下户和平民，原本属原户籍，但自玄宗开元年间府兵制瓦解转为募兵制后，士兵成为专业职业，不再纳入户籍统计。唐代后期，由于贫民逃亡和富户逃税，国家税收下降，户籍制度出现了混乱。《唐会要》记载："（贞元中）贫者流亡，强者隐匿，赋入益寡。"这反映了户籍制度在唐朝后期面临的挑战。《旧唐书》中也提道："（天宝末年）户口流散，田畴荒芜。"这些文献都反映了唐代户籍制度在后期遭遇的问题。

（三）赋役制度

1. 赋税制度

隋代继承并发展了北魏以来的均田制，并在此基础上形成了租庸调制。租庸以征收谷物、布匹或者为政府服役为主，主要包括三个部分，租：即田租，每年每丁需交纳粟二石。庸：指劳役，每年替政府服劳役二十天，也可用物品折抵役期。调：指户调，男丁随乡土所产缴纳布匹或实物税，如绢二丈、绵三

---

① 魏徵，等. 隋书·食货志：卷二十四 [M]. 北京：中华书局，1973：681.

两或布二丈五尺、麻三斤等。租庸调制与均田制紧密相关，规定凡是均田人户，不论其家授田是多少，均按丁缴纳定额的赋税并服一定的徭役。根据《隋书·食货志》记载，农民需缴纳粮食（租）、布匹或丝绸（调），同时承担劳役和兵役义务（庸）。对于无法亲自服劳役者，允许通过缴纳布匹或丝绸来免除劳役。隋文帝通过一系列改革减轻了人民负担，如开皇三年将一般劳役时间缩短为二十天，起役年龄提升至二十一岁，并取消了五十岁以上男子的劳役义务。此外，隋炀帝时期进一步调整政策，取消了丁女、妇人及奴婢部曲的赋役，标志着古代赋役制度的重要变革。在户税方面，《隋书·食货志》提道："其无课调者，皆以户税足之。"隋代在某些没有或缺少课调的州，采取计户征税的方式，以供当地地方官的俸禄和日常开支。这种税收方式在当时似乎并未普及全国，而是一种局部的补充措施。隋文帝采纳长孙平建议建立了义仓制度，在每年秋收时，以户为单位，按贫富等级让每户拿出一部分粮食，最高额度为一石，储存在设于基层乡村的仓库之中，以便在灾年时用来赈济灾民。国家设在州郡、用来向百姓征收税粮的仓库称为"常平仓"；而这个设在基层乡村、用来储存百姓所交饥荒保障粮的仓库，则可以称为"义仓"。

唐代继承了隋朝的赋税制度，并在其基础上进行了细化和发展。唐代初期，武德七年（624年），唐高祖颁布法令规定每名成年男子每年需服役二十天，若不实际服役，则可通过缴纳"庸"（每日三尺绢布）来替代。到开元、天宝年间（713—756年），全国普遍实行征庸代役制度，使"庸"成为政府财政收入的重要来源之一。唐代的租庸调制度在武德二年初步确立，每丁需缴纳租两石、绢二丈、绵三两，或者选择缴纳布二丈五尺、麻三斤。在户税方面，唐代从武则天长安元年开始正式实施，定期进行大税和小税的征收，《唐六典》中记载：三年一大税，每年一小税以供军国传驿之用。唐玄宗天宝年间，户税收入达到了二百余万贯。

唐代，"社仓"由官府掌控，并设在州郡而非原来的里社，正式名称也变回了"义仓"，每当遇到饥荒时，便会开仓赈济灾民。《旧唐书·食货志》记载："每有饥馑，则开仓赈给。"唐太宗时期，"义仓税"的征收方式是按照田亩的多少来计算，每亩须缴纳两升土地上的粮食产出。《唐会要》中提道："每亩税二升，以为义仓之积。"唐高宗时期，征收方式改为按户纳税。最富有的上上户需要缴纳五石粮食，依次递减。而且不论是否有田地，不论是农民还是商人，都需要缴纳这项税款。《旧唐书·食货志》记载："高宗龙朔元年，始令以户等为差，上上户五石，上中户四石，上下户三石，中上户二石，中中户一石。"武则天时期，"义仓"政策再次变更，重新按田亩多少收税。《旧唐书·食货志》

记载:"武后长寿元年,复令按田亩收税。"唐玄宗即位后,再次调整征收方式,对农户和大宗土地拥有者按田亩征税,对商人则按户征税。这些不断的变化,其核心动力在于希望以最小的征收成本获得最大的收益。《旧唐书·食货志》中记载:"自高宗、武后之世,数十年间,义仓不许杂用,惟以赈济灾荒。"然而,随着时间推移,义仓的状况逐渐恶化,"自中宗神龙之后,天下义仓费用向尽",到了唐中宗时代,义仓中存储的粮食已经被大量挪用,几乎耗尽。唐代后期,义仓逐渐演变成官办的借贷机构,很少有无偿贷给普通农民的情况,并且义仓制度需要奏请中央批准后才能开放赈济,往往难以及时救助困苦的民众。因此,民间自发形成了一些互助性的结社。入社的人通常会自称"生居末代,长值贫门"或"右厶乙,贫门贱品"等,表明他们需要从社邑中获取经济帮助。社的活动也确实体现了这一点,社司可以帮助贫困的家庭承担厚葬的开销,也可以帮助农民合力应对官府的赋税征收,社组织能在春季缺粮、秋季少种时提供种子和粮食贷款,尽管会收取利息,但能有效解决社员的紧迫需求。社员归还的债务会纳入社司的公共基金,成为全体社员的共有财产,包括借贷者在内。若社员确实无力偿还,社司不会采取像政府义仓管理者那样严厉的强制措施。

2. 徭役制度

隋朝规定,丁男每人每年需服役三十天,并允许年满五十岁以上的男子可以通过纳庸来替代服役。工匠每年需服役六十天。开皇三年(583年),一般的劳役时间缩短为二十天,起役年龄提升至二十一岁。六十岁以上的男子被视为老年人,免除徭役。隋文帝在位期间持续减轻徭役负担,登基后即废除了东京的劳役,并免除了入市的税负。开皇三年(583年),隋文帝下令:"军人以21成丁,减20番为每岁20日役,减调绢绸一匹为二丈。"开皇九年(589年),隋文帝又下令:"免江南赋税10年,其他各州免除当年租赋。"开皇十三年(593年),隋文帝下诏:"河北、河东今年年租三分减一,兵减半。"《隋书·食货志》记载:"开皇三年,诏曰:'……军人以二十一成丁,减二十番为每岁二十日役,减调绢绸一匹为二丈。'"这表明隋文帝在减轻徭役方面的努力。

唐代继承了隋朝的制度,并进一步细化了相关规定。武德七年(624年)四月一日,唐高祖下诏:"凡丁,岁役二旬。若不役,则收其庸,每日三尺。"这一诏令并没有对年龄或役种做出限制。到开元、天宝年间(713—756年),全国范围内普遍实行征庸代役的制度,庸绢布成为政府财政收入的重要来源。但就局部地区而言,作为正役的力役依然存在。在通常情况下,庸和役并不同时征收。

3. 兵役制度

隋朝实行府兵制。所谓府兵制,是一种寓兵于农、兵农合一的军事制度。

政府首先按照均田制分配土地给百姓，并建立户籍制度。然后，从编户百姓中选拔府兵，选拔的原则是：财产相近则选取身体强壮者；身体素质接近则选取较为富裕者；财力和体力均接近则选取家中有多子者。这些府兵及其家属被编入民籍，改属州县管辖，并与普通编户齐民一样接受土地分配。平时，府兵们从事农业生产，农闲时则接受军事训练。当需要服役时，他们离开州县，免去个人的租庸调，但需要自备口粮和器械。

唐朝继承并发展了隋朝的军事管理体系，形成上层军事管理机构：在中央设置了十二卫来统领府兵（唐高宗时期改为南衙十六卫，其中前十二卫负责统领府兵，后四卫管理禁军及皇帝仪仗等事务），这构成了府兵制。地方层面军事管理机构：各州县设立了折冲府作为基层管理组织，负责府兵的训练和服役协调等具体事务。到开元年间（713年至741年），全国共有634个折冲府，府兵总数达到了68万余人。府兵享有"见课不输"的待遇，即免交租调，但需要履行服兵役的义务，并自备衣粮和部分装备，通过免除赋税换取军事服务的方式，有效地将军事力量与农业生产相结合，既满足了国家的军事需求，也促进了社会经济的发展。

（四）乡官连坐制度

唐代对乡官如里正、村正、坊正、保长和邻长这五正的管理责任及其违法连带责任制定了极为严格的规定。根据《唐律疏议》记载，若里正在进行户口统计核查时出现漏报或谎报丁男年龄等不实情况，每漏报一人将受到鞭笞四十下的处罚，三人则罪加一等；在征发赋役过程中，每错报一人，里正将被流放一年，二人则罪加一等，若漏报十五人以上则流放三千里。此外，如果里正未能及时发现其属下冒名顶替的情况，将面临从鞭打五十下开始，每增加一人则罪加一等，直至九人时判处两年徒刑的严厉惩罚。对于本乡区域内发生的偷盗行为或纵容偷盗，里正需接受五十下的鞭笞；若所辖地界内有一人成为强盗，里正也将被鞭打六十下。而对于私铸钱币的行为，所有五正都将面临连坐处罚。这一系列规定凸显了唐代对基层官员职责履行的高度关注及对违法行为的严惩态度。

第四节 宋元时期

一、宋元时期乡村治理组织

北宋于开宝七年（974年）正式废除了乡制，改为设立户长和耆长来管理赋税劳役及词讼。根据《宋史·食货志》记载："开宝七年，诏废乡为管，置户长、耆长，以理赋役及词讼。"这一改革标志着北宋从传统的乡里制向乡管制转变，虽然"乡"作为行政区划仍然保留，但其管理职能被取消，旨在强化中央集权。范祖禹总结道："自祖宗肇造区夏，划削藩镇……收乡长、镇将之权悉归于县，收县之权悉归于州，收州之权悉归于监司，收监司之权悉归于朝廷。"①乡长并非朝廷直接任命，因此废除乡长权力等同于废除乡的组织。乡制废除后，里成为乡村治理的基本单元，每百户组成一里。然而，随着人口增长，里的实际户数远超最初设定的标准。据《宋史·地理志》记载，到北宋中期，平均每里的户数已达到 784 户，原有里制难以适应新的管理需求。

南宋时期保甲制度成为基层管理模式的核心。保甲制度是以"户"为社会组织的基本单位，设户长；十户为甲，设甲长；十甲为保，设保长。都保成为乡之下的组织单位，强化了中央对基层社会的控制力。《宋史·职官志》提道："保甲之法既行，而职役之制亦随之。"这表明保甲制度不仅是军事上的革新，也是基层治理结构的重要变革。保甲与都保存在差异，都保侧重于展现乡村区划特征，而保甲则更强调其编排的组织形式。此外，保甲制度还广泛应用于政府放贷、民众防护、灾害救济等多个领域。例如青苗法规定："使十户为甲，甲中须有上三等一人充保。"南宋时期的保甲制度继承和发展了北宋的做法，进一步细化了管理和监督机制，确保了乡村治理的有效性。

元代建立后，在乡村地区设立了乡、都两级基层组织，并在部分地区尤其是北方，设立了以自然村为基础的村社组织，每五十户组成一社，并设社长。《元史·食货志》记载："乡社之制，以五十户为一社，设社长一人。"村社负责维护当地治安、征收科差以及推行教化等职责。元代南方汉人聚居区内承袭了金代以职役管理基层的体制，在乡一级设置里正，在乡之下设都，并在都一级设立主首。不同等级的都设置不同数额的主首——上等都分设主首四名，中等都分设主首三名，下等都分设主首二名。《元史·食货志》提道："都之设主首，以户数多寡为差，上等都四人，中等都三人，下等都二人。"这说明了主首设置的具体标准。《元典章》中还提道："主首之役，以田产多寡为差，轮差富有之家。"这表明主首不仅是元代的一种差役名目，也是这一时期乡都基层社会的实际负责人，在乡村中发挥了重要的管理职能。元代实际上形成了由里正、主首和社长共同领导的乡村组织体系，确保了基层管理的有效运行。

---

①　赵绍铭. 中国全史·宋辽金夏政治史［M］. 北京：人民出版社，1994：12-13.

二、宋元乡村治理方式

(一) 土地制度

北宋初期，尽管实行均田制，但土地私有化趋势明显。五代十国时期的动荡加剧了土地私有化进程。《宋史·食货志》记载："势官富姓，占田无限，兼并伪冒，习已成俗。"这反映了当时严重的土地兼并现象。宋朝实行"不立田制""不抑兼并"的政策，《宋会要辑稿》提到，政府不再执行强化国家土地所有制的措施，允许土地自由买卖与兼并，这一举措加速了土地私有化的深化。《宋史·食货志》中记载："初立均田之制，以田之肥瘠分等，定其税入。"这表明宋初试图通过均田制调节土地分配，但随着土地私有化的发展，这种制度逐渐失去约束力。

南宋时期，土地买卖更加盛行。宋高宗时期，四川地区出台了规定，要求典卖田宅的纳税人需缴纳印契税。一次征收的契税高达四百万贯，反映出土地交易的频繁程度。《宋史·食货志》记载："人户交易田土，投买契书，及争讼界至，无日无之。"土地买卖的盛行导致土地所有权频繁更迭，地主阶层经济地位常处于变动之中。《宋会要辑稿》中记载："千年田换八百主，贫富无定势，田宅无定主。"这生动展现了宋代社会土地流转的频繁和财富分配的不稳定状态。此外，土地租佃达到了前所未有的程度。租佃分为两类：一是官田经由"二地主"转租给农户；二是农户直接从地主处租得土地。《宋史·食货志》中记载："占佃者，谓之佃户。"租佃关系通常分为无期限与有期限两种形式。《宋会要辑稿》记载："占佃之法，或有年限，或无年限。"这说明了租佃形式的多样性。不同租佃形式下佃农的权利和义务在《宋史·食货志》中有详细描述："佃户之于田主，有年限者，年限满则去；无年限者，田主欲去之则去。"

元代继续沿用了宋代的土地私有化政策，并进一步促进了私田数量超过官田的趋势。元代的土地制度强调土地私有权益的保护，同时通过立法保障租佃关系。《元史·食货志》记载，元代土地经营方式与宋代类似，国家通过售田或赏赐官僚地产等方式将官田转化为私田。此外，元代鼓励民众开垦荒地，并按照民间主客的租佃比例来收取地租。

(二) 户籍治理

北宋实行"五等版簿"的户籍制度。宋太祖建隆元年（公元960年）规定，拥有田地产业并需纳税服役的人户称为"主户"。根据田地产业的多少，将主户分为五个等级：第一、二等为"上户"，第三等为"中户"，第四、五等为"贫下户"。此外，还有"官户"，大多数是通过科举做官的士大夫，另立户籍，仅需纳税而不需服役。对于没有生产资料的人，则归入"客户"，这些客户往往贫穷无依，生活在社会的最底层，受到剥削和压迫。

南宋时期，"客户"一般可以分为三种类型：地客、佃客和浮客。首先，地客与地主之间存在紧密的隶属关系，《名公书判清明集》提到"地客"与"地主"之间有主仆之分。尽管政府强调"地客"不应被买卖，但在实际操作中仍面临被当作奴隶买卖的命运。其次，佃客是"客户"中人数最多的一部分，如岳飞出身于佃客。朱熹在介绍岳飞时说："岳太尉本是韩魏公佃客。"最后，浮客指的是那些不纳税的无业游民，即所谓的浮寄"客户"。由于天灾人祸等原因，南宋社会长期存在大量无业游民。这些人是"佃客"的潜在来源，同时也是募兵制下的重要兵源。

元代早期推行了"千户制度"，将部落按照万户、千户、百户层级划分。这一制度与金国的"猛安谋克制"相似，是一种有效的户籍管理制度。铁木真统一漠北后，推广千户制度至整个草原地区。《元史·食货志》记载："太祖统一漠北，置千户，以功臣及亲信为之长，各统其属，各有疆界，不许迁徙。"蒙古征服金朝进入中原后，开始借鉴唐宋时期的户籍制度，推行适合中原地区的户籍管理体制。窝阔台采纳耶律楚材建议，实行军政分离。《元史·耶律楚材传》记载："耶律楚材，字晋卿，太宗时为中书令，推行中原户籍制度。"1230年，耶律楚材设立十路课税使，并开始统计户口工作，为元朝在中原地区的统治奠定了基础。此外，元朝推行了民族等级制度，将全国人口分为蒙古、色目、汉人、南人四个等级。蒙古族享有诸多世袭特权："蒙古人，为国族，世袭军职，掌兵柄。"色目人包括西夏人、回鹘人、吐蕃人等，各自承担不同义务和享有不同权力。例如，回鹘人（维吾尔人）在元朝多担任文官，并负责财政事务；吐蕃人则主要参与宗教事业；钦察人成为职业军人，参与征战；而一般的穆斯林则被称为达失蛮。在所有的色目人中，维吾尔人的地位相对较高，略高于汉人，而其他色目人的地位与汉人相差不大。"汉人，为第三等，多为农耕，按户口管理。"汉人指的是原本金国统治下的汉人、契丹人、女真人、渤海人以及高丽人。这些民族主要从事农业，并按照农业户口进行管理。"南人，为第四等，政治地位最低"，南人指原南宋境内的各族人民。

（三）赋役制度

北宋时期的赋役制度以王安石变法中的青苗法、免役法和保甲法为主。为了应对官员贪污腐败和土地流失等问题，宋神宗时期（1068—1085年）实施了一系列改革措施。其中，王安石的变法尤为突出。《宋史·王安石传》记载：

"熙宁二年（1069年），王安石为参知政事，推行变法。"王安石提出多项旨在解决财政困境的改革措施，包括"青苗法""免役法"和"保甲法"。青苗法对田赋征收方式进行改革，主张根据土地的肥沃程度和作物种植情况计算赋税。《宋史·食货志》记载："青苗法以土地肥瘠为差，定其赋税。"这意味着土地肥沃的农户需缴纳更多税款，而土地贫瘠的农户则可获得减免。免役法旨在减轻或免除农民的义务劳役。在之前的赋税制度中，农民不仅要缴纳税款，还需提供义务劳动。通过实行免役法，农民可以有更多时间和精力从事农业生产，从而提高了效率。《宋史·食货志》记载："免役法，令民以钱代役，而役以募之。"这一措施使得农民从繁重的劳役中解脱出来，专注于农业生产。保甲法作为一种基层社会管理方法，将农村按区域划分为若干"保甲"，每个"保甲"由若干家庭组成，共同承担治安维护和税款征收责任。

南宋时期的赋役制度继续沿用了北宋的部分政策，并针对实际情况进行了调整。例如，"青苗法"和"免役法"在南宋依然存在，但具体执行方式有所变化。南宋政府进一步优化了赋税计算标准，确保更加公平合理地分配赋役负担。同时，南宋时期加强了对地方官员的监督，防止贪污腐败现象的发生，保障赋役制度的有效实施。此外，南宋时期还注重发展经济，鼓励商业活动，减少对农业生产的过度依赖。通过这些措施，南宋政府试图缓解财政压力，提高国家的整体经济水平。

元朝针对不同民族实行不同的赋役政策，以适应各民族的实际需求。例如，汉人主要从事农业，并按照农业户口进行赋役；色目人则根据各自的特点承担不同的义务和享有不同的权力。元代还推行了"包银制"，即让百姓用银两代替实物缴纳赋税，简化了赋役征收程序，提高了行政效率。

（四）乡约治理

乡约治理是一种基于传统乡村社会的自我管理方式，强调通过"乡约"，即由村民共同商定的一系列行为规范和道德准则来实现治理，这些乡约通常包含对个人品德的要求、家庭伦理的指导以及处理邻里关系的原则等内容。乡约最早可追溯到北宋时期的陕西蓝田由吕大钧兄弟发起的《吕氏乡约》。这一制度在明清时期得到了广泛的应用和发展。吕大钧从学于关中大儒张载，因其学识和品行在乡里备受尊敬，被誉为当地的乡绅。吕大钧基于"邻里乡党、利害相关"的理念，创办了乡约，旨在"愿与乡人共行斯道，善相劝勉，恶相告诫"。该组织旨在提升道德修养，构建了一个理性的基层自治体系。《吕氏乡约》实施后，对蓝田地区产生了积极的效应，促使当地民风日趋淳厚，甚至影响了整个关中地区的社会风气。南宋时期，著名学者朱熹对《吕氏乡约》给予了高度评价，并亲自修订其内容，著成《增损吕氏乡约》。在朱熹理学的推动下，南宋众多地方士绅纷纷效仿，依据《增损吕氏乡约》的模式建立乡约组织，进一步促进了南宋乡约制度的繁荣发展。乡约治理方式的推广不仅加强了基层社会的自我管理能力，还促进了儒家道德观念的传播。

第五节　明清时期

一、明清时期乡村治理组织

明朝实行里甲制和保甲制并存的乡村治理组织模式。每一百一十户家庭组成一个"里"，其中选出丁（成年男子）和粮食贡献最多的十户作为里长，其余一百户分为十个小组，每组十人称为"甲"。每年从里长中选出一人，每个甲的甲首中选出一人，负责管理和监督各自里和甲的事务。这种轮换制度被称为"排年"，旨在确保公平合理地分配赋役负担。里长主要职责包括追征钱粮、勾摄公事以及平息里内百姓争斗。洪武二十七年（1394 年），朱元璋下令设置"里老人"以处理乡间的纠纷。地方官府选择年龄在五十岁以上、德高望重且公正无私的老人担任"里老人"，他们被称为"方巾御史"，负责讲论治道，协助政事。里老人的职责是导民向善，平息民间各种纠纷，并处理诸如田地、户籍、婚姻等一般纠纷或诉讼。此外，里中设有旌善亭和申明亭，分别用于公布善行和恶行，以示奖惩。甲首协助里长承担以上各项工作。明代中叶，为配合军事需求，部分地区开始实行保甲制度。以十家为牌，设牌长；五至十牌为保，设保长。牌长负责监督和管理牌内各户情况，维护地方治安；保长则负责协调和组织保内各牌共同应对军事威胁和治安问题。保甲制度还实行连坐法，强化了家庭之间的互相监督，以维护地方治安和稳定。

清朝初期沿用了明朝的里甲制与保甲制并存的乡村治理模式，但随着康熙时期推行的"滋生人丁永不加赋"政策和雍正时期的"摊丁入亩"政策，里甲制度逐渐废弛，保甲制度渐渐取代其地位。康熙五十年（1711 年）之后新增的人丁不再加征赋税，丁税按土地亩数平均分配到田赋中去。保甲不仅具有维持地方治安的职能，还承担起了督催钱粮的职能，成为处理地方杂务的主要机构。晚清时期，乡里制度在立宪运动中发生了显著变化。光绪三十四年（1908 年）颁行的《城镇乡地方自治章程》规定：府、厅、州县治的城厢地方为"城"，市镇村庄屯集等地方人口满五万者为"镇"，不满五万者为"乡"。城镇设立

"议事会"和"董事会",乡设立"议事会"和乡董、乡佐,负责督办本城镇乡的教育、卫生、道路修建、农工商务和社会慈善公益事务。然而,这种举措尚未广泛推广,清王朝即告终结。事实上,只有部分城市的议会和董事会按照计划成立了,而其他乡镇还未及设立自治机构,就因自治命令被停止而未能实施,最终还是保甲制度继续发挥重要作用。

二、明清时期乡村治理主要方式

(一)土地制度

明朝时期,土地分为官田和民田两大类。弘治十五年(公元1502年),官田视民田得七分之一,即官田占全国土地总面积的份额不到15%。官田主要来源于平定吴地后籍没的功臣子弟和地主恶霸的田产,而民田则是广大农民垦荒占田或私有土地。为了促进农业发展,明清政府积极推行垦荒政策,采取募民垦荒和移民垦荒等措施。这些垦荒所得的土地,无论原先是否有主,其所有权均归垦荒者所有,并被视为永业田,且免税三年。"计民授田"是一种按照人口和劳动力分配土地的制度,旨在确保每个民众都能获得一定数量的土地来耕种,从而保障他们的生计。然而,不抑兼并的政策和赋役负担的不断加重,土地逐渐集中于少数大地主手中,导致大量农民失去土地,成为流民。这不仅加剧了社会矛盾,也对明朝的统治产生了不利影响。

清朝初期沿用了明朝的土地制度,至康熙五十年(1711年)之后新增的人丁不再加征赋税,丁税按土地亩数平均分配到田赋中去。这一改革使得土地赋税更加公平合理,减轻了农民的负担,并促进了商品经济的发展。清朝的土地租佃制度继承和发展了宋元时期的定额租永佃制。在这一制度下,地主保有土地所有权,即田底权,而佃农则永久享有对土地的田面权,即实际使用权。双方彼此独立,互不干涉。佃农的田面权不仅保障其长期土地使用权,还允许他们进行权利的传承、转让、抵押、典当及再次租佃。这种"一田二主"的局面在一定程度上保护了佃农的利益,促进了农业生产的发展。

(二)户籍治理

明朝初期实行户贴制、小黄册户籍管理制度,最终定型为黄册制度。洪武三年(1370年),明廷颁布法令,要求通过户贴形式在全国清查登记人口。户贴,又称户口勘合帖、官帖,是官府登记户口的簿册。每户的分册叫户帖,由居民保管;辖区内各户的总册叫户籍,留归官府并报户部。户贴记录了户主姓名、籍贯、居住地及家庭成员信息,从户部到基层官府,所有经手户贴制的官员都要在户帖上签字画押，以确保信息的真实性和准确性。朱元璋还派遣军队核查户贴以防止作弊，确保信息的真实性和准确性。洪武三年起试行的小黄册之法在江南地区推行，将每家每户的信息按甲逐次书写并造册，形成"小黄册"。每百家为一图，推选十名为里长，其余为甲首，轮流负责催办税粮，十年一轮。这一方法不仅为明代政府提供了有效的户籍和赋役管理工具，也为后来全国推行的赋役黄册制度奠定了基础。黄册制度将全国人口划分为民、军、匠三大类，详细记录各户的乡贯、丁口、土地房产等信息。后来黄册专门供上交存档用，官府征税、编徭另外编册，称作白册。黄册制度不仅详细登记了各户的乡贯、丁口等情况，还规定每十年需重新审核更新，详细追踪十年间的人口变动、财产转移，采用旧管、新收、开除、实在四柱账法，这一制度使得户籍管理更加精确和严密。黄册详载人口和土地，是官员按此征收赋税、派发徭役的重要依据。此外，这一制度成为官员征收赋税、分配劳役的关键依据，其中详尽的人口与土地数据至关重要。黄册制度在明代得到了广泛应用，并贯穿了整个明王朝的始终。自洪武十四年始，至崇祯十五年（1381—1642年）间，该制度共攒造了 27 次，几乎覆盖了明王朝统治的所有区域，均按照制度攒造了黄册。当时，每次大造，各地送南京户部转后湖收贮的黄册达 6 万余本，至明末，南京后湖收贮黄册的库房近千间，所贮历代黄册已达 200 多万本。黄册制度还配套实施了一套严密的里甲制度，将所有人户纳入其中，通过控制里长来掌控整个基层社会。

清朝实行编审制与保甲制相结合的人口统计与户籍管理制度。顺治五年（1648 年），清廷制定了"清定编审人丁制"，旨在周知天下户口，以便征收丁赋。该制度要求，每隔一定年限编审一次（起初为三年，后调整为五年），由州县官员负责按照旧例编制黄册。在编审过程中，以百一十户为里，推选其中丁口最多的十人为里长，其余百户则分为十甲。城区内的组织称为坊，靠近城区的为厢，乡村地区则称为里，每一组织均设有相应的负责人。凡造册人户，各登其丁口之数，然后层层上报，最终由督抚据布政司所上各属之册，呈达户部。编审内容主要包括人口数量、年龄、性别、职业等。其中，民年六十以上免除丁赋，十六岁以上（俗称丁）起征。户籍则分为军、民、匠、灶四种，各分上中下三等。丁则分为民丁、站丁、土军丁、卫丁、屯丁等。康熙五十一年（1712 年）实行永不加赋政策后，编审制已经不具备实质的行政管理功能，虽然还需要每五年登记上报一次，但地方官纯粹应付了事，各地填报的新增丁口，年年相同。保甲制在清朝也被广泛使用，与编审制相辅相成，共同构成了清朝基层社会管理的基础。保甲制强调邻里之间的互相监督和约束，通过连坐制度维护地方治安和社会稳定。每个组织内的居民都有责任报告任何违法行为或不轨行为，这种机制有效地增强了地方政府对基层社会的控制力，促进了社会秩序的稳定。

（三）赋役治理

1. 赋税制度

明代前期基本沿用了唐宋以来的两税法。朱元璋任吴王时，赋税标准为10%，役法则按田地面积出夫。称帝后，他制定了赋役黄册，以两税法征税。黄册记录了每户的人口和田地情况，人口需缴纳劳役，田地则需缴纳租税。夏季所征称为夏税，限当年八月纳完；秋季所征称为秋粮，限第二年二月交清。一般情况下，纳税主要以实物为主，除了米麦等农作物外，还可以用钱、钞、金、银等折算缴纳。明万历九年（1581），张居正推行了"一条鞭法"，鞭，是"编"的俗称，"一条鞭法"的正式称呼应是"一条编法"，时人简称"条编"或"条鞭"。"一条鞭法"最早由桂萼、梁材、傅汉臣等人向朝廷提出建议，自嘉靖十年（1531）在南赣试行，此后又扩展到其他地区。"一条鞭法"将原来的田赋、徭役、杂税等合并为一条，折成银两征收，即"赋役征银"。"一条鞭法"有两大创新，一是改实物征收为货币征收；二是田赋徭役皆统一计亩征银。既然实行货币化征收，民户可出钱代役，官府则雇人承役。地方官吏直接负责赋税与劳役的征收工作，取代了以往的粮长与里长征收体系。"一条鞭法"的特征为"合并编派、合并征收、用银缴纳、官收官解"。赋役统一后，税制简化，款目简单，税额确定，征收方便，负担相对公平，地方官吏作奸犯科难度有所加大，财政收入得到增加。这一改革简化了赋役征发项目和手续，使民户能够预知缴纳数额，减少了官吏作弊的可能性。同时，纳银代役的规定也保证了农民的生产时间，相对减轻了农民负担。

清朝初期恢复了万历时张居正的"一条鞭法"，但并未能全面彻底地实施。清政府考虑到户口日增，但地未加产，人均田地有所减少，如果仍以人丁数征税，将会增加百姓负担，为此出台新规定：五十一年谕曰："海宇承平日久，户口日增，地未加广，应以现在丁册定为常额，自后所生人丁，不征收钱粮，编审时，止将实数查明造报。"康熙五十一年（1712），清政府出台了"盛世滋生人丁，永不加赋"政策，即以康熙五十年（1711）登记的人丁户口数字为固定标准，在此之后出生或未达成丁年龄的不再征收钱粮丁银。人丁遇有减少时，用本户新增人丁抵补，保持原额不变。如不足，则由亲戚家中丁多者弥补，再不足，则由同甲家中粮多者弥补。清廷进一步改革徭役制度，实行"摊丁入亩"政策，又称"摊丁入地""地丁合一"或"丁随地起"。该政策废除了单独的丁银征收，改为将丁银全部并入土地税中，统一按土地面积征收，称为"地丁税"。大多数地区采取以府或县为单位，将康熙五十年应征收的丁银总额，根据土地面积分配到各块田地。同时，班匠银、市丁银等其他税种也均按土地面积征收。

2. 徭役制度

明代的徭役制度分为力役和兵役。力役指普通百姓在特定时间内无偿为国家提供的劳动，如修水利、建桥梁、运输粮草等。兵役则涉及军事相关的徭役，包括服兵役和运送军需物资等。兵役主要由兵户承担，平民在服兵役时多作为辅兵，负责后勤工作。明代徭役优免制度优免对象主要包括皇亲国戚、外戚、勋贵、士大夫阶层以及孤寡老人等。正统八年（1443），江西地方官员柯暹首创了均徭法，并由江西按察司佥事夏时推广于全行省。均徭法根据民户丁粮多寡编制杂泛差役制度，依丁粮多少将民户分为上中下三等，五年平均应役，十年更新一次。将一年之内名私名目的徭役平均编制，编第均输，户等越高应役越重，低者则应轻得并将过去所编的力差、银差之数折算丁粮之数，再酌情调整。当本里需要征发差役时，除应当免除的外，由里甲根据丁粮多少编好先后顺序。编制鼠尾册即按册征发。是选择银差还是力差，由役户自行选择。市民商贾家里财产殷足但无田产的，自行选择，以辅助银差。均徭法将徭役分为均平、均徭、驿传、民壮等四种类型，并规定由丁粮多者承担更多徭役。这一制度在一定程度上减轻了农民的徭役负担，但由于执行过程中的种种问题，其实际效果并不尽如人意。

清朝时期实行"旗兵制"，八旗军是清朝的主要军事力量。然而，随着国家后期的腐败和八旗军的衰落，清朝的征兵制度也出现了问题。甲午战争后，清朝开始仿照国外军队创办新军，逐渐形成了近代意义上的征兵制度。

（四）乡绅精英治理

乡绅精英，在明清时期主要指的是那些拥有科举功名或官职，并退居乡里的士人。从构词角度而言，"乡绅"中"乡"的含义，不仅指"乡村"，而且指"作为家乡的乡村"。之所以强调"家乡"，原因在于，在宗法血缘关系极为浓厚的乡村中，只有一个与本地宗族有血缘关系的人才能得到认可，他的所作所为会被理解为从本宗族和本乡村的利益出发。绅则多指有做官经验或做官可能的士人。居住在城市中的绅，称为"城绅"；居住在乡村中的绅，称为"乡绅"，即由学校、科举、捐纳、致仕等制度所造就出来的绅士，不包括清末废科举、建新式学校以后所产生的新绅士。

明朝时期的乡绅精英主要包括两类：一类是通过科举考试取得功名，具备为官资格的进士、举人等"士";另一类是当前做官或已离职的官员"绅"。这些士绅享有法律上的豁免权、政治上的授官资格以及经济上的免税和不服徭役等特权。士绅们凭借深厚的儒家文化底蕴,成为乡村社会的领导者和教化者。他们不仅参与制定和执行宗法族规,还通过自身的言行推动儒家伦理道德在乡村社会的传播。士绅精英在乡村中扮演着重要角色,他们作为民众与地方官之间的纽带,积极参与乡约的制定和执行,并常常捐资修建水利设施、桥梁等公共工程,促进地方发展。明初,朝廷推行削弱强大宗族势力的政策。然而,自明中叶起,士大夫阶层开始着手构建宗族组织。弘治年间,全国推行保甲法;嘉靖八年,明政府正式确立乡约制度。"乡约、保甲实施过程中,增强了宗族组织的自治化和政治化。"[1] 同时,户籍制度的世袭化及赋税劳役制度的固定化,推动了宗族组织的政治化与地域化进程。从嘉靖至万历年间,宗族积极争取政府认可其族规家训,以强化其对族人的管理权与教育权。这进一步促进了宗族司法权的增强及族长权威的树立,使得宗族对乡村社会的控制力得以加强。

清朝继承了明朝的乡绅精英治理模式,乡绅精英通过制定和执行乡规民约,维护地方社会的秩序和稳定。他们利用自身的声望和影响力调解村民之间的纠纷,维护乡村的和谐与安宁;通过兴办私塾、书院等教育机构,传授儒家思想和文化知识,培养乡村社会的文化精英和人才;通过举办庙会、戏曲等文化活动,丰富乡村社会的文化生活,提升乡村社会的文化水平。清朝时期的宗族制度继续发挥重要作用。宗族领袖通常由获得科举功名的士绅担任,他们负责维护宗族的秩序和利益,推动宗族的发展和繁荣。宗族通过设立族学、义田等机构,为家族成员提供教育和经济支持,进一步巩固了宗族的地位和影响力。

第六节　民国时期

一、民国时期乡村治理组织

民国时期借鉴西方自治制度,结合中国乡村实际情况,提出了乡村自治的构想,通过制定一系列法律法规,如《村组自治章程》和《乡自治组织法》,

---

① 周积明,宋德金,郭莹. 中国社会史论:上卷 [M]. 2 版. 武汉:湖北教育出版社,2005:325.

明确了乡村自治机构的设置、职责及其选举程序。乡村自治机构主要包括乡公所、村公所等，负责处理乡村日常事务、维护乡村秩序及推动乡村发展。但传统的乡村治理组织如宗族、乡绅等依然发挥着重要作用。"政不下县，县下惟宗族，宗族皆自治，自治靠伦理，伦理造乡绅"，国家权力难以直接渗透到乡村，乡村治理主要依靠宗族和乡绅等地方精英。这些组织通常依据族规家法来维护乡村秩序，部分宗族甚至直接将《家礼》的内容融入其族规家法中。

二、民国时期乡村治理主要方式

（一）土地制度

民国时期，土地所有制形式包括国家、私人、公共团体及土司四种类型。地主、国家及公共团体的土地多通过出租方式运营，而自耕农与佃农则采用家庭小农模式经营自有土地。1930 年 6 月 30 日，国民党政府颁布了《土地法》，宣称土地归全体国民共有，体现了孙中山提出的平均地权和耕者有其田的民生理念。然而，实际上这部法律巩固了地主阶级的土地占有与租佃制度。该土地法共五章 397 条，堪称全球最繁复的土地法之一，其地籍测量工作的预备期就需长达三四十年。民国时期，土地买卖现象普遍且频繁，进一步加剧了土地的集中趋势。军阀、官僚、商人、地主等通过购买、兼并等方式不断扩大自己的土地占有量。土司土地的经营方式多采取农奴制，土地分配极度失衡，地主掌握着庞大的土地资源，农民则面临土地稀缺甚至无地的困境。租佃经营仍是民国时期土地的主要经营形式之一。地主将大片土地分割出租给缺乏土地的农民耕作，并从中收取高额租金。土地赋税繁重，农民不仅要缴纳高额的地租，还需承担各种赋税和附加税。

（二）户籍治理

民国时期，南京国民政府高度重视户籍制度的建设和发展，认为"户籍法与清查户口，及推行地方自治，皆有密切关系"。第一，完善了户籍制度的法律框架。1931 年，中国历史上第一部《户籍法》正式颁布，该法共八章 132 条，涵盖了总则、登记簿（包括户籍登记簿和人事登记簿）、登记之声请（户籍登记和人事登记）、登记程序、登记之变更或更正、诉愿、罚则、附则等内容。1934年，《户籍法》经过多次修正，1946 年，国民政府第二次修订并颁布了《户籍法》，该法共八章 61 条，涵盖通则、籍别与身份登记、迁徙与变更登记、登记申请及罚则等主要内容。第二，开始实行身份证制度。1939 年国民政府颁发了《国民兵役证施行办法》，规定适龄服役男子必须办理"国民兵役证"，标志着民国政府开始实行身份证制度。1941年，为进一步加强对壮丁的管理，便于户口调查，国民政府又颁发了《国民兵身份证暂行条例》。随后，"国民身份证"的推出要求年满十八岁的男女均须申领，未成年者经许可亦可获得，此举显著拓宽了身份证的应用范畴，并初步具备了现代身份证的基本属性。第三，户籍管理从乡村式管理到警察控制，形成了近代城市户籍管理模式。

（三）赋役治理

民国时期赋役制度主要包括田赋、工商税以及各类苛捐杂税的征收与管理。田赋作为赋役治理的重要组成部分，主要对农田进行征收，依据土地面积、肥沃程度及产量等因素确定税额。由于战乱频繁，田赋征收标准时常调整以适应国家财政需求。初期沿用清代的田制，但随着土地制度的演变和战争的需要，田赋的征收标准和方式不断调整。对田赋进行了等级划分，并附加了多种附加税，使得田赋负担日益加重。民国时期工商税中的各类所得税、营业税、货物税等相继开征。由于军阀割据和战乱频繁，各地政府为了筹集军费和维持统治，纷纷开征各种苛捐杂税。不同地区之间的赋役制度、征收标准和征收方式存在显著差异。

（四）宗法治理

民国时期的宗法治理与先秦时期的宗法治理在形式和功能上存在显著差异。先秦时期的宗法制度是当时社会结构的基础之一，宗法原则往往直接体现为国家法律的一部分，对于个人行为有着明确的规定和约束。它通过血缘关系来组织和管理社会，宗法治理紧密关联于土地分配和赋役制度，通过复杂的礼仪规范和严格的等级制度维护社会秩序，对政治权力的分配和社会秩序的维持具有决定性影响。民国时期虽然家族和宗族仍然在一些地方扮演着重要角色，但其影响力大大减弱，尤其是在城市地区。宗法治理更多地体现在民间习俗和社会活动中，如祭祖、修家谱等，而不是直接参与国家的政治经济管理，宗族内部存在着一定的互助机制。无论是先秦还是民国时期，宗法观念作为中华文化的重要组成部分，一直延续下来。尊敬祖先、重视家庭和睦的理念在两个时期都有所体现，并继续影响着现代社会的价值观。宗法制度在两个时期都承担了一定程度上的社会整合功能，促进了家族成员之间的团结与合作，以及社区内的和谐稳定。

民国时期宗法治理注重培养族众的家族观念，强调家族荣誉和利益高于个人，通过家族祭祀、族谱编纂等方式，增强族众的归属感和认同感。宗族通过制定族规、家训等规范，对族众进行道德教化。这些规范往往强调节俭、勤劳、孝顺等传统美德，旨在培养族众的良好品德和行为习惯。湖北阳新袁氏宗族训导:"人生并不能一日无用,然必留有余之财,方可给不时之用。故俭尚焉。夫财犹水也,俭犹水之积也,水源不蓄则一发无余,财源不储则支甲立匮。所以俭与勤等,不俭则十夫之力不足供一夫……丰欠无常,耕三余一,耕九余三,衣服不过华,饮食不过度。从一于节俭,自然富者不贫,贫者渐富矣。"宗族在乡村社会中扮演着调解纠纷的重要角色。当族众之间发生矛盾时,宗族通常会组织调解会议,依据族规进行调解,以维护家族和谐。宗法治理通过家族内部的规范和管理,维护了乡村社会的秩序和稳定。宗族作为基层社会的自治组织,能够在一定程度上弥补国家权力的不足。尽管社会变革导致许多地区宗法制度逐渐衰落,但徽州地区依然保持着聚族而居、修建祠堂、编纂族谱等传统习俗,体现了宗族在乡村社会中的重要地位。

第七节　新中国到改革开放前期的乡村治理

一、乡村治理组织

1. 乡村并行时期

1949 年《共同纲领》中未对乡级政权机关做出明确规定,各地主要是通过农民协会等群众组织,开展清匪反霸、减租减息以及土地改革等运动,逐步废除"具结联保连坐"的保甲制度,同时初步建立乡、村并存基层政权。1950 年12 月,政务院颁布《乡(行政村)人民代表会议组织通则》和《乡(行政村)人民政府组织通则》。乡被确定为我国最基层的政权,它和行政村并存,同为农村基层行政区域,其范围由一个村或数个自然村组成,户数在 100—500 户之间,人口在 500—3000 人不等。这一时期,我国农村基层政权设置有两种情况:1. 实行区、乡两级政权。2. 实行区乡建制,即在县以下设区公所,作为县的派出机构,在区公所之下设立乡政权,召开乡人民代表大会,选举产生乡人民政府,在村一级不再设立村政权。

2. 乡辖村时期

1954 年,内务部颁布的《健全乡镇政权建设指示》清晰界定了乡、行政村、自然村及村居民组的组织架构。1954 年 9 月,新中国首部宪法确立了县级人大、县级政府作为乡村的基层政权组织。在村民聚居的乡镇,由乡镇人民政府负责组织村民小组的工作;但是,如果乡镇面积大,人口分散,则把乡镇下面的几个村庄单独划分成为多个行政村,而行政村下面的村民小组则按照各自所属村庄进行划分。除区公所作为县级派出机构或一级政府之外，村或乡也是"政府"组织。《健全乡镇政权建设指示》中提道："乡、行政村、自然村及村居民组的组织架构要清晰界定，确保基层政权的有效运行。"

3. 人民公社时期

乡村治理的组织形态是"公社—生产大队—农户小组"三级管理模式。人民公社实施"三级所有，组为基础"的制度。"三级所有"是指由人民公社、生产大队和生产小队三个层次组成的乡村生产资料所有权，而其具体的生产管理和财政管理基本上是以生产小组为单位进行的。在这种制度下，人民公社成为一个全面的社会管理组织，负责乡村的一切事务，同时，它也是一个高度自治的政治管理组织。农业合作社是农村的基层单位，负责贯彻和实施公社的各项工作；同时，它也是一个中间管理单位，主要组织并监管本小组的工作。生产小组承担着企业的生产运营、会计核算和社会服务等工作，是基层管理单位。第四，革命委员会时期。革命委员会在农村管理中的地位和作用，是在特定历史背景下形成的。1960 年代末至 1970 年代初，中国经历了一场深刻的政治运动，革命委员会作为新的管理机构，在农村地区发挥了重要的作用。1967 年，中共中央决定在全国范围内建立革命委员会，以取代原有的党政机关。革命委员会在农村的地位主要体现在以下几个方面：首先，革命委员会是农村地区政治领导的核心机构。它集党的领导、行政管理和群众运动于一体，全面负责农村的政治、经济和社会事务。革命委员会的成立意味着农村基层政权的重构，它直接传达和执行党的政策，并负责监督各项政策的落实。其次，革命委员会在农村经济活动中起到指导和监督作用。它负责组织农业生产，协调资源分配，并监督生产队的经营活动。特别是在农业生产方面，革命委员会积极推动农业合作化和集体化，确保农业生产的顺利进行。此外，革命委员会还承担着农村社会管理和文化建设的任务。它组织群众参与政治学习和社会活动，推动社会主义精神文明建设，同时处理农村的社会矛盾和纠纷，维护社会稳定。

二、乡村治理方式

（一）户籍制度

1. 1949 年至 1956 年户口自由迁移时期

在国家成立前，户口登记制度并不严格，城乡人口可以自由迁移。建国初期，政府保障了公民的迁徙自由，并于 1951 年 7 月 16 日由公安部发布了《城市户口管理暂行条例》，该条例在维护公共秩序的同时保护公民的人身安全和迁徙自由。此外，条例要求所有市民在城市范围内进行户籍登记，这是国家首次对城镇户籍进行统一规定。1956 年 2 月，国务院下发通知，要求各地统一办理户籍及数据统计汇总工作，从而实现了农村地区户籍工作的规范化和组织化。在此期间，居民的迁移和定居相对自由，仅需遵守基本程序规定。

2. 1956 年至 1978 年间户籍严格控制时期

政府对人口流动特别是农村人口向城市的流动实施了严格的控制措施。户籍制度的主要特征是限制农村居民向城市迁移，并对城镇居民实行"精简"管理，包括"下岗""知识青年下乡"和"干部下放"。1957 年 12 月 18 日，中共中央和国务院联合发布了《关于制止农村人口盲目外流的指示》，要求加强城乡户口管理，防止农村人口无序流入城市。1962 年 4 月 17 日发布的《关于处理户口迁移问题的通知》进一步细化了城乡之间的迁移政策，强调对农村迁入城市的严格控制。1964 年 8 月 14 日，国务院批准了公安部的《关于户口迁移政策规定》，再次强调对农村向城市迁移的严格限制。

（二）土地制度

1949 年新中国成立后，农村土地制度经历了剧烈变革。这一时期的土地政策不仅深刻影响了农业生产和农民生活，更成为中国社会主义改造和计划经济体制的重要基础。中国共产党在革命时期就已经意识到，诸如"分田、减息"之类的土地制度，是可以获得农民支持的重要举措。土改不仅是一场经济转型，更是一场以经济转型为手段的新中国乡村社会一体化进程中，将国家力量扩展到乡村基层的重要桥梁。

1. 土地改革时期（1949—1953）

新中国成立前，中国农村土地高度集中，占农村人口不到 10% 的地主和富农占有 70% 以上的土地，而占人口 90% 的贫雇农和中农仅占 30%。这种封建土地制度导致严重的剥削（地租高达收成的 50%—70%），农民长期陷入贫困。中国共产党早在革命时期就将"耕者有其田"作为核心纲领，土地改革成为巩固新政权的必然选择。1950 年 6 月，《中华人民共和国土地改革法》颁布，核心内容包括：无偿没收地主土地、耕畜、农具和多余粮食，征收富农多余土地，分配给无地少地农民。农民获得土地所有权证，土地可自由买卖、出租或继承。至 1952 年底，全国约 3 亿农民分得 7 亿亩土地，免除每年向地主缴纳的 350 亿公斤粮食地租。

2. 农业合作化时期（1953—1958）。土改后的小农经济难以支撑工业化战略（1953 年"一五"计划要求农业为工业提供积累），同时中央认为分散经营阻碍社会主义改造，开始进行合作化改造，主要的内容包括：农民保留土地所有权，以土地、耕畜、农具折股入社，统一经营。收入按"土地分红+劳动工分"分配，比例通常为 3∶7。至 1956 年底，全国建立 75.6 万个初级社，入社农户达96.3%。但是初级社仍保留土地私有制，被认为不符合社会主义公有制要求。1956 年《高级农业生产合作社示范章程》颁布，要求土地归集体所有，农民土地无偿转为集体所有，取消土地分红，实行完全按劳分配。平均每个高级社200—300 户，比初级社（20—30 户）扩大 10 倍。

3. 人民公社时期（1958—1978）

1958 年 8 月中共中央发布的《关于在农村建立人民公社问题的决议》标志人民公社制度的建立。国家在农村将高级农业生产合作社合并为规模更大的人民公社，实行"政社合一"的管理体制。1962 年，中共中央发布《农村人民公社工作条例（修正草案）》（即"六十条"），进一步明确了人民公社的组织形式、土地制度和经济分配原则。人民公社时期，土地归集体所有，农民个人不再拥有土地所有权。公社、生产大队和生产队三级组织共同管理土地，其中生产队是基本的生产和核算单位。土地由集体统一规划和使用，农民以生产队为单位进行集体劳动。种植计划、耕作方式和收益分配均由集体决定，农民个人缺乏自主经营权。劳动报酬采用工分制，农民根据劳动强度和时间获得工分，年终按工分分配粮食和现金收入。为缓解农民生活压力，国家允许每户保留少量自留地（通常不超过总耕地的 5%），用于种植蔬菜或饲养家禽，以满足家庭基本需求。

（三）赋税制度

1. 新中国成立初期至改革开放前（1949—1978）

1950 年，新中国颁布了《中华人民共和国土地改革法》，废除了封建剥削的土地所有制，实现了"耕者有其田"，极大地激发了农民的生产积极性。在此期间，农业税主要以实物形式征收，即所谓的"公粮"。此外，还存在少量现金税。这种方式旨在支持国家工业化建设，同时通过集体化运动（如互助组、初级社、高级社等），逐渐将个体农户组织起来。1958 年开始的人民公社化运动进一步集中了农业生产资源，实行统一经营、分配，农业税则更加融入集体经济中，个人直接承担的税负相对减轻。

2. 改革开放初期（1978—2006）

1978 年起，中国开始推行家庭联产承包责任制，这一制度允许农户拥有土地使用权，并根据合同规定向国家缴纳一定数量的农产品作为税款。随着市场经济的发展，政府开始尝试将实物税改为货币税，并逐步减少农业税的税率。然而，在实际操作过程中，由于地方财政收入来源有限，一些地方政府增加了各种附加费，导致农民负担加重。

3. 农业税取消（2006 年）

2006 年是中国农业赋税历史上的一个重要转折点，这一年正式取消了沿袭数千年的农业税。此举标志着中国对"三农"问题（农业、农村、农民）的关注达到了一个新的高度，意在减轻农民负担，促进农村经济发展和社会稳定。取消农业税不仅包括传统的田赋，还包括特产税等其他涉农税费。取消农业税之后，中央和地方政府通过转移支付等方式加大对农村地区的财政支持力度，改善基础设施，提高公共服务水平，推动农村经济社会全面发展。

第三章

当代主要发达国家的乡村治理

他山之石，可以攻玉。本章选取美国、德国、日本作为发达国家的代表，系统介绍其乡村治理概况。特别说明，由于各国国情不同，每个国家乡村治理实践对自己国家乡村和乡村治理的范畴认定都有所不同，故在介绍每个国家的乡村治理情况时，依据该国的主流观念来介绍其乡村治理。

第一节　美国的乡村治理

一、美国概况

美国国土面积 937 万平方公里，本土东西长 4500 公里，南北宽 2700 公里，海岸线长 2.27 万公里。根据美国人口调查局最新统计，2022 年 12 月美国人口为 3.33 亿。全国共分 50 个州和 1 个特区，有 3144 个县。联邦领地包括波多黎各和北马里亚纳；海外领地包括关岛、美属萨摩亚、美属维尔京群岛等。首都华盛顿，全称华盛顿哥伦比亚特区，位于美国东北部，1790 年定都，人口约 70 万。主要经济中心城市包括：纽约、洛杉矶、芝加哥、底特律、亚特兰大、波士顿、西雅图等。

二、美国的公共治理层级

美国是一个联邦制国家，其政府层级区分为三级，包括联邦政府，五十个州立政府及以各种不同形式存在的地方政府。在联邦层面，国会是最高立法机构，由参、众两院组成。司法方面，设联邦最高法院、联邦法院。联邦最高法院有权宣布联邦和各州的任何法律无效。行政方面，总统是内阁首脑，被授予美国联邦政府的行政权。行政、立法、司法三大机构中，以掌握行政和军事大权的总统为核心．美国第一级行政区划为州，准确来说，州并不是国家下设的区划，而是由这些州联合组成国家，因为美国为联邦制，跟其他联邦制国家一样，其一级行政区拥有相当程度的主权，但不能凌驾于中央联邦政府及美国宪法之上。

地方政府是美国州政府所创设出来的产物，每个州会依所需设计不同的地方市政组织，就法律上而言，地方政府创立与废止均由州政府所决定，并明定于州宪法内。因此，美国地方政府制度相当复杂。美国大多数州有县和乡镇两级地方行政区划和政府，但在一些州，大片地区没有县级以下的地方政府，这些区域的公共服务由市政公司提供，公共管理由县级政府负责。县级政府一般有三种类型：（1）县或郡。在 48 个州，县政府是州政府之下的主要行政实体，（康涅狄格州和罗得岛州例外，这两州的县不具政府功能），其设立目的是为便利州政府在地方层级上行使州主权。（2）自治行政体（也称自治市镇村）是指在县内或独立于县的、拥有自身行政和税收权的市、镇、村。自治行政体规模不一，小的可能居民不过百人，大的可以跨几个县（例如纽约市）。（3）特别行政区。特别行政区的设立是为满足一般性政府所无法提供某些特殊需要，州政府授权设立特别行政区去提供某些单项服务或多项服务，如防火、教育、水源分配与管理、防火、急救、电力、卫生、交通运输等，其辖区通常会横跨数个郡、市或州，故常有与地方一般政府共管同一地区的情形，特别行政区亦是独立的行政机关，经费及征税权与一般地方性政府无异。在美国现实公共治理实践和学术研究中，一般意义上的美国乡村治理指的是乡镇层级的自治。特别需要指出的是，从人口规模上说，美国的乡镇与我国的乡镇不是一个概念。美国人口普查局 2000 年的人口普查显示，在 16，504 个乡镇中，52.4% 的乡镇的居民人口少于 1000，人口居于 1000—10000 之间的占 40.5%，人口超过 10000 的乡镇仅占 7.1%。

三、美国乡村治理的组织体系

乡镇政府的职责和形式由州立法机构规定。最常见的乡镇政府形式是选举产生的理事会或监事会。乡镇通常由三、五或七名全体选举产生的委员会管理。通常，该委员会直接面向民众开放，中间没有层层官僚。委员会是乡镇的立法机构，负责制定政策、颁布地方法令、通过预算和征税。由于通常没有单独选举产生的行政人员，委员会还履行多项行政职能，例如执行法令、批准支出以及雇用员工。一些额外的职位，例如办事员或警员，也可以通过选举产生。小乡镇可能没有正式的部门结构，只有一两名全职或兼职员工。较大的乡镇可能有单独的警察、消防、财务、社区服务以及公园和娱乐部门。由于志愿者提供服务，城镇的运营成本通常低于大型市政当局。志愿消防队是城镇的活遗产的一部分。乡镇政府也享有精心管理即使是少量公共资金的传统。历史上，乡镇居民在年度乡镇会议上聚集在一起讨论重要问题并制定法律。一些州的乡镇仍在三月或四月的第二个星期二举行年度乡镇会议，就运营预算、房产税率和其他社区利益问题进行投票。民主没有比这更直接的了。这种直接公民参与的独特传统可能有助于解释为什么乡镇能够有效地减少开支并降低房产税征收。这也可能解释了为什么乡镇居民经常强烈反对被邻近城市兼并。

四、美国乡村治理组织的主要职能及财政收入来源

乡镇政府的职责和形式由州立法机构规定。州法律授权镇和乡镇履行各种职能。镇和乡镇最常见的职责（根据各州法律略有不同）包括：道路和桥梁维护，财产税管理，消防和警察保护，紧急医疗服务，土地使用规划和分区，垃圾收集和回收，墓地管理，选举管理，环境保护，公园和娱乐设施，食品银行、庇护所和老年中心的运营。乡镇政府的资金主要来自财产税，其他财政支持来源包括州共享收入、用户管理费以及特别评估。

五、美国的乡镇治理评价

（一）乡镇治理是美国草根民主传统的一种延续

从殖民地时期开始，美国的地方政治就继承了英国从中古时代以来形成的乡村自治的习惯，即一个地方，"按惯例享有若干不受外来干预的权利，自行处理和决定自己的事务，在一定意义上乃是自足的小共同体"。近代政治思想产生后，美国人又从人民主权学说来解释乡镇自由，认为乡镇是自由制度和自由精神的保障。因此，维持地方相对独立和自治的政治地位，体现了美国人对于民主和自由价值的理解。这种被称为"草根民主"的地方自治的精神，在19世纪美国的西进运动中得以充分体现。向西迁徙的移民在开疆拓土的过程中，在面临自然环境挑战的同时，还要解决移民社群的公共治理与服务问题，这是移民在西部安身立命、发家致富的前提，由此衍生出了移民共同体的民主政治。公民对地方政治和公共事务的直接参与，是草根民主精神最重要的特征。美国人对直接参与的民主形式仍然充满了持续的向往之情，在实践中努力保持乡镇自治。

（二）乡村治理在公共服务成本和效率上充满争议

一些州立法机构常常要求将乡镇职能与县合并，主要的理由就是较大的地

方政府比较小的政府更有效率，取消乡镇政府本质就是通过减少重复服务和削减工资支出来降低税收和减少开支。但多数乡镇居民、乡镇政府及乡镇政府的协会组织并不认可上述理由，他们认为，地方政府合并通常会导致税收增加和支出增加。他们可以通过服务共享降低成本，乡镇长期以来一直接受地方政府服务共享安排，乡镇与其他地方政府实体在一系列服务上进行合作。许多乡镇与周边城市或县签订了消防和警察保护合同，并与附近的司法管辖区签订了共享道路设备和购买物资的协议。同时，乡镇居民及政府认为，乡镇也比大的地方政府更能响应社区需求，因为它们选出的官员更贴近民众，选民也更容易接触到他们。居民实际上可以通过电话联系到他们的受托人。在大政府中，选民接触市长、委员和县长的机会要少得多。

第二节　德国的乡村治理

一、德国概况

德国是位于中西欧的议会制联邦共和国，由 16 个联邦州组成，首都与最大城市为柏林。国土面积 35.7 万平方公里，南北距离 876 公里，东西相距 640 公里。德国人口约 8，322 万。德国国内生产总值居世界第三。其诸多工业工程和科技部门位居世界前列，例如全球驰名的德国汽车、精密部件等，为世界第三大出口国。德国是欧洲联盟创始成员国之一，为申根区一部分，并于 1999 年推动欧元区的建立。德国也是联合国、北大西洋公约组织、八国集团、20 国集团及经济合作与发展组织成员。

二、德国的公共治理层级

德国是一个联邦制国家，大部分区域（16 个州中的 12 个）实行的是四级治理体制，这四级分别为联邦—州—县（市）—市镇。小部分的区域（巴登-符腾堡州、巴伐利亚、黑森州、北莱茵-威斯特法伦州 4 州）实行的是五级治理体制，分别为联邦—州—行政区—县市—市镇，即联邦在州以下县以上还设有"行政区"这一层次，由于"行政区"政府附属于州政府，基本上可以看作州的派出机构。在联邦一级，立法部门的最高机构是议会两院，即联邦议院（联邦议会）和联邦参议院（联邦委员会）。德国的司法权由联邦法院、各州法院和联邦法院行使。行政部门中，最有权力的官员是联邦总理，他担任国家元首，控制联邦政府，并任命联邦部长。除总理外，德国政府还选举一位主要以礼仪身份行事的联邦总统。根据德国宪法，外交和国防等一些议题是联邦政府的专属责任，而其他议题则属于各州和联邦的共同权力。在州一级政府的事权可以分为三类：一是联邦委托给各州执行的任务；各州执行联邦法律规定的任务；各州保留给自己的任务。

大部分州的下一级行政区划是县/市。县与市的区别在于人口数量和城市化程度。县是由若干个人口较少的市镇组成，这些市镇受县管辖。县级市也称州直辖市、非县辖城市、独立市，人口超过 10 万的市镇通常设置为县级市，与县平级且不受县的管辖，但县级市不再下辖市镇。县级市一般是同名县份的县府，但却不隶属于该县。还有一种特殊类型的县级区划与政府，不在各州的正常行政结构范围内，叫特殊地方联合体。这种特殊类型的地方联合体是由一个或多个县市合并而成，它们旨在减少该级别的管理主体，这样的组织需要管理州颁布特别法律，当前全德仅有 3 个这样的地区联合体。县（市）政府是基层国家行政机关，其在法定任务的范围内才享有自治权。德国 16 个州共有 405 个县市（295 个县、107 个县级市、3 个县市联合体）。每个县都细分为若干个市镇；每个县级市本身就是一个市镇，不再细分。德国共有 12141 个市镇，是德国最小的行政单位。这个行政单位是完全的地方自治单位，它不是州政府和县政府的下属行政单位，而是组成县的自治政府。市镇政府提供区域内主要的公共服务，以确保满足所在地人民的基本需求。这些普遍的公共服务包括供水和能源供应，以及道路、学校、日托中心和医院的维护。在德国的公共治理实践和学生研究中，一般意义上的乡村治理指的就是市镇自治。

三、德国乡村治理的组织形式

德国市镇政府是德国乡村治理的主体，也是德国最基层的地方自治政府。每个市镇都设有议会，市镇议员负责乡镇的日常行政和决策事务。市镇议会由选民选举产生，根据选举结果确定议员人数。议员的职责是制定乡镇规划、管理公共设施、协调社区资源等。此外，市镇还设有市长一职，负责执行议会的决策。各州的选举都是定期进行的，相应地，市镇议员和市长的任期都是固定的。比如不来梅市议会选举每 4 年举行一次，巴伐利亚州每 6 年举行一次，其他所有州每 5 年举行一次。由于市长辞职时也必须举行市长选举，因此一个州的所有市镇的市长选举并不同时举行。在较大的市镇中，市长职位是全职的，而在较小的市镇中，市长职位则是自愿的。由于历史和自治原因，各州市镇层级的治理体制有所不同，根据市长与议会的关系，可以分为以下三种治理模式。

（一）市镇议会为中心的模式

该模式细分为两种：（1）市镇议会制约市长模式。这种体制模式在全德各个地方都有，主要特点是：选民选举市镇议会；由议会选举议会的各个工作委员会，选举市长并监督行政工作；市长只是市镇行政事务的首脑，并不是市镇议会的领导人，只负责市镇行政事务，不领导和主持市镇议会。（2）议会制约市镇总监模式。这种体制主要分布在德国北部，主要特征是：选民直接选举市镇议会；市镇议会选举议会的各个工作委员会，选举市长，选举或任命市镇总监；市长只是议会主席和市镇礼仪上的代表。市镇总监是行政首长，具体行政事务由市镇总监负责，市镇总监向市镇议会负责。

（二）市长为中心模式

这种体制主要分布在莱茵河流域（始于瑞士，南北走向，流经列支敦士登、奥地利、德国和法国，最终于荷兰流入北海，主要流经德国中部），主要特征是：选民直接选举市镇议会；市镇议会选举议会的各个工作委员会，各个工作委员会选举市长。市长既是市镇议会的主席，又是市镇行政的首脑，既领导市镇议会，又领导市镇行政机构。

（三）市长与市镇议会互相制约模式

这种体制主要分布在德国南部，主要特征是：市镇议会和市长都是由选民直接选举产生；市镇议会选举议会的各个工作委员会，控制一些市镇事务；选民选出的市长是市镇议会的当然主席，同时又是行政机构的首脑。市长领导市镇议会，市镇议会通过的决定由以市镇长为首脑的行政机构负责执行。

四、德国乡村治理组织的财政收入来源

从财政体制模式上看，市镇政府财政收入的来源有以下几条途径：（1）联邦财政补贴。每年联邦政府向州政府分配一批资金，州政府再将其中的一部分给市镇政府；（2）市镇政府与州政府分享税收。各市镇分享的数量因纳税人的多少而不同，总体上，纳税人交纳到州政府各种税款的15%要回到纳税人所在的地方政府（县和市镇），由地方政府（县和市镇）分享；（3）市镇自行征收的税。各州的法律规定，市镇可以向市民征税像消费税、娱乐税、饮料税、养狗税、第二居所税、狩猎税等。对于市镇的征税，市民不能进行诉讼，当然，市镇征税的底线，是不能让当地居民破产。（4）借债。（5）出租房屋、土地等收入。（6）社会捐款。

五、德国乡村治理的特点

(一) 成熟的地方自治

德国的乡村具有高度自治的历史传统，这种历史甚至可以追溯到中世纪自由城邦的时代，1808 年的普鲁士城镇法的颁布使地方自治在近代有了更大的发展，当代的德国联邦宪法更是明确规定和保障了州、县市和市镇的自治权。这使市镇在法定范围内，可以独立处理各种地方事务。

(二) 有效的多层级合作

政治方面，全国范围内成立的联邦调解委员会，可以调解州与州政府之间、州与地方政府之间的冲突、地方政府之间的冲突，促进地方政府之间在制定与实施重大决策上的协同一致、互相配合。财政方面，包括市镇政府在内的地方政府能够派代表参与联邦政府、州政府的财政预算制定，相应地也能通过联邦政府、州政府的财政转移支付制度来缩小各市镇财政收入的差异。

(三) 多样性的自治组织形式和自治权限

在法律条文上，德国联邦宪法只明确规定了地方自治原则，但地方政府的自治权限范围则由各州宪法和法律做出具体的制度安排。因此，各州之间的市镇自治权限、市镇自治政府组织形式都略有不同，呈现出多样性的特点。

第三节　日本的乡村治理

一、日本概况

日本的总面积约为 37.8 万平方公里，由本州、北海道、九州和四国四个大岛组成（按从大到小的顺序），此外还包括众多较小的岛屿。人口达 1.241 亿，居于世界各国第 11 位，其中逾 3,500 万人居住于首都东京及周边数县构成的首都圈，为世界最大的都市圈。日本是世界第四大经济体，也为七国集团成员，与美国同为仅有的两个人口过亿的发达国家。

二、日本的公共治理层级

日本的公共治理体系分为"中央政府—都道府县—市町村"三个层级。中央政府在形式上分为"立法""司法"和"行政"的三个独立的权力机构。天皇是虚位国家元首，有权且"只能"行使宪法所规定及内阁建议与批准的有关"国事行为"。国会是"国家的最高权力机关"。国会负责颁布决议、产生政府内阁，内阁对国会负责，与其共担国事。政府内阁是行政部门的最高决策机构。内阁总理大臣（首相）有权任免组成内阁的国务大臣，首相负责主持内阁工作。最高法院为日本的最高司法机构。

都道府县既是国家行政区划，又是跨区域的广域地方自治单位，它们不是中央政府的分支机构。都道府县以各自的辖区为基础，以居民为其成员，行使该地区的行政职能，具有区别于中央政府的独立法人资格。各都道府县由地区居民民主选出的代表作为治理主体行使其权限。都道府县的数量为47个，即1都（东京都，下设特别区，行政建制不同于道府县，特别区的区长及区议会的议员通过直接公选产生）、1道（北海道）、2府（京都府与大阪府）、43县。都、道、府、县称呼的区别是历史沿革所致，不存在制度上的差异。在都道府县级别，为了因应大都市的产生，一是在1956年创设政令指定都市制度（简称"政令市"），将一些原属都道府县的事务移让给政令市。政令市具有与道府县相当的权限。二是设置标准较低、不设"区"，但仍有较多自治权的核心市、实施时特例市。核心市的权限稍低于政令市。实施时特例市的权限介于核心市与普通市（即市町村层级的市）之间。这些城市的行政机构虽具有都道府县的全部或部分权限，但在行政区划上，仍属于所在的都道府县。

市町村是基础地方自治单位，它们不是中央政府的分支机构，也不是都道府县的分支机构，但都道府县可从跨区统筹的角度在各领域对市町村行使指导、建议的职能，进而拥有审批权等。市町村以各自的辖区为基础，以居民为其成员，行使该地区的行政职能。各市町村由地区居民民主选出的代表作为治理主体行使其权限。市、町、村行政层级平等，互不隶属，但町、村要升格为市，辖区人口需达到5万人以上（在平成大合并中，人口条件放宽至3万人），同时要具备城市形态等相应条件。町与村的区别是，与"村"相比较，"町"的城市形态更加完善，从事工商业等城市化劳动的人口较多，事权范围并无差异。市町村的数量自1888年引进近代自治制度以来持续减少。1889年市町村7万多个，截止到2019年已减少到1,718个（792个市、743个町、183个村）。市町村的情况千差万别，有人口约189万人的爱知县安城市，也有人口159人的东京都青岛村，有面积约2,178平方公里的岐阜县高山市，也有只有3.47平方公里的富山县舟桥村。

在市町村以下，还有两级行政机构，町和大字、丁目和小字。这两级行政机构不属于地方自治单位。町和大字，此町跟市町村的町在法律上地位不同，并与大字合称町字，相当于我们的街道、乡镇概念。丁目和小字相当于我们的行政村、城市社区、城市居民小区、自然村概念。町通常设在城市，大字小字通常设在乡村地区。

在日本现实公共治理实践和学术研究中，一般意义上的乡村治理指的就是市町村层面的自治。

三、日本乡村治理的组织形式

虽然日本的市町村在人口和面积有千差万别，但都被赋予了基本相同的权力，负责相同的事务，并且在组织机构及行政机制方面具有整齐划一性。市町村的治理机构分为两大类。一是"议决机构"，即市町村的议会。议会审议决定地方自治体的预算和条例等，为该地方自治体做出决策。二是"执行机构"，负责实施和执行议决机构的决策事项。市町村首长及其他各类行政委员会等即属于执行机构。特别需要提及的是，为了避免行政权力集中在某一个机构尤其是市町村首长这里，执行机构除了市町村首长外，下设享有独立于首长的地位和权限的合议制行政委员会。例如：教育委员会、公安委员会、选举管理委员会等，这些机构分别负责执行各自领域的行政事务。市町村议会的议员及市町村首长均通过居民直接选举产生，两者地位独立对等、相互制约，各自发挥职能，形成民主的地方行政体系。比如，根据具体的规则，议会可以对首长做出不信任裁决，首长可以通过解散议会来抗衡。首长拥有否决议会决议、要求复议的权利，议会可以通过再次表决决议案来抗衡。两者通过相互制约、均衡协调的机制来保证市町村的民主运营。

（一）市町村议会

市町村的议会是由居民直接选举的议员组成的合议制机构，是地方自治体的决策机关。议会主要通过以下方式行使权力：（1）行使表决权。需经过议会表决的事项均在法律和条例上做了规定，其中最为重要的内容包括制定修改或废止条例以及审议决定地方自治体的预算。（2）行使选举权。包括选举议长及副议长的选举、选举管理委员的选举等。（3）行使检查权。包括检查议会决策的执行情况、地方收支决算情况，要求行政首长要求首长及其他的执行机构提供某一特定事项的报告等。（4）行使调查权。开展地方自治体相关事务的调查。比如，在必要时，责令选举人及其关系人前来应询、提供证言、记录等。为了避免议员滥用权力，法律规定市町村议会议员禁止兼任国会议员、其他地方自治体的议员、市町村首长、专职公务员，或易产生制度冲突的职务。并且，禁止市町村议会议员与该市町村存在业务承包关系。

（二）市町村首长

在市町村的执行机构中，处于最重要地位的是市町村的首长（市长、町长、村长），其通过居民的直接选举产生，任期4年。为了避免权力滥用，市町村首长禁止兼任国会议员及其他地方自治体议会议员及专职公务员，并且不得与该市町村存在业务的联系。市町村首长作为执行机构享有优先于其他行政委员会的地位，通过编制执行预算等来统一领导各执行机构。市町村首长所拥有的权限中最重要的是规则制定权、预算编制权、议案提案权及公职人员的任免权。由市町村首长及其任命的副首长及其他干部，来组成相关部门，负责执行除去属于地方自治体议会及行政委员会管辖业务外的地方自治体所有事务。

（三）市町村行政委员会

根据前述的多元主义原则，在市町村中除首长外还设有不同的行政委员会，根据各自的权限分管相应的事务。

四、日本乡村治理组织的财政收入来源

由于经济发展和人口规模差异，日本市町村之间在财政收入方面存在着相当大的差异，为了保证各市町村提供内容和水准基本相同的公共服务，日本中央政府通过各种法律制度来确保各市町村获取相对均衡和稳定的财政收入。市町村的主要财政来源如下。

（一）地方税

市町村可以依照地方税法的规定征收地方税，据日本国自治体国际化协会（2020）的统计，市町村税有15种（普通税7种、专用税8种），市町村税收占市町村岁入总额的一半左右。各市町村由于经济发展差异，彼此之间的地方税收入差异较大。

（二）地方交付税

根据法律规定，中央政府将国税的一定比例充作地方自治体的公共财政来源，在此前提下根据一定的计算方式核算出发放给各地方自治体的交付税金额，随后予以发放。市町村作为基础地方自治体，获得上述转移支付的一部分，这可以改善因地方税收不均而导致的市町村之间的财政实力差异。

（三）国库支出金

国库支出金是中央政府向地方自治体发放的用途固定的款项。国库支出金分国库负担金、国库补助金及国库委托金3种。这些是针对特定事务发放的特定财政来源，不得挪用为其他目的。这也是市町村财政的一个重要来源。

（四）地方债

根据法律规定，市町村的财政运行需遵循量入为出原则。但也允许在特定情况下发行地方债来作为其财政来源，这些特定情况一般指举办公营企业、有必要开展的投资项目、地方债再融资、抗灾应急项目及公共设施完善等。

（五）其他财政来源

其他财政来源还包括地方转让税、使用费及手续费等。

第四章

乡村治理基本理论

治理理论、共同体理论、协商民主理论、创新理论等理论和思想，为我国新时代持续打造共建共治共享的乡村治理创新格局、全面推进我国乡村振兴战略实施、城乡融合发展以及国家治理体系和治理能力现代化提供了良好的理论指导，是我国乡村治理现代化的重要理论基础。

第一节 治理理论

随着全球化时代的来临，人类社会政治生活正在发生重大变革，其中引人注目的变化之一，便是人类社会政治过程的重心正在从统治转向治理，从民族国家的政府统治走向区域和全球治理。研究和解决治理问题引起了国际学术界的广泛关注，越来越多的学者开始接受、使用"治理"这一概念。可以说，治理理论出现后，便被用于分析社会、政治、经济、文化等各个领域的现象，并成为我们时代继"全球化"之后又一个时兴的话语，也是理解当代社会现实的一种重要而有益的方法工具与分析框架。

一、治理理论的兴起

20世纪70年代末，一场质疑官僚制的有效性的政府改革运动在西方发达国家蔓延开来，各国开始重新调整国家与社会、政府与市场的边界，寻求政府、市场与社会的平衡发展成为各国政府改革的共同特征。进入20世纪90年代后，"治理"一词逐渐频繁出现于政治学、公共行政学、经济学、社会学、法学等诸多学科之中。全球化、民主化以及分权化的社会发展趋势极大地改变了政府管理的生态环境，社会关系日益复杂多变，相互依存的程度不断加深，政府、工商界和市民社会之间的合作正成为民族国家竞争力和国家繁荣的基本构成要素，治理理论应运而生。作为一种崭新理论，其兴起有其历史必然性，既有社会发展客观需要的现实因素，也有社会科学发展内在规律作用的理论因素。概而言之，治理理论的提出和兴起与经济全球化、行政国家的困境以及行政改革的世界潮流是密切相关的。

（一）现实的发展困境

20世纪七八十年代，发展中国家的宏观经济面临着通货膨胀严重、政府赤字巨大、对外收支失衡等问题，欧美发达国家也面临着严重的因行政国家扩张而导致的治理危机和信任危机，例如地方政府包办公共福利事务而造成的效率低下和管理松弛等发展困局。随着全球化进程的不断发展，全球环境恶化、人口问题、南北发展差距问题、国际恐怖活动和毒品犯罪、艾滋病问题、难民问题、全球金融体制危机等日渐成为全球性公共问题，任何一个国家既不可能置身事外也不可能独自解决。因此，在全球范围内利用各种政府的和非政府的国际组织和社团、正式的和非正式的国际条约和规制、组织或个人的力量，促进全球公共事务解决、实现全球公共治理，就显得十分必要而紧迫。

（二）相关理论与思潮的助推

随着致力于解决资本主义经济危机的"市场失灵"问题而备受推崇的凯恩思的国家干预主义的大行其道，政府在一定程度上成为社会资源配置的主体，国家政府被要求承担起调控经济运行以促进国民经济健康发展、确保社会公平以增进人民福利等更多职责，国家政府的职能由此而大大扩展。随着政府职能和规模的大幅度扩张，以及福利国家的过度发展，政府被视为"超级保姆"，政府职能的扩展和膨胀又压抑了市场在资源配置中的作用，不利于市场主体的自由竞争，"政府失灵"问题日益突显。哈耶克、弗里德曼和布坎南等人重拾古典自由主义的教义，在反对政府过度干预市场经济运行的基础上提出关于解决"政府失灵"问题的新自由主义思想，要求政府还权于市场和社会。新自由主义思潮的实践表现以英国首相撒切尔的行政改革和美国总统里根推行的"经济复兴计划"为典型。英美等国行政改革的成功也使得新自由主义在20世纪80年代达到顶峰，新自由主义思潮的兴起及其实践表现促进了治理理论的产生。着力于研究国家与社会关系调整问题的民主理论也为治理理论的兴起奠定了良好的思想基础。民主作为一种国家理想，一直是各国追求的社会政治目标。民主理论以公民社会的不断发展壮大为基础，强调公共权威应建立在政府与公民良好合作的基础之上，公民必须具有足够的政治权力参与选举、决策、管理和监督，这样才能同政府一起形成和维持良好有序的公共秩序。

二、治理理论的基本内容

(一)"治理"的含义

罗茨(R. Rhodes)认为,治理意味着"统治的含义有了变化,意味着一种新的统治过程,意味着有序统治的条件已经不同于以前,或是以新的方法来统治社会"。接着他还详细列举了六种关于治理的不同定义。这六种定义是:(1)作为最小国家的管理活动的治理,它指的是国家削减公共开支,以最小的成本取得最大的效益。(2)作为公司管理的治理,它指的是指导、控制和监督企业运行的组织体制。(3)作为新公共管理的治理,它指的是将市场的激励机制和私人部门的管理手段引入政府的公共服务:(4)作为善治的治理,它指的是强调效率、法治、责任的公共服务体系。(5)作为社会—控制体系的治理,它指的是政府与民间、公共部门与私人部门之间的合作与互动(6)作为自组织网络的治理,它指的是建立在信任与互利基础上的社会协调网络。①

格里·斯托克(Gerry Stoker)对目前流行的各种治理概念做了一番梳理后指出,到目前为止各国学者们对作为一种理论的治理已经提出了五种主要的观点。这五种观点分别是:(1)治理意味着一系列来自政府但又不限于政府的社会公共机构和行为者。它对传统的国家和政府权威提出挑战,它认为政府并不是国家唯一的权力中心。各种公共的和私人的机构只要其行使的权力得到了公众的认可,就都可能成为在各个不同层面上的权力中心。(2)治理意味着在为社会和经济问题寻求解决方案的过程中存在着界限和责任方面的模糊性。它表明,在现代社会国家正在把原先由它独自承担的责任转移给公民社会即各种私人部门和公民自愿性团体,后者正在承担越来越多的原先由国家承担的责任。这样,国家与社会之间、公共部门与私人部门之间的界限和责任便日益变得模糊不清。(3)治理明确肯定了在涉及集体行为的各个社会公共机构之间存在着权力依赖。进一步说,致力于集体行动的组织必须依靠其他组织;为达到目的,各个组织必须交换资源、谈判共同的目标;交换的结果不仅取决于各参与者的资源,而且也取决于游戏规则以及进行交换的环境。(4)治理意味着参与者最终将形成一个自主的网络。这一自主的网络在某个特定的领域中拥有发号施令的权威:它与政府在特定的领域中进行合作,分担政府的行政管理责任。(5)治理意味

---

① Rhodes, R. A. W. (1996) The New Governance: Governing without Government. Political Studies, 1996 (44): 652-667. 转引自:俞可平. 全球治理引论 [J]. 马克思主义与现实, 2002 (01): 20-32.

着办好事情的能力并不仅限于政府的权力，不限于政府的发号施令或运用权威。在公共事务的管理中，还存在着其他的管理方法和技术，政府有责任使用这些新的方法和技术来更好地对公共事务进行控制和引导。①

俞可平教授综合西方学者的观点概括出治理的基本含义，即治理是指在一个既定的范围内运用权威维持秩序，满足公众的需要。治理的目的是在各种不同的制度关系中运用权力去引导、控制和规范公民的各种活动，以最大限度地增进公共利益。从政治学的角度看，治理是指政治管理的过程，它包括政治权威的规范基础、处理政治事务的方式和对公共资源的管理。②

（二）"治理"与"统治"的区别与联系

统治是指国家及其执行机构政府基于社会统治和管理需要而实施的具有权威性的专门的公共管理活动。统治模式的公共行政管理，则是政府机构对国家和社会公共事务进行的垄断性和强制性的管理。治理作为新时代的公共管理，与统治有着深厚的历史渊源和广泛的联系：即在公共管理过程中，同样存在着一整套正式的组织机构，它拥有对同一社会中的其他组织和团体的强制性权力，在对公共事务进行决策的同时承担责任。然而，治理作为统治的发展和替代，与统治之间又存在着以下区别：

1. 管理主体和所指对象的范围不同

统治主体主要是指以公共权力为后盾的公共组织或公务人员，政府是管理的中心和关键之所在；而行使治理权的主体，政府或公共权力组织并不是唯一的中心，其他的社区组织、志愿者组织和私营组织等等都可能是权力的中心，他们都可以参与决策和管理，权威出现了多元化。就管理客体，即管理所指对象而言，统治的大政府时代可以说是控制着社会生活的方方面面，人们的一切都是其调控的对象；当进入有限政府的时代，政府的作用范围大为缩小；对于治理来说，由于主体界定不同，其作用范围带有很大的不确定性，它既可以是一个学校，一个公司所属的人、财、物等，也可以是一个民族国家，甚至是世界范围内的事务。从现代的大企业到学校，可以没有那种强有力的统治，但为了有效地达成组织目标，维持必要的秩序，不能没有治理，治理渗入人们生活的各个领域。

---

① 格里·斯托克. 作为理论的治理：五个论点［A］. 俞可平. 治理与善治［C］. 北京：社会科学文献出版社，2000：31-51.
② 俞可平. 引论：治理与善治［A］. 俞可平. 治理与善治［C］. 北京：社会科学文献出版社，2000：1-16.

2. 管理手段方面的不同

统治的手段和方法主要以具有强制性的行政、法律手段为主，有时甚至是军事性手段，以实现对社会的强力控制。而治理理论中的管理手段除了国家的手段和方法外，更多的是强调各种机构之间的自愿平等合作。合同包工、权力分散、根据市场原则运作、强调由国家和私营部门合作等是治理工具多元化的具体表现。

3. 权力运行方向的不同

统治主要遵循韦伯所设计的层级式的控制，权力沿着层级线自上而下地流动，主要是运用政府的权威，对社会事务实行单向度的控制；对于管理对象来说，主要是接受和服从。而治理，由于参与主体的多元化，在实现公共管理的过程中，各个主体间协调和沟通需要突出，需要凭借合作网络的权威。这时权力的流向是双向或多向的，不是单一的和自上而下的。它所强调的是一种上下互动的过程，强调公民和社会机构的参与，其权力运行向度是多元的、相互的。

4. 追求目标和评价标准不同

与统治相联系的理想模式为建立在传统的社会统治结构和韦伯式官僚体制之上的"善政"，构成要素包括严明的法度、清廉的官员、高效的行政、良好的服务。而治理的概念已经超出了传统的统治范畴，它强调了政府与公民对公共生活的合作管理，是政治国家与市民社会的一种新颖关系，是两者的最佳状态。

（三）治理的目标——"善治"

"善治"最先是世界银行提出的口号，并且成为世界银行向第三世界国家贷款政策的主导原则。20世纪90年代以来，世界银行、国际货币基金组织等国际金融组织开始对善治进行理论研究，旨在实现经济援助效益的最大化，确保受援国具备偿还贷款的能力。

1. "善治"的含义

善治（Good Governance），本意为良好的治理。世界银行认为，善治是指：公民安全得到保障，法律得到尊重，特别是这一切都须通过司法独立，也即法治来实现；公共机构正确而公共地管理公共开支，也即进行有效的行政管理；政治领导人对其行为向人民负责，也即实行职责和责任制；信息灵通，便于全体公民了解情况，也即具有政治透明性。

格里·斯托克认为，善治根源于治理的失效，具体表现为：制定治理政策的复杂现实与政府规范相脱离、各方面的责任比较模糊、权力过分依赖等。① 俞可平教授认为，善治是指促使公共利益最大化的社会管理过程，实质则为国家权力向公民社会的回归，基本要素涵盖合法性、透明性、责任性、法治、回应、有效等方面，所构建的是政治国家与公民社会之间的一种新颖关系。② 由此表明，作为国家与社会之间的良好合作状态，善治理应具备以下特征：其一，治理主体的多元化。善治意味着公共权力中心的多元化，除政府外，但凡得到公民认可的各种社会机构皆可成为善治主体，且彼此之间是平等合作的关系。二是治理方式的多样化。传统的管理方式是政府发号施令、制定和实施政策，而善治模式则主张充分运用各种方式和技术来实现公共事务的良性治理。三是国家与社会的良性合作。现代社会国家正在将原先由自身独自承担的责任转移给公民社会，包括各种私人部门和社会团体，导致国家与社会之间的界限有所模糊而彼此的依赖关系却逐步增强。四是上下互动的双向过程。与传统统治权力自上而下的单向度管理相比，善治则是一个多元主体通过合作和协商等方式实现上下互动的双向管理过程，实质则为建立在市场原则和利益认同关系之上的合作。此外，善治的实现需要国家权威和公民社会的协调配合，特别是公民社会的发展程度，构成实现真正意义上善治的重要标尺。概言之，善治就是使公共利益最大化的社会管理过程。善治的本质特征就在于它是政府与公民对公共生活的合作管理，是政治国家与公民社会的一种新颖关系，是两者的最佳状态。

2. "善治"的基本要素

善治作为人类社会管理公共事务的理想模式，是政府与公民社会对公共生活的合作管理使社会公共利益最大化的政治管理过程。俞可平教授将善治的基本要素总结如下：③

（1）合法性（legitimacy）

它指的是政治学含义上的合法性，即社会公众自觉认可和服从社会秩序和权威的性质和状态。它与法律角度的合法性不同，从法律的角度看符合法律规范的东西，并不必然具有政治学上的合法性。只有那些被一定范围内的人们内心所承认的权威和秩序，才具有政治学含义上的合法性。要提高社会善治的程度，必须增大合法性。取得和增大这种合法性的途径，只能依靠不断增加社会

---

① 格里·斯托克. 作为理论的治理：五个论点［A］. 俞可平. 治理与善治［C］. 北京：社会科学文献出版社，2000：31-51.

② 俞可平. 引论：治理与善治［A］. 俞可平. 治理与善治［C］. 北京：社会科学文献出版社，2000：1-16.

③ 俞可平. 全球治理引论［J］. 马克思主义与现实，2002（01）：20-32.

公众的共识和政治认同感。所以，善治要求相关的管理机构和管理人员最大限度地协调公民个人之间以及公民与政府之间的利益矛盾，最终达到公共管理活动取得公民最大限度的同意和认可的目标。

（2）法治（rule of law）

它强调人民主权和法律的统治，反对个人的专横独裁或者少数人的恣意妄为。它坚持法律的至高权威，主张法律面前人人平等，反对法律之外和法律之上的特权。现代法治的精髓在于，法律不是用以限制人的，恰恰相反，法律的出发点是保护人。善治过程中法律是公共政治管理的最高准则，在法律面前人人平等。法治的直接目标是规范公民的行为，管理社会事务，维持正常的社会生活秩序；但其最终目标在于保护公民的自由、平等及其他基本政治权利。因此，法治与法制显著不同，法治与人治相对立，法治既规范公民的行为更制约政府的行为；而法制并不能具有这种价值特性，可能会出现"人治底下的法制"。法治是善治的最基本要求，没有对法律的充分尊重，没有建立在法律之上的社会秩序，便不会有善治。

（3）透明性（transparency）

它指的是政府政治信息的公开、透明。作为权利的最终拥有者，每一个公民都有权利获得与自己的利益相关的政府政策的信息，包括立法活动、政策制定、法律条款、政策实施、行政预算、公共开支以及其他有关的政治信息。透明性就是要求政府机构及相关部门必须及时通过各种传播媒介把相关政治信息传递给社会公众，以便公民能够及时了解和有效参与公共决策过程，并且对公共管理过程实施有效的监督。政治信息越能被社会公众所知晓，政府的善治程度也愈高。

（4）责任性（accountability）

它指的是人们对自己行为负责的程度。在公共管理中，它特别指与某一特定职位或机构相关的职责及其相应的义务。责任性意味着管理人员和管理机构在承担某一特定职务后必须履行一定的职能和义务，进而对自己的所作所为负责任。没有履行或不适当地履行它应当履行的职能和义务，就是失职，也就是缺乏责任性。公众，特别是政府工作人员和管理机构承担的责任越大，表明善治的程度越高。法律和道义的双重力量的充分发挥，将有助于增大个人和机构的责任性。

（5）回应（responsiveness）

回应在一定程度上可以说是责任性的延伸。如果管理人员和管理机构具有了责任性，当他们在面对公民的各种要求的时候，就一定会做出及时的和负责的反应。因此，回应就意味着公共管理人员和管理机构必须对公民的要求做出及时的和负责的反应，不得无故拖延或没有下文，而且在必要的时候还应当适当地、主动地向公民征询意见、解释政策和回答问题。回应性越大，表明善治的程度越高。

（6）有效（efectiveness）

这里主要指管理的效率，强调做事的方式一定要正确。它有两方面的基本意义，一是管理机构设置合理，管理程序科学，管理活动灵活，为管理机构和人员以一种正确的方式做事提供保障；二是在投入和产出的比例上，必须要实现以一定量的投入获得最大的产出，或者在保持既定产出的基础上，最大限度地减少投入成本。善治概念与无效的或低效的管理活动格格不入。善治的程度越高，管理的有效性也就越高。

（7）参与（civic participation engagement）

这里的参与既包括公民的政治参与，也包括公民对其他社会生活的参与。政治参与是根本基础，其他社会生活的参与是重要途径。公民特别是利害相关者在参与决策的过程中，可以充分发表自己的意见和建议，正确理解相关政策的实质内容，有利于提高公民权威和秩序的认同程度，主动自愿参与合作。这种公民参与各种社会生活的过程，实质上就是政府与公民之间形成良好合作，共同管理社会公共事务的过程。而善治实际上就是国家的权力向社会的回归，善治的过程就是一个还政于民的过程。因此，公民参与程度的高低，会在很大程度上影响和制约着善治程度的提高，

（8）稳定（stability）

稳定意味着整个社会系统处于正常有序的运行状态，其各个组成要素之间保持均衡的、协调的、可持续的发展，如国内和平、社会有序、居民安全、公民团结、公共政策具有连贯性等。没有一个稳定的社会政治环境，经济的高速发展和民主政治的追求只能是一句空话。特别是对于发展中国家来说，社会稳定更具有重要的意义。因为发展中国家相对于发达国家来说，经济比较落后，制度化程度低，社会的不稳定因素尤其突出。所以，稳定程度的高低也是衡量善治程度的重要指标。

（9）廉洁（cleanness）

主要指政府官员在政治活动中依法办事，不利用公共权力谋取私利，不滥用权力，不以公共权力满足个人私欲。直观上理解，廉洁就是指政府官员的不腐败。严重的腐败不仅会增加交易成本，增大公共支出，打击投资者的信心；而且会破坏法治，腐蚀社会风气，损害社会的公正，引发官民关系、党群关系、

干群关系的对立，导致合法性下降。所以公共权威的廉洁直接关系到治理的状况。

（10）公正和包容性（justice）

它主要是主张不同性别、年龄、阶层、种族文化程度、宗教和政治信仰的公民在政治权利和经济权利上的平等。经济和社会发展应当以人为本，促进公平的、协调的、可持续的人类发展，体现在社会政策上就是要致力于减少贫富两极分化，保护弱势群体利益，消除歧视性待遇，促进机会平等等。社会公正或社会政策的包容性是善治的重要内容。

三、治理理论在中国的传播

现代意义上的治理理论被引入我国以来，经历了从引介传播，到反思争议，再到本土话语重构的演变发展过程，并在国家政策层面得到肯定性回应，极大推动了治理在理论与实践两方面的中国化发展和创新。①

（一）初始关注与学习推介（1996 年至 2005 年左右）

治理理论在西方兴起，并随着全球化进程逐渐传播到发展中国家。中国政治学界开始关注这一理论，试图将其引入并应用于中国的国家治理实践中。此阶段主要是对治理理论进行初步的介绍和学习，通过翻译国外著作、发表学术文章等方式，让国内学者和决策者了解治理理论的基本概念、核心观点和西方国家的实践经验。毛寿龙是较早关注到治理理论的中国学者。他认为："英文中的动词 govern 既不是指统治（rule），也不是指行政（administration）和管理（management），而是指政府对公共事务进行治理，它掌舵（steering）而但不划桨（rowing），不直接介入公共事务，只介于负责统治的政治和负责具体事务的管理之间，它是对于以韦伯的官僚制理论为基础的传统行政的替代，意味着新公共行政或者新公共管理的诞生，因此可译为'治理'。"② 徐勇也是较早关注治理理论的中国学者。他探讨了治理理念与马克思主义理论之间的关联性，并认为："治理是公共权力与社会的互动过程。在这一过程中，公共权力居于主导地位。公共权力要实现治理社会的目的，必须具备或创造一定的条件。"③ 何增科认为，新的政治治理结构应当是多中心的、自主的、分工合作互为补充的治

---

① 熊光清. 治理理论在中国的发展与创新 [J]. 兰州学刊，2018（06）：5-14.

② 毛寿龙，李梅，陈幽泓. 西方政府的治道变革 [M]. 北京：中国人民大学出版社，1998：6-7.

③ 徐勇. GOVERNANCE：治理的阐释 [J]. 政治学研究，1997（01）：63-67.

理结构，私人经济部门和以民间组织为主体的第三部门或公民社会在新的治理结构中发挥着日益重要的作用；并用治理和善治的理论框架分析了当代中国政治发展的成就。① 俞可平大力倡导并深入研究"治理""善治""社会治理""全球治理""官民共治"等理论，使这些概念和理论在中国广为传播，并产生了很大的影响。

在"治理理论"引介到中国的同时，不止一位研究者对治理理论的中国适用性表示了慎重的态度。② 李风华认为，由于西方治理理论背后的意识形态倾向、中西方发展阶段的不同以及政治文化的差异等原因，致使中国在传播治理理论时需要进行本土化重塑。③《探索与争鸣》杂志 2003 年第 4 期以"反思与超越——解读中国语境下的治理理论"为总标题刊发的一组文章，集中表达了这种怀疑，例如，臧志军认为"治理"离不开两个前提：一是成熟的多元管理主体的存在以及它们之间的伙伴关系；二是民主、协作和妥协的精神。刘建军认为在中国现代政治还没有完全成型之前，对国家权力回归社会的过分呼唤，会使中国重新掉入政治浪漫主义的陷阱。④ 杨雪冬也认为，在现代国家建构远未完成时，谈论治理拯救政府失败和市场失败，是一个虚拟的问题。⑤ 沈承诚等提出，治理理论的一个重要理论预设就是有发育较为成熟的非营利组织的存在；在试图将治理理论引入我国之前，必须对这一社会条件加以考察。⑥

（二）议题拓展与内容深化（2005 至 2015 年左右）

随着中国改革开放的深入和市场经济的发展，治理理论在中国的研究逐渐深入，不再局限于初步的学习推介。研究领域不断扩大，从国家治理扩展到政府治理、社会治理、基层治理等多个层面。研究方法日益多样，包括规范研究、经验研究、案例研究等，提升了治理理论研究的整体性和科学性。治理理论与中国实际相结合，形成了具有中国特色的治理理论框架和实践模式。施雪华认为，中国式治理最为重要的是国家治理、政府治理和社会治理三个治理环节，

---

① 何增科. 治理、善治与中国政治发展 [J]. 中共福建省委党校学报，2002（03）：16-19.

② 俞可平，李景鹏，毛寿龙，等. 中国离"善治"有多远——"治理与善治"学术笔谈 [J]. 中国行政管理，2001（09）：15-21.

③ 李风华. 治理理论：渊源、精神及其适用性 [J]. 湖南师范大学社会科学学报，2003（05）：45-51.

④ 沈佩萍. 反思与超越——解读中国语境下的治理理论 [J]. 探索与争鸣，2003（03）：9-13.

⑤ 杨雪冬. 论治理的制度基础 [J]. 天津社会科学，2002（02）：43-46.

⑥ 沈承诚，左兵团. 西方治理理论引入的社会条件分析 [J]. 行政论坛，2005（05）：92-94.

这也就组成了中国式治理的核心内容。如何正确把握国家治理、政府治理和社会治理及其相互关系，成为我国全面深化改革战略的重要步骤；如何找到国家治理、政府治理和社会治理的有效实现路径，成为中国式治理的落到实处关键性环节。① 王浦劬认为，在西方学术话语语境中，"治理"一词主要意味着政府分权和社会自治，而基于中国共产党治国理政理论和中国国情，国家治理的基本含义就是在中国特色社会主义道路的既定方向上，在中国特色社会主义理论的话语语境系统中，在中国特色社会主义制度的完善和发展的改革意义上，中国共产党领导人民科学、民主、依法和有效地治国理政；中国政治话语和语境中的"政府治理"是指在中国共产党领导下，国家行政体制和治权体系遵循人民民主专政的国体规定性，基于党和人民根本利益一致性，维护社会秩序和安全，供给多种制度规则和基本公共服务，实现和发展公共利益；社会治理是指在执政党领导下，由政府组织主导，吸纳社会组织等多方面治理主体参与，对社会公共事务进行的治理活动，是以实现和维护群众权利为核心，发挥多元治理主体的作用，针对国家治理中的社会问题，完善社会福利、保障改善民生，化解社会矛盾，促进社会公平，推动社会有序和谐发展的过程。王浦劬认为，在中国政治话语体系和语境下，国家治理、政府治理和社会治理在本质上具有一致性，即中国共产党领导人民进行的治国理政。② 陈进华认为，治理体系现代化，是一种包括政府、市场和社会公众等多元主体通过协商、对话和互动，达成管理日常事务、调控资源、履行权利的行动共识以缓解冲突或整合利益、实现公共目标、满足人民生活需要的结构、过程、关系、程序和规则的体系性活动。③

（三）本土化改造与实践应用（2015年左右至今）

随着中国经济的快速发展和社会结构的深刻变革，治理理论在中国的应用面临本土化挑战。学者和决策者开始结合中国国情和治理实践，对治理理论进行本土化改造和创新。例如，在政府与市场关系方面，中国逐渐明确市场在资源配置中的决定性作用，并推进政府职能转变和简政放权。治理理论在多个领域得到广泛应用，如高等教育、公共服务、城市管理、环境保护等。这些实践探索不仅推动了相关领域的发展，也为治理理论的进一步完善提供了丰富的案

---

① 施雪华. "中国式治理"的三条路径：国家治理、政府治理与社会治理 [J]. 云南行政学院学报，2015（05）：43.

② 王浦劬. 国家治理、政府治理和社会治理的含义及其相互关系 [J]. 国家行政学院学报，2014（03）：11-17.

③ 陈进华. 治理体系现代化的国家逻辑 [J]. 中国社会科学，2019（05）：23-39+205.

例和经验。治理理论强调多元共治和协商民主，推动政府、社会组织、企业和公民等多元主体共同参与社会治理，实现公共利益最大化。2013 年 11 月，党的十八届三中全会通过的《关于全面深化改革若干重大问题的决定》全文共 24 次提到"治理"，除了在第一部分"全面深化改革的重大意义和指导思想"中提到"全面深化改革的总目标是完善和发展中国特色社会主义制度，推进国家治理体系和治理能力现代化"之外，还多次提到"有效的政府治理""创新社会治理体制""系统治理"等内容，明确了要"更加注重改革的系统性、整体性、协同性"以及"实现政府治理和社会自我调节、居民自治良性互动"等目标。①这是"国家治理体系"和"国家治理能力"等概念首次在党的重大文件中被明确提出。此后，国家治理体系和治理能力现代化建设多次在国家的政策文件和领导人的重要讲话中予以强调，并于 2017 年 10 月写入在党的十九大上通过的修订后的《中国共产党章程》。

治理理论落实到政府治理实践上主要体现为政府自身的治理优化，就是要建设法治政府与服务型政府。"服务型政府"要求国家权力向社会回归，以公民权利而非政府利益为价值追求，这正是治理理论所强调的多元主体协同共治，此后若干年鼓励社会力量参与公共服务供给正是这一理念的现实反映；"服务型政府"要求政府内部管理的改革，优化政府组织结构、提高政府行政效能，如"政府流程再造""电子化政府"，如果说经济建设型政府依托分工精细的官僚制组织结构，那么服务型政府则需要高效沟通的扁平化组织结构，"大部制改革""一站式服务"都是这一层面行政改革尝试；"服务型政府"要求透明化、民主化、制度化、法治化，保障公民权利，实现有限政府的理念，"行政审批制度改革""权力清单制度"代表了"服务型政府"行为方式的探索。② 法治政府建设是全面依法治国的重点任务和主体工程。③ 在全面贯彻实施宪法、维护宪法权威的同时，协同推进立法、执法、司法、守法各环节改革，全面推进国家各方面工作法治化。④ 推动政府职能向创造良好发展环境、提供优质公共服务、维

① 中共中央关于全面深化改革若干重大问题的决定（2013 年 11 月 12 日中国共产党第十八届中央委员会第三次全体会议通过）[J]. 求是，2013（22）：3-18.
② 彭莹莹，燕继荣. 从治理到国家治理：治理研究的中国化 [J]. 治理研究，2018，34（02）：39-49.
③ 习近平. 高举中国特色社会主义伟大旗帜 为全面建设社会主义现代化国家而团结奋斗——在中国共产党第二十次全国代表大会上的报告 [J]. 中华人民共和国国务院公报，2022（30）：4-27.
④ 中共中央关于进一步全面深化改革 推进中国式现代化的决定 [J]. 党建，2024（08）：8-24.

护社会公平正义转变；健全依法行政制度体系，深化"放管服"改革，优化营商环境，健全重大行政决策程序制度，提升行政决策公信力；改革行政执法体制，推进严格规范公正文明执法，提高行政执法质量和效能，确保法律、法规、规章的正确实施；加强对行政权力的制约和监督，及时纠正和查处违法行政行为，防止权力滥用；提升突发事件应对能力，完善突发事件应对机制，提高政府应对各类突发事件的能力；加强法治宣传教育，普及法律知识，增强全社会法治意识，提升公务员法治思维和依法行政能力；推进政务公开，健全政府信息公开机制，推进权力运行公开化、规范化，确保行政管理的公平公正；政府行为全面纳入法治轨道，职责明确、依法行政的政府治理体系日益健全，行政执法体制机制基本完善，行政执法质量和效能大幅提升，突发事件应对能力显著增强，各地区各层级法治政府建设协调并进，更多地区实现率先突破，为到2035 年基本建成法治国家、法治政府、法治社会奠定坚实基础。①

综上所述，治理理论在中国传播的过程是一个不断学习、深化和本土化的过程。这一过程不仅推动了中国国家治理体系和治理能力现代化的进程，也为治理理论的完善和发展贡献了中国智慧。

四、治理理论与乡村治理

在治理理论的基础上，结合乡村社会的特点和需求而发展起来的一套理论体系，其内容主要包括以下几个方面：一是在治理主体方面，突破了传统以政府为单一主体的管理模式，强调政府、企业、非营利组织、村民等多元主体共同参与乡村治理。这些主体在治理过程中相互依存、相互合作，共同发挥作用。二是在治理方式方面，加强自治、法治、德治的三治融合。自治强调村民的自我管理、自我教育和自我服务，通过村民会议、村民代表会议等形式，让村民参与到乡村事务的决策、管理和监督中来；法治强调治理过程需遵循法律和规则，法律面前人人平等，以确保治理的公正性和规范性，保障乡村社会的稳定和发展；德治强调通过道德教育、文化传承等方式，培育乡村社会的道德风尚和文明习惯，提高村民的道德素质和文明程度，促进乡村社会的和谐发展。三是在治理机制方面，强调建立健全党组织领导的村民自治机制，充分发挥党组织在乡村治理中的领导核心作用，加强对村民自治组织的指导和支持，确保村民自治的正确方向；强调创新协商议事形式和活动载体，通过开展民主协商、

① 中共中央 国务院印发《法治政府建设实施纲要（2021—2025 年）》[J]. 中华人民共和国国务院公报，2021（24）：6-14.

议事会等活动，让村民参与到乡村事务的讨论和决策中来，促进多元主体之间的沟通和协商，达成共识和合作；强调完善调解、仲裁、行政裁决、行政复议、诉讼等有机衔接、相互协调的多元化纠纷解决机制，及时、有效地解决乡村社会中的矛盾和纠纷，维护乡村社会的稳定和和谐。四是在治理目标方面，强调促进乡村经济发展，通过制定和实施乡村经济发展规划、扶持农村产业发展、加强农村基础设施建设等措施，促进乡村经济的繁荣和发展，提高村民的收入水平和生活质量；注重维护乡村社会稳定，通过加强社会治安综合治理、化解社会矛盾纠纷、维护社会公平正义等措施，维护乡村社会的稳定和和谐，保障村民的生命财产安全和合法权益；注重推动乡村文化振兴，通过加强乡村文化建设、传承和弘扬乡村传统文化、培育和践行社会主义核心价值观等措施，推动乡村文化的繁荣和发展，提高村民的文化素质和精神境界。

第二节　共同体理论

共同体理论是一种强调社会和集体价值的政治哲学理论，在当今参与主体利益诉求日趋多元化和乡村治理客体日益复杂化的乡村多元治理时代，共同体理论在统筹兼顾多元利益、实现乡村治理现代化方面具有重要的应用价值。

一、共同体理论的兴起与发展

（一）共同体研究的兴起

自19世纪50年代以来，随着欧美国家机器大生产等一系列新技术的广泛应用，工业化、都市化、商业化与工业革命的发展，欧美等许多西方国家向工业社会转型，使得农业社会的结构、人际关系文化传统等遭到冲击甚至瓦解，传统地域共同体由熟人社会转向陌生人社会，以理性契约、国家法律为基础的金钱关系、契约关系、个人主义取代传统的人情关系。大批农民涌入城市寻求生计，在城市中，富人区与穷人区泾渭分明，包括失业、犯罪问题在内的各种社会问题大量产生。因此，有必要开展共同体研究来解决社会问题。"共同体"（Community）是从"社会"（Society）概念中分离出来的一个基本的社会学概念，最早可以追溯到德国社会学家费迪南德·滕尼斯（Ferdinad Tonnies）1887年出版的《共同体与社会》（也译为《社区与社会》，德文为 *Gemeinschaft and Gesellschaft*，英译为 *Community and Society*）一书。该书在对人类社会进化的二元对比基础上系统阐述了共同体理论，使得"共同体"概念直接影响到后世的共同体研究。滕尼斯运用类型学的方法使用"Gemeinschaft""Gesellschaft"这两个概念，通常被译为"礼俗社会""法理社会"或是"共同体""社会"，他强调这两种类型的区别与对立。礼俗社会或共同体是"亲密无间的、与世隔绝的、排外的共同生活"，其成员有着共同价值观和传统，他们有共同的善恶观念、共同的朋友和敌人，存在着"我们"或"我们的"意识；而法理社会的特征是更多的理智与工于心计，契约与个人主义至上。

（二）"共同体"研究的分化

在滕尼斯之后，越来越多的研究者开始关注"共同体""社区"的研究。"Community"一词起源于欧洲的德国，对"Community"的研究兴起于20世纪初，从欧洲传到美国，并且在美国获得很大发展。20世纪20年代，英、法等西方国家曾经出现了"睦邻运动""社区福利中心"运动等，通过培养居民的自治和互助精神以应对日益严重的城市病。美国芝加哥学派的代表人物之一，罗伯特·帕克（Robert. Park）从城市区位人文生态学视角对"Community"进行界定，认为："被接受的社区本质特征包括：一是按区域组织起来的人口；二是这些人口不同程度地完全扎根于他们赖以生息的土地；三是社区中的每个人都生活在相互依赖的关系中。"① 帕克的这一共同体思想开启了芝加哥学派关于社区邻里关系的研究，社区居民的归属感、成员的共同情感以及城市居民心理状态开始成为社区研究的重要内容，并引发了其后学术界关于社区失落论、社区继存论与社区解放论的争论。帕克在遵循滕尼斯的共同体传统的基础上，将共同体理论与美国城市兴起的背景联系起来分析和研究城市社区，可以说帕克对于城市社区的理解并没有偏离共同体的内核，反而还拓展了共同体的应用范围。帕克认为："城市是一种心理状态，是各种礼俗和传统构成的整体，是这些礼俗中所包含，并且随传统而流传的那些统一思想和感情所构成的整体。城市已同其居民们的各种重要活动密切地联系在一起，它是自然的产物，而尤其是人类属性的产物。"②

在20世纪50年代和60年代，西方社会学家对社区的研究走向衰落，一是因为社区概念的泛化和越来越含混不清，从乡村的村落范围到跨国家的大洲这种规模差异极为悬殊的地域范围都可以称为"社区"，二是大众社会（Mass So-

① R. E. PARK. Human Ecology [J]. American Journal of Sociology, 1936 (17): 1.
② R.E. 帕克, E.N. 伯吉斯, R.D. 麦肯齐. 城市社会学：芝加哥学派城市研究 [M]. 宋俊岭，郑也夫，译. 北京：商务印书馆，2012: 4.

ciety）在欧美的兴起产生了"Community 消亡论"的观点，认为欧美国家的城市化使得他们对"Community"一词变得越来越陌生，守望相助的事情极为罕见。现代城市社会是由目的和价值取向各不相同的人群组成的，是由社会分工和契约联系起来的缺乏感情、关系疏远的组织和团体。在一种标准化、同质化、种族和阶级分野不明显，生活方式和价值观念区别不大的大众社会中，大众传播媒介、标准化的公共教育和居住地的高度流动性使得地域的概念已经没有多大意义。随着城市化的发展，社区将会消失，大城市里没有社区，竞争的都市生活环境不鼓励社区意识（认同感）。① 齐格蒙特·鲍曼（Zygmunt Bauman）指出，共同体的纽带日益变得可有可无了……随着民族联系、地区联系、共同体联系、邻里联系、家庭联系以及最后与某人自我前后一致的理念的联系的持续弱化，个人忠诚的范围也缩小了。② 也就是说，共同体的消解使人们摆脱了束缚而获得了自主和自由，但与此同时人们却失去了确定性、可靠性和安全感，日益陷入隔离、孤立与焦虑的困境。20 世纪 80 年代以来，随着"后工业社会"的来临，社区价值被重新拾起，美国社会学协会也重组社区研究分会。美国的社区研究逐步超越社会学的范围，呈现出多学科综合化与相互融合的趋势。例如 2000 年罗伯特·帕特南（Robert D. Putnam）出版的《独自打保龄——美国社区的衰落与复兴》一书跨越了政治学、社会学、公共管理和社区治理等领域，在广泛搜集相关数据和案例、运用严谨科学的统计技术和丰富的数据进行研究后，帕特南认为美国的公民参与有起有落，而不是在一路下降。③ 20 世纪 90 年代以来，西方社会兴起了"Communitarianism"（一般译为"社区主义""共同体主义"）的思潮，提倡居民自发发起的互助友爱运动，提倡为"社区服务"，使所有人感到社区的温暖，寻求建立一种在个人权利和公共利益之间的平衡，强调志愿者组织的重要性。英国的安东尼·吉斯（Anthony Giddens）在《第三条道路：社会民主主义的复兴》中认为，必须培育一个积极的公民社会，因为随着全球一体化进程的加速，发达资本主义国家的社会问题日益严重。"社会的公民素质的衰落体现在当代社会生活的各个方面，它并不单纯是保守主义政治家们的一种杜撰。它表现为某些乡村社区和城市街道中团结感的弱化、居高不下的犯罪率以及婚姻和家庭的解体。"因此，他主张以社区为基础预防犯罪和通过

---

① 张永理. 社区治理［M］. 北京：北京大学出版社，2014：55.
② 齐格蒙特·鲍曼. 共同体：在一个不确定的世界中寻找安全［M］. 欧阳景根，译. 南京：江苏人民出版社，2003：57.
③ 罗伯特·帕特南. 独自打保龄——美国社区的衰落与复兴［M］. 刘波，等，译. 北京：北京大学出版社，2011：15.

激发地方的主动性而实现共同体复兴，进而实现公民社会的复兴。因为以前解决社会问题的第一条道路（依靠国家）和第二条道路（依靠市场）都走不通，只能依靠他提出的第三条道路：只有社区建设才能解决社会问题。他据此旗帜鲜明地提出："共同体（或社区）这一主题是新型政治的根本所在，但它不仅仅是作为一个抽象的符号。全球化进程的推进使得'以社区为重点'不仅成为可能，而且变得非常必要，这是因为这一进程产生的向下的压力。共同体不仅意味着重新找回已经失去的地方团结形式，它还是一种促进街道、城镇和更大范围的地方区域的社会和物质复苏的可行办法。"①

随着现代通信技术的迅速发展，特别是互联网的广泛普及，人们无须再局限于地域空间的束缚，学者们开始从互动关系角度对 Community 进行研究。社会网络理论逐渐兴起，并出现了网络社区（Cyber Community）、虚拟社区（Virtual Community）、想象的社区（Imagined Communities）等新型社区，社区也因此被赋予了更多新的内涵。与此同时，虚拟社区是否能够取代实体社区而成为社区未来的主流形式？对此，学术界也表示出一定的担忧，认为虚拟社区最多只是实体社区的补充，是加强地域性社区成员互动的一种手段，就如同电话一样，而绝不能取代实体社区。② 21 世纪是全球化的时代，全球化既能够让人更容易与他人交流，同时也很容易让人们陷入孤立。未来通信、贸易和文化会更加全球化，全球的通信革命已经缩短了人们的距离，新技术、新组织形式对社区产生深远影响，信息技术和知识社会使得未来社区是一个高科技和全球化的社区。

（三）"共同体"研究的扩展

"Community"概念在实践发展过程中不断被修正，并不断地生成新的内涵。它已不再局限于滕尼斯、涂尔干、韦伯等人所描述的共同体，而是成为一个融入权力组织、社会网络、社会资本等多种新元素的共同体，也因此成为具有多种功能的功能性的共同体。功能性的共同体主要强调它的功能性，而不是结构性。不同于从地域空间和虚拟网络等共同体的结构性研究，功能性共同体研究主要强调共同体的功能性特征，它不同于在血缘基础上形成的、互助合作的地域共同体，而是一种内生于社会关系中的契约型共同体。在其中，契约关系的确立，是对共同体内各成员基本权利和义务的界定，而每一个受制于这种契约

---

① 安东尼·吉登斯. 第三条道路：社会民主主义的复兴 [M]. 郑戈，译. 北京：北京大学出版社，2000：82-83.

② ROBYN. B. DRISKELL, LARRY. LYON. Are Virtual Communities True Communities? Examining the Environments and Elements of Community [J]. City and Community, 2002 (12)：4.

关系的成员，也可以在约束规则范围内实现自主和独立。从这点来看，它具有较强的独立性，这也与传统共同体的封闭性、排他性和依附性完全不同。目前，功能性的共同体作为一股勃勃向上的社会力量不仅活跃于私域中，也存在于公域中；不仅具有实体形态，也具有虚拟形态，它们表现出极强的"脱域"（disembeding），即"社会关系从彼此互动的地域关联中，从通过对不确定的时间的无限穿越而被重构的关联中'脱离出来'"①。不仅如此，功能性的共同体还表现出"复数性"（plurality）的特点。"复数性"包含了既尊重"平等"又包容"差异"这两重性质。共同体的"平等性"是其存在的共性，而共同体的"差异性"则是其存在的个性。在这种状态下，功能性的共同体能够更有效地发挥政治、经济、社会的功能，用哈贝马斯的话说，就是成员"知道当他们在进行意见争论、争取更大影响时，是在参加重构和维持公共领域的结构和共同事业"，那么，他们参与公共事务治理的热情将会得到极大提高。②

二、共同体理论的基本内容

（一）共同体的内涵

共同体一词源于古希腊语 koinonia，原意指集体、群体、联盟、共同体以及联合、联系等。在德语中即为 gemeinschaft，其基本特征是有机的联合或统一。在亚里士多德的《政治学》语境中，城邦（polis）即属于共同体的一种，它意味着许多不同的城邦公民，在共同善的指引下，通过共同活动来实现共同利益而构成的联合体。亚里士多德认为，人天生是"社会性动物"，无法离开共同体而获得幸福与美好生活（eudaimonia）。所以，人们都是生活于一个共同体之中，人们通过对善的共同追求来获得相应的利益，城邦就是一个德性（virtue）意义上的"至善"的共同体。③ 亚里士多德强调，人类只有通过参与城邦的公共生活，才能实现自身的德性和幸福，这种强调社会集体的重要性为共同体理论奠定了思想基础。从这一语境来看，人类由于无法期待自身的完美性，只能依赖更好地融入一个在共同价值辐射下的关系网络，通过其他人、通过与其他人的联合来实现自身的发展。在这个意义上，共同体在古希腊时期是作为一个道德价值而存在的，它由人类对善的追求而来，又作为一种渴望更加道德的要求而

---

① 安东尼·吉登斯. 现代性的后果 [M]. 田禾，译. 南京：译林出版社，2000：18.
② 哈贝马斯. 在事实和规范之间 [M]. 童世骏，译. 北京：生活·读书·新知三联书店，2003：446.
③ 亚里士多德. 亚里士多德全集：第9卷 [M]. 北京：中国人民大学出版社，1994：3-6.

发展起来。

Gemeinschaft 在德文中的原意是共同生活，滕尼斯用它来表示建立在自然情感一致基础上、紧密联系、排他的社会联系或共同生活方式，这种社会联系或共同生活方式产生关系亲密、守望相助、富有人情味的生活共同体。在滕尼斯那里，"共同体"是建立在自然基础上的、历史和思想积淀的有机联合体，是自然形成的、以整体为本位的，古老的、传统的、小范围的联合，"共同体"主要是以血缘、感情和伦理团结为纽带自然生长起来的，是一种彼此亲密的、相互依靠的、具有排他性的共同生活体，人们总是感受到与整体处于密切的联系之中，其基本形式包括亲属（血缘共同体）、邻里（地缘共同体）和友谊（精神共同体）。相比而言，滕尼斯认为 Gesellschaft 是非自然形成的、以个人为本位的、新兴的、现代的、范围比共同体要大得多的联合。"社会"也是一种"人的群体，他们像在共同体里一样，以和平的方式相互共处地生活和居住在一起，但基本上不是结合在一起，而基本上是分离的"①。"社会"应该被理解为一种机械的聚合和人工制品，是一种彼此陌生、相互疏远的生活形式，人踏入社会也就等于进入了某种陌生地。概而言之，在滕尼斯看来，共同体和社会是存在于人类发展历程中的两种不同的社会生活方式。滕尼斯所说的共同体是指人类群体生活中一种有机的生活形态，它是与社会和机械的公共生活相对立的生活形态。在滕尼斯看来，基于亲属关系、邻里关系和友谊，人们缔结了血缘共同体、地缘共同体和精神共同体。共同体的本质是人类血缘、感情、伦理等的结合，这些共同体形态强调人与人之间的情感联系和归属感，人们依赖传统和共同的价值观来维系这种紧密的社会关系。滕尼斯认为，"共同体"和"社会"在形成方式、聚结形态、聚集范围、意识形态、维持时间、本质属性等诸多方面都存在着较大差异性。

"共同体"的英文 Community，是由拉丁文前缀"Com"（"一起""共同"之意）和伊特鲁亚语单词"Munis"（"承担"之意）组成的。② 从"Community"一词诞生以来，关于其内涵和外延的讨论就此起彼伏，至今仍难有统一定论。希勒里（G. A. Hillery）在 1955 年发表的《共同体定义：共识的领域》一文中对 94 个"共同体"的定义进行了比较系统规范的统计，指出"除了人包含于'共

---

① 秦晖. 共同体·社会·大共同体——评滕尼斯《共同体与社会》[J]. 书屋，2000（02）：57-59.

② 入江昭. 全球共同体：国际组织在当代世界形成中的角色［M］. 北京：社会科学文献出版社，2009，译序

同体'这一概念之外，有关共同体的性质，并没有完全相同的解释"①。在此之后，一些社会学家也对"共同体"的定义进行过统计，贝尔（C. Bell）和纽柏（H. Newby）在1971年的统计过程中就发现，"共同体"的定义已经增至98个。1981年，美籍华裔社会学者杨庆堃统计的"共同体"定义多达140多种。② 到目前为止，学术界考察的"共同体"定义的数量已随着经济社会的发展而不断增多，"共同体"的内容和特征也发生了不同程度的变化，"共同体"已成为包含地理区域、地域性社会组织、共同情感和互动关系等特征的更为广泛的概念。③ 共同体概念不断被嵌入新的语境中而获得重构，如政治共同体、经济共同体、科学共同体、区域共同体、学习共同体、道德共同体、信仰共同体、职业共同体、实践共同体、知识共同体、学术共同体、利益共同体等越来越多地进入各种层次和类型的团体、组织乃至民族和国家层面的研究视野。从古希腊时期的德性共同体、古罗马时期的法律共同体、中世纪时期的信仰共同体、近代的政治共同体直到德国古典哲学对自由共同体的诉求，共同体思想的历史发展演变不仅向我们展现了共同体的发展与人的生存发展之间的密切关系，而且进一步深化和拓展了共同体思想本身。

（二）共同体理论的主要观点

在不同的历史发展时期和发展阶段，在不同的国家和地区，在不同的文化背景和研究语境之下，学者们对共同体的认识也在不断地发展演变，没有一个单一模式和一成不变的共同体概念。因而，共同体理论也是随着研究者们对共同体内涵和外延的拓展研究而不断地发展丰富。尽管共同体理论浩繁庞杂且不断更新出各种新的分支，但万变不离其宗，共同体理论的基本内核仍是学者们的研究共识。

1. 共同体必然依托一定的地域空间而存在，有一定的范围和边界

共同体的地域空间一般有着一定的边界，具有相对稳定、相对独立的特性。美国芝加哥学派的社会学家伯吉斯认为，共同体就是一定地域空间上的社会，当从地理分布上来考虑社会和社会集团所含的个人和体制时，我们就把社会或

---

① G. A. Hillery. Definition of Community：Area of Agreement [J]. Rural Sociology，1955，20：111-124.

② 窦泽秀. 社区行政——社区发展的公共行政学视点 [M]. 济南：山东人民出版社，2003：15.

③ 李慧凤，蔡旭昶."共同体"概念的演变、应用与公民社会 [J]. 学术月刊，2010（06）：19-25.

社会集团称为社区。① 戴维米勒认为，共同体生活意味着共同体占据着某个地理范围，这个地理范围的大小正好使得其成员相互熟悉各人的品性以便任命职务，其疆域应该"足使它的居民能够过上闲暇的生活为度"，并且其执政委员会"在公告员和钟声的召唤下便能聚集起来的生活领域"②。滕尼斯描述的地缘共同体就是一种持续的共同生活。从农耕的生活方式而言，由于"持久地保持与农田和房屋的关系，就形成了共同体的生活"③。共同体必然是依托于土地的、有界限的组织形式。日本学者大冢久雄认为，土地是共同体成立所依据的物质基础，土地是"被组成一定社会而正在生产的人类所'占有'范围中的一片'大地'"。而这个大地是为了生产的、一切生产活动在其上展开的诸原始客观条件。而在共同体这个问题范围内，只有土地是在某种程度内包含了一切生活手段、生产手段以及生活资料，甚至连身为劳动主体的人类都包含在内。由于作为劳动主体的人们也是作为自然的整体的个人被包括在大地中，人们不得不以共同的形式附着于大地，"仍在万物之母亲的大地的怀抱中的状态"④。有学者认为，正是考虑到地域空间因素才能将共同体与社会的研究区分开来，所以，地域空间要素是共同体研究中的基本要素。⑤ 有学者认为，共同体的地域空间特征与其说是一种保守陈旧，不如说显示了人仍然是"划分边界的动物"，也就是说，共同体的边界本身不是目的，其主要目的和功能在于借此才能有效支持共同体内成员的经济互助与情感联系，即划分共同体的边界通常是便于满足边界内（特别是面对面交往的）成员间的非市场经济性质的互助与交换。⑥ 共同体的地域边界只是相对而言的，虽然中西方学者对共同体的地域边界范围大小并未达成一致看法，但基本认同共同体的空间边界应限制在其居民日常生活能够发生互动的范围之内。

2. 共同体内部成员间具有共同意识

共同意识是指共同体内成员之间的情感认同。作为个体之间的社会联结，共同体发挥着维系社会的作用，满足着个体归属与认同的需求。认同感是人际

① R.E. 帕克，E.N. 伯吉斯，R.D. 麦肯齐. 城市社会学：芝加哥学派城市研究 [M]. 宋俊岭，郑也夫，译. 北京：商务印书馆，2012：132.

② 戴维米勒，政治哲学与幸福根基 [M]. 李里峰，译. 南京：译林出版社，2008：110.

③ 费迪南德·滕尼斯，共同体与社会 [M]. 林荣远，译. 北京：商务印书馆，1999：78.

④ 大冢久雄，共同体的基础理论 [M]. 于嘉云，译. 台北：联经出版事业公司，1999：12-13.

⑤ 汪大海，魏娜，郇建立. 社区管理 [M]. 北京：中国人民大学出版社，2009：6.

⑥ Graham Day. Community and Everyday Life [M]. London and New York：Routledge，2006：2.

交往中产生的一种情感体验，是个体对自我及周围环境有用或有价值的判断和评估，是个体对他人或群体的观点、行为、价值观等产生共鸣和接纳的心理过程。认同感包括个体对自己身份的认同，对所属群体的归属感，以及对群体价值观和行为的接受程度。社会认同的界定是与个体对从属于某一特定社会群体的认知以及这一群体认同所带来的情感和价值意义相关联的，正是由于从属于不同的社会群体，个体才需要一个社会身份以确定自己在社会上的特殊位置。认同是对"我是谁"的追问，是自我身份的一种确认，指个体对不同社会组织和不同文化传统的归属感。认同所要解决的是自我（群体）同一性、自我（群体）归属感和自我（群体）意义感问题。自我认同往往是把自己认作属于哪个群体或持有哪种文化价值观的人。归属感是个体对群体的认同、满意和依恋程度的情感体验。人在群体中生活，必然与群体中其他个体具有一定的相似性，包括态度、情感、价值观和行为方式等，相似性高，就容易被群体接纳，得到其他人的认同，这时就会产生对群体的归属感。① 涂尔干在描述机械团体时指出，集体意识就是指共同体的成员所共享的价值和情感。② 埃米泰·伊兹欧尼（Amitai Etzioni）认为，共同体的基本构成要素之一就是对一组共享的价值、规范和意义，以及一个共享的历史和身份认同的一定程度的承诺，简言之，是对一个特定文化的一定程度的承诺。③ 齐格蒙特·鲍曼（Zygmunt Bauman）认为，共同体是一个温暖而舒适的场所，一个温馨的"家"，在这个家中，我们彼此信任、互相依赖。"共同体"不是一个已经获得和享受的世界，而是一种我们热切希望栖息、希望重新拥有的世界。社会学家罗伯特·M. 麦基弗指出，共同体是一个"精神的联合体"，这种共同体精神是诸多个体精神的结合，是一种超越个人的"集体精神"。瑞典分析家罗森伯格（Rosenberg）在 2000 年创造了一个"温馨圈子"（Warm Circle）的概念，来阐释人类和睦相处的这种天真状态，认为它是自给自足的"人类美好的精神家园"④。安东尼·吉登斯认为，在现代性语境下，"共同体"是指某一人群共同参与其中、有着共享利益和文化价值观的社会团体或社会联结。与传统共同体所强调的面对面互动和共同生活、共同地

① 张志旻，赵世奎，任之光，等. 共同体的界定、内涵及其生成——共同体研究综述 [J]. 科学学与科学技术管理，2010（10）：14-20.

② 埃米尔·涂尔干. 社会分工论 [M]. 渠东，译. 北京：生活·读书·新知三联书店，2000：42-43.

③ Amitai Etzioni. Creating Good Communities and Good Societies [J]. Contemporary Sociology，2000（Vol. 29）：188-195.

④ 齐格蒙特·鲍曼. 共同体：在一个不确定的世界中寻找安全 [M]. 欧阳景根，译. 南京：江苏人民出版社，2003：1-8.

域等因素不同，现代性语境下的共同体更加注重共同的利益诉求、价值表达、自我认同和归属等精神层面因素，地域性因素不再是必备的要素，因为在现代性的脱域机制下，人们的社会关系开始从彼此互动的地域性关联中脱离出来。①对于共同体的共同意识如何达成，研究者们也有不同看法。滕尼斯认为，血缘和地缘对于这种共同体默认一致共同意识的产生是决定性的，血缘的亲近才能以最直接的方式表现出精神的统一，从空间的接近到最后精神上的亲近。②鲍曼认为，共同意识并不是先天存在于共同体成员之中的，往往是艰难谈判和妥协的产物，是经历过多次争吵、许多次反对和偶尔的对抗后的结果。③尽管对于共同体成员的共同意识形成的途径和方式存在不同理解，但研究者们基本上都承认共同体成员间共同意识的重要性。

3. 共同体内部成员之间存在紧密的交往互动

交往互动强调拥有共同意识的共同体成员之间在共同目标的基础上共同生活，通过密切的互动协作来参与共同体内的公共事务。共同体理论强调，个人的身份、道德观念和价值判断并非孤立产生，而是通过融入共同体的文化、习俗和互动中逐步构建的。交往对于共同体的意义在于，它使得共同生活这一点能够真正实现。交往行为的社会整合力量首先存在于特殊的生活方式和生活世界当中。它们拥有各自的传统和利益共同体，是一个协作系统，而真正的协作是在人们追求共同目标中产生的。因此，共同体首先要有一个共同的目标。没有共同的目标，就只能成为松散的偶合人群，也就是偶然地在同一时间同一地方临时聚集起来的一群人，而不是共同体。滕尼斯认为，共同体指的是一切亲密的、私人的和排他性的共同生活，这是一种持久的和真正的共同生活，人们在共同体里面与同伴一起，从出生之时起，就休戚相关，同甘共苦。④滕尼斯将共同体成员间的"默认一致"理解为"相互之间的——共同的、有约束力的思想信念作为一个共同体自己的意志"，这种共同体内的默认一致是"建立在相互间密切的认识之上"，因此，共同体成员的"结构和经验的相似性越大，或者本性、性格、思想越是具有相同的性质或相互协调，默认一致的可然率就越高"。⑤由此可见，滕尼斯认为共同体成员之间的情感认同和共识是以共同体成

① 安东尼·吉登斯. 现代性的后果 [M]. 田禾，译. 南京：译林出版社，2000 年：18.
② 费迪南德·滕尼斯，共同体与社会 [M]. 林荣远，译. 北京：商务印书馆，1999：73.
③ 齐格蒙特·鲍曼. 共同体：在一个不确定的世界中寻找安全 [M]. 欧阳景根，译. 南京：江苏人民出版社，2003：5-7.
④ 费迪南德·滕尼斯，共同体与社会 [M]. 林荣远，译. 北京：商务印书馆，1999：52.
⑤ 费迪南德·滕尼斯，共同体与社会 [M]. 林荣远，译. 北京：商务印书馆，1999：72.

员间的密切交往互动为前提的。伊兹欧尼认为，共同体的另一个基本构成要素是一群个体内部情感—满溢（affect-laden）的关系，这种关系总是彼此相互交织和加固（而不是纯粹的一对一，或者链条式的个体关系）。① 也就是说，伊兹欧尼认为共同体存在的前提是群体成员之间建立紧密的纽带，这种纽带需要成员之间密切的互动交往和共同生活。共同体成员们共享情感、精神和价值系统的基础是由于共同居住、生产和生活而自然而然产生的亲近。作为人这一种族需要为了满足生理需要而进行各种生产活动，为了这种生存需要而彼此结合，是共同体生活的本质。② 共同体只是"指人们共有某些东西，它把人们紧紧连在一起，而且给人们一种彼此相属的感觉"，即它是指这样一种社会结合团体：人们在其中互相帮助以满足需求，彼此有一些共同的利益和可以分享的文化，有一些团结纽带以维持这个团体。③ 作为个体的人，不仅要以与他人合作的方式来获取生存所需的资料，而且也要在与他人合作交往中确立自身存在的意义，因此，人与人之间总是要结成"共同体"来维系自身乃至整个群体的生存。共同体的存续必须包含真正的沟通——交往。交往的功能在于保证每个人的生活中有他人的持续在场，从而实现个体对共同体真正的认同和归属感。没有沟通，共同体的团结和信任都将无从谈起。

三、共同体理论在中国的传播

20 世纪早期，中国学者就开始引入和翻译西方共同体理论的相关著作，开启了共同体理论的中国化之路。共同体理论的中国化研究发展经历了从引入消化到创新发展，再到紧密结合中国实际和时代需求的过程，每个阶段都为这一理论在中国的发展和应用提供了重要的思想和实践基础。共同体理论的中国化研究涉及多个方面和层次，包括滕尼斯"共同体"理论的中国化、中华民族共同体理论构建以及人类命运共同体理念的提出与实践等。这些经典讨论不仅推动了共同体理论在中国的发展和完善，也为全球治理和人类发展提供了新的思路和方案。

（一）20 世纪 30~40 年代，"共同体"理论的初期引入与消化

20 世纪 30 年代初期，共同体理论与社会学的实证研究方法被引进中国，最

---

① Amitai Etzioni. Creating Good Communities and Good Societies [J]. Contemporary Sociology, 2000（Vol. 29）：188-195.

② 何煦. 村落还是共同体吗？[D]. 复旦大学，2014.

③ Graham Day. Community and Everyday Life [M]. London and New York：Routledge，2006：1.

早的研究者是吴文藻、吴景超等中国派遣到国外留学的社会学者，随着他们学成回国，社会学和共同体理论在中国慢慢发展起来。吴文藻是中国共同体研究的倡导者，并为中国的共同体研究奠定了理论基础和方法论原则。吴文藻早年留学美国攻读社会学，回国后在燕京大学社会学系任教，并培养出费孝通、李安宅、林耀华等一批专门从事乡村社区研究的人才。吴文藻主张把社会学的理论和方法与文化人类学或社会人类学结合起来，对中国进行社区研究。1932年美国社会学家帕克来华讲学时明确指出"Community is not Society"。在翻译和理解这句话时，吴文藻和费孝通等燕京大学社会学系的师生基于中国传统乡村文化变迁和经济社会转型的历史特点，结合帕克主张的人文区位主义视角，从强化共同体的地理属性的角度，创造性地使用了"社区"一词来翻译Community，而把"社会"一词保留给Society。① 此后，将Community理解为"社区"在中国社会学界一直沿用下来，并由此开启了一条滕尼斯"Gemeinschaft"理论的中国化实践与研究之路。② 这一时期也形成了较多重要的社区研究的成果，例如吴文藻的《现代社区研究的意义与功能》《中国社区研究的西洋影响与国内现状》等成为我国社区研究的后继学者们学习的必读文献。在进行社区理论研究的同时，吴文藻还派出燕京大学社会学系的一些研究生和助教到国内一些地区进行实际的社区研究。如徐雍舜到北平附近的淳县进行乡村领袖冲突的调查，林耀华到福州附近的义序进行宗族组织的调查，黄节华到河北定县进行礼俗与社会组织的调查，李有义到山西徐沟县进行农村社会组织的调查，等等。在吴文藻的影响和指导下，林耀华等人发表了《金翼》等一系列著名的社区研究成果。抗日战争爆发前我国社区研究的主要成果还有1933年杨庆堃的《华北地方市场经济》、1937年黄迪的《清河：一个乡镇村落社区》等。1937年1月，中国社会学社举行第六届年会，赵承信发表的《社区研究与社会学之建设》一文，主张以社区实地研究作为中国社会学建设的道路。该届年会还一致通过陈达提出的"国内各大学积极推行社区研究"的提案。费孝通在英国完成并于1939年出版的社区研究名著《江村经济——中国农民的生活》（*Peasan Life in China*）一书，被英国著名学者布·马林诺夫斯基誉为"人类学实地调查和理论工作发展中的一个里程碑"③。金陵大学（成都）社会学系主任柯象峰、华西大学的李安宅、金陵女子文理学院的徐益棠等学者的社区调查研究以及岭南大学的杨庆堃、

---

① 费孝通. 费孝通文集（第5卷）[M]. 北京：群言出版社，1999：530.
② 刘海涛. 滕尼斯"共同体"理论的中国化及其当代意义——兼论中华民族共同体理论构建的创新发展 [J]. 北方民族大学学报，2021（01）：11-18.
③ 费孝通. 江村经济：中国农民的生活 [M]. 北京：商务印书馆，2001：13.

何肇发对广州近郊鹭江村社区和美国洛杉矶华侨社区进行的研究也有一定的影响。这一时期我国学者对社区的研究主要有以下特点："社区"概念基本上定位在乡村，社区研究基本上属于或者侧重于乡村社区研究；对乡村社区的研究大多建立在实际调查的基础上，具有非常明显的实践性特征；这一时期的社区研究者，无论是海外留学的归国学者还是本土学者，都具有极为强烈的改造当时中国社会的使命感和救国救民的政治情怀，正是这些因素促使他们通过调查研究寻找适合我国国情的民族独立和国家富强之路，正如费孝通在《江村经济》的"前言"中直言道："中国越来越迫切地需要这种知识，因为这个国家再也承担不起因失误而损耗任何财富和能量。"① 而为了更好地改造当时的中国社会，社区研究的视角众多，有的是从社会学的角度，有的是从文化学的角度，有的是从政治革命的角度等。

（二）20世纪后半叶，"共同体"理论的中国化发展

改革开放以前，作为社会学核心概念之一的"社区"一词在我国的学术研究中基本消失了，1958年至1978年这20年间，在高度集中的管理体制下，城市的单位制度、街居制度和农村的人民公社制度是这一时期我国社会结构的主要形式，社区在我国失去了存在的制度空间与社会空间，我国的社区研究基本中断，在这一历史时期我国的各类学术著作、报刊和会议文献中鲜见"社区"一词。改革开放以后，我国通过深化改革逐步确立了社会主义市场经济体制，在党和政府的领导和主导下开展了体制转轨和结构转型等一系列改革，人民公社制度被取消，单位制度逐步瓦解，社区开始有了生长发育的空间。社区研究在20世纪80年代开始复兴，经过改革开放以来的不断发展，日渐成为我国学术研究的一个热点领域，关于Community研究的各类文献大量涌现。1989年费孝通发表《中华民族的多元一体格局》一文，将其对"共同体"的研究从乡土中国视角转向"民族共同体"视角，认为中华民族共同体是在几千年的中华文明历史发展过程中形成的自在的民族实体，也是在近百年来的中国和西方列强对抗中出现的一个自觉的民族实体。② 也就是说，"中华民族共同体"是一个实体性、整体性的客观存在。关于"中华民族共同体"的研究逐渐丰富，学者们纷纷从中华民族或中华民族共同体是什么、从哪里来、如何发展壮大、具有什么样的特质等问题和角度来分析中华民族共同体。随着学术研究的逐步深化，

---

① 费孝通．江村经济：中国农民的生活［M］．北京：商务印书馆，2001：22.

② 费孝通．中华民族的多元一体格局［J］．北京大学学报（哲学社会科学版），1989，（04）：3-21.

中华民族共同体概念也逐渐被政治化，其功能发生了质的变化和扩展，从最初仅在学术领域使用的一个描述性概念，发展为一个在学术、新闻、教育、中国共产党民族工作等领域同时使用，且兼具描述性、规范性、反思性和批判性功能的概念。但在被政治化和成为新时代的基本概念后，它不但继续被学界进一步用于讨论上述问题，还被理论界运用于界定、阐释和宣传中华民族、中华各民族的内在关系等问题，被党和国家领导人及有关部门运用于指导新时代民族工作与民族政策的制订和调整。①

（三）新时代"共同体"理论的中国化创新与拓展

随着"铸牢中华民族共同体意识"和"构建人类命运共同体"等理念的提出，共同体理论在中国的研究进入了新的阶段。习近平总书记指出，铸牢中华民族共同体意识必须构建科学完备的中华民族共同体理论体系。党的十八大以来，中华民族大家庭、中华民族共同体、铸牢中华民族共同体意识、推进中华民族共同体建设等理念，形成了习近平总书记关于加强和改进民族工作的重要思想，为中华民族共同体理论体系构建提供了根本遵循。学者们围绕中华民族共同体理论构建，从中华民族共同体的内涵、特征、构建路径等方面展开深入讨论，旨在推动中华民族共同体的建设和发展。在国际关系领域，中国提出了人类命运共同体理念，这是对共同体理论的创新和发展，为全球治理提供了中国智慧和中国方案。人类命运共同体理念是中国共产党在深刻洞察世界发展大势和借鉴中国传统优秀政治文化思想的基础上提出的全球治理方案，这一理念强调各国间的相互依存和共同利益，主张通过和平、发展、合作、共赢的方式推动建设一个持久和平、普遍安全、共同繁荣、开放包容、清洁美丽的世界。

四、共同体理论与乡村治理

共同体理论在乡村治理中的应用主要体现在构建乡村治理共同体上，这是实现乡村善治的关键。共同体理论强调从共同福祉出发，增强乡村个体、农村关联组织等的共识，加强合作，形成相互关联、相互促进且关系稳定的乡村治理群体。共同体理论在乡村治理中的应用体现在构建乡村治理共同体上，这要求多元治理主体的参与、注入紧密的感情联系和相似的价值认同以及协同的行动参与。可以通过党建引领、利益联结、情感归属、多元主体参与等多种方式，构建组织、经济、社会等不同层面的乡村治理共同体，有效提升乡村治理水平，

---

① 杨须爱．"中华民族共同体"概念的主要理论渊源和政治化效应——基于马克思主义共同体思想中国化的考察［J］．西北民族研究，2023（01）：15-28.

推动乡村振兴的全面实现。一是通过党建引领促进乡村组织共同体建设。通过加强基层党组织建设，发挥党在乡村治理中的领导作用，可以有效凝聚各方力量，形成乡村治理的组织共同体。例如，贵州省 H 镇通过党建联合化，构建组织共同体，助推乡村组织振兴。① 这种模式不仅增强了村级组织的凝聚力，还促进了村民对村级事务的参与和认同。二是通过实现利益联结促进乡村经济共同体建设。可以通过促进乡村资源的聚合和成果的共享来实现乡村经济共同体建设。例如，湖南省祁阳市在落实乡村振兴战略中提出并推行"村为主"乡村治理工作法，强调村民自治，构建了以村为中心的治理共同体。这一模式通过产业一体化，构建利益共同体，助推乡村产业融合与生态振兴。② 三是通过强调情感归属促进乡村社会共同体建设。这可以通过提升乡村社会的公共精神和村民的情感认同来实现。在贵州省 H 镇的实践中，通过资源在地化，构建情感共同体，助推乡村人才回流与文化振兴。这种模式不仅增强了村民对村庄的归属感，还促进了乡村文化的传承和发展。四是通过吸纳多元主体参与促进乡村协同治理共同体建设。乡村治理共同体的构建强调多元主体的参与，包括政府、企业、社会组织、村民等，可以通过构建权责对等、激励相容的共同体机制，优化以科技为支撑的"三治融合"治理体系，可以形成有效的治理合力。例如，在祁阳市的实践中，村组、村民、政府、企业、新乡贤等主体通过不同纽带联结构成治理共同体，村庄在村域公共事务治理中处于中心地位。

第三节　协商民主理论

协商民主理论强调在公共事务治理和决策过程中增加公民参与的机会，能为乡村治理过程中充分发挥村民参与治理的主动性和积极性提供理论指导，在新时代我国完善乡村治理体系和推进治理能力现代化建设中具有重要地位和独特作用。

---

① 高榕蔚，董红．组织、利益与情感：治理共同体助推乡村全面振兴的实践路径——基于贵州省 H 镇的实证案例 [J]．西北农林科技大学学报（社会科学版），2024（03）：30-38.

② 刘俊生，陈璟．"村为中心"的乡村治理共同体：祁阳实践 [J]．行政论坛，2021（03）：76-86.

一、西方协商民主理论的兴起

协商民主（deliberative democracy）理论是 20 世纪 80 年代以来在西方逐渐获得复兴的一种民主理论。虽然复兴的时间不长，但是它已经获得了广泛的社会关注。有西方学者认为，到 20 世纪 90 年代晚期，协商民主已经成为大多数民主理论的核心。[①] 20 世纪 80 年代以来，西方学术界兴起的协商民主理论研究热潮并不是偶然的，它既是对民主理论传统的批判和继承，也是对当代西方社会现实挑战的回应。

（一）西方协商民主理论的兴起是对当代西方代议制民主缺陷的一种反思和回应

20 世纪后期，西方社会面临多元文化、社会复杂性和广泛不平等的挑战，部分发达国家社会矛盾不断积聚，西方学术界开始对代议制民主进行反思。学者们认为，代议制民主虽然在一定程度上实现了人民的选举权，但在决策过程中往往忽视了民众的广泛参与和意见表达，也存在决策透明度低等问题。代议制民主理论和制度之所以在现代西方社会中占主导地位，取决于其体现了民主的基本价值。但是，随着代议制的发展和现代政党制度的成型，现代民主制度安排中代表人民主权的国会，逐渐沦为国会多数党控制或驯服的工具，从而形成了国会为政党把持，而政党又被领袖或少数精英政治家所操纵的局面。因此，在政党政治的格局下，操纵政治国家的还是一部分精英人物，民主在很大程度上是虚化的，代议制民主的实践背离了人民主权的基本价值。主要表现在：一是尽管周期性选举可看作对被选举人的限制，但是代表在一段时期内扩展权力，使公民的声音在以公民的名义进行的决策中越来越不重要，人们开始不满政治代表的背景、利益、活动远离公民的生活和视线；二是政治上的边缘群体在政治决策程序中缺乏参与或"声音"，这意味着他们的利益和观点经常被排斥在程序外或得不到充分的表达；三是经济力量和影响的不对称性反映在政治领域中，减弱了作为代议制民主基础的政治平等原则，也减弱了社会选择机制（如投票）表现出的中立性；四是代议制民主中的社会选择机制不仅受到战略操纵的影响，而且把偏好看作固定不变的，不能认识到偏好是在制度背景下形成的；五是现存的政治代议机制并不是为了鼓励参与和检验偏好而设计的，它导致在全体选

[①] 约翰·S. 德雷泽克. 协商民主及其超越：自由与批判的视角 [M]. 丁开杰，等，译. 北京：中央编译出版社，2006：2.

民中道德和政治水平下降，以及导致对公共事务嘲讽态度的普及。① 协商民主理论被看作对代议民主制度和规范的缺陷的回应与挑战，因为协商民主增加了公民参与的机会。

（二）西方协商民主理论是对当代社会现实问题的思考与回应

20 世纪 80 年代中后期，部分发达国家经济陷入滞胀，市场经济的发展加剧了贫富悬殊和社会不平等，社会矛盾不断加剧，特别是多元文化社会中的深刻而持久的道德冲突，以及种族文化团体之间认知资源的不平等，导致多数人难以有效地参与公共决策。在全球化时代，那些由许多不同文化团体组成的社会中，由于普遍而频繁的文化交流，多元文化的政治特征更为明显。多元文化的发展加深了价值观和道德的分化，那些建立在种族、宗教、性别或语言身份上的不同文化团体要求其集体身份得到承认。资本、劳动力、技术和服务市场等的全球化以及诸如人权保护、打击犯罪和环境保护等一些全球性公共问题日益复杂化，使单一国家或组织有效适应和解决上述问题的难度加大。协商民主形式可以通过引入对话机制，在非制度化的公共领域，对当代社会由于全球化、复杂性、多元化、和不平等造成的难以在国家制度层面做出反应的问题，进行交流与合作，从而促进不同文化间相互理解，通过将经常受排斥的团体的声音纳入协商过程，证明多元文化国家的合法性。

二、西方协商民主理论的基本内容

协商民主最早从学术意义上提出是在 1980 年，当时美国克莱蒙特大学政治学教授约瑟夫·毕塞特（Joseph Bessette）在"协商民主：共和政府的多数原则"一文中首次使用"协商民主（deliberative democracy）"的概念，主张公民参与而反对精英主义的宪政解释。② 1987 年伯纳德·曼宁（Bernard Manin）在《政治理论》第 15 期上发表了《论合法性与政治协商》一文，1989 年乔舒亚·科恩（Joshua Cohen）发表了《协商与民主合法性》一文，从公民参与、合法性与决策等角度进一步丰富和发展了协商民主概念的内涵，从而真正赋予了协商

---

① 毛里希奥·帕瑟林·登特里维斯. 前言：作为公共协商的民主 [A]. 毛里希奥·帕瑟林·登特里维斯. 作为公共协商的民主：新的视角 [C]. 王英津，等，译. 北京：中央编译出版社，2006：18-20.
② 约瑟夫·毕塞特. 协商民主：共和政府的多数原则 [A]. 陈家刚，协商民主与政治发展 [C]. 北京：社会科学文献出版社，2011：35-50.

民主以动力。① 这两篇文章在协商民主理论的发展过程中属于奠基性的文章。②
此后，协商民主理论受到学者们越来越多的关注。

（一）协商民主的基本内涵

协商民主（deliberative democracy），汉语又译审议性民主、商议性民主。尽
管西方的协商民主论者对什么是协商民主有着不同的理解，但概括来说，有代
表性的协商民主概念可归为以下三种类型：一是将协商民主看作一种民主治理
形式。例如，古特曼和汤普森提出，作为一种治理形式的协商民主是指"自由
而平等的公民（及其代表）通过相互陈述理由的过程来证明决策的正当性，这
些理由必须是相互之间可以理解并接受的，协商的目标是做出决策，这些决策
在当前对所有公民都具有约束力，但它又是开放的，随时准备迎接未来的挑
战"③。瓦拉德兹（Jorge M. Valadeze）是从多元社会条件下把协商民主表述为
一种治理形式④，他认为协商民主是"一种具有巨大潜能的治理形式，它能够
有效回应文化间对话和多元文化社会认知的某些核心问题。它尤其强调对于公
共利益的责任、促进政治话语的相互理解、辨别所有政治意愿，以及支持那些
重视所有人需求与利益的具有集体约束力的政策"⑤。二是将协商民主看作一种
社团或组织形式。这种观点将协商民主看作静态的。库克提出："协商民主指的
是为政治生活中的理性讨论提供基本空间的民主政府。"⑥ 科恩认为："协商民
主意味着一种事务受其成员的公共协商所支配的社团。这种社团的价值将民主
本身视为一种基本的政治理想，而不仅仅是可以根据某方面的平等或公正价值
来解释的衍生性理想。"⑦ 同时，科恩提出协商民主的形式概念有五个特征：协
商民主是一个正在形成的、独立的社团；协商民主是一种多元联合；成员们共
享这样的观念：恰当的联合条件为他们的协商提供基本框架，同时，这些联合
条款也是这种协商的结果；成员将协商程序看成合法性的来源；社团成员承认

① 陈家刚. 协商民主研究在东西方的兴起与发展 [J]. 毛泽东邓小平理论研究，2008，
（07）：71-78+85.
② 谈火生，霍伟岸，何包钢. 协商民主的技术 [M]. 北京：社会科学文献出版社，2014：4.
③ 阿米·古特曼，丹尼斯·汤普森. 审议民主意味着什么 [A]. 谈火生. 审议民主 [C].
南京：江苏人民出版社，2007：7.
④ 卢瑾. 当代西方协商民主理论研究：现状与启示 [J]. 政治学研究，2008（05）：99-107.
⑤ 乔治·M. 瓦拉德兹，何莉. 协商民主 [J]. 马克思主义与现实，2004（03）：35-43.
⑥ 梅维·库克. 协商民主的五个观点 [A]. 陈家刚. 协商民主 [C]. 上海：上海三联书店，
2004：43-67.
⑦ 乔舒亚·科恩. 协商与民主合法性 [A]. 陈家刚，协商民主与政治发展 [C]. 北京：社
会科学文献出版社，2011：142-161.

其他人的协商能力。① 三是将协商民主看作一种决策方式。例如，戴维·米勒（David Miller）所说："当决策是通过公开讨论的程序而达致的，其中每个参与者都能自由发表意见并且愿意平等倾听和考虑不同观点，这个民主体制就是协商性质的。结果所达成的决定不是简单地反映参与者最优的利益或观点，而是考虑了各方观点后作出的判断，以及被用于解决分歧时使用的规则或程序。"② 约翰·德雷泽克教授分别于 2000 年和 2006 年在牛津大学出版社出版了《协商民主及其超越：自由与批判的视角》《全球协商政治》，集中探讨了超越自由主义和批判理论的协商民主理论，以及全球化背景下协商政治的发展。"现在，人们更多地认为，民主的本质是协商，而不是投票、利益聚合与宪法权利，甚或自治。民主走向协商，表明人民在持续关注着民主的真实性：在多大程度上，民主控制是实质性的而不是象征性的，而且公民有能力参与其中。"③

乔恩·埃尔斯特对众多学者们的定义进行了总结，认为学者们对协商民主内涵的理解虽各不相同，但都具有相同的突出核心，即协商民主就是通过自由而平等的公民之间的讨论进行决策。这种观念包括两方面的基本内容：第一，协商民主涉及集体决策，所有受此决策影响的人或其代表都应该参与这一过程，即决策是民主的；第二，涉及集体的决策都应该经过参与者之间的讨论、争论来进行，这些争论既来自参与者也面向参与者，参与者本身也都具备了理性和公正这样的品德，这是民主过程的协商部分。也就是说，协商民主明确包含着协商与民主两个部分。④ 杨（Iris Marion Young）则进一步将协商民主的核心特点归纳为四点：一是包容（inclusion），即所有受影响的公民都被包括在决策的过程中；二是政治平等（political equality），即所有受影响的公民享有平等的机会和权利来表达他们的想法和利益；三是合理（reasonableness），即参与者要有开放的胸怀和认真倾听的态度，愿意改变个人不合理的偏好；四是公开（publicity），即参与者要公开说明自己的利益和偏好。⑤

---

① 乔舒亚·科恩. 审议与民主的合法性［A］. 谈火生. 审议民主［C］. 南京：江苏人民出版社, 2007：173–189.
② 戴维·米勒. 协商民主不利于弱势群体?［A］. 毛里希奥·帕瑟林·登特里维斯. 作为公共协商的民主：新的视角［C］. 王英津, 等, 译. 北京：中央编译出版社, 2006：139–159.
③ 约翰·S·德雷泽克. 协商民主及其超越：自由与批判的视角［M］. 丁开杰, 等, 译. 北京：中央编译出版社, 2006：1.
④ Jon. Elster. Deliberative Democracy［M］. Cambridge：Cambridge University press, 1998：8.
⑤ Iris. Marion. Young. Inclusion and Democracy［M］. Oxford：Oxford University Press, 2000：3–9.

俞可平教授在《协商民主译丛》"总序"中简明扼要地概括了协商民主的内涵：协商民主就是公民通过自由而平等的对话、讨论、审议等方式，参与公共决策和政治生活。① 协商民主突破以往把民主限定在选举环节的理念，将民主扩展到决策过程，主张公民通过协商的方式，参与政府重大决策的制定。协商民主是协商主体在相互尊重、平等对待基础上的理性对话、诉求、辩论、利益平衡与相互妥协、达成共识并形成决策的过程，充分体现了引导人民、社会组织与不同利益的界别代表共同参与政治对话与政策议程的民主政治价值，也使整个政策制定过程、出台的各项政策具有了广泛共识基础上的合法性。

（二）协商民主理论的基本观点

1. 协商民主强调公民参与

协商民主主张相关利益主体应自由、平等地参与决策过程，并强调政府对公众的回应。协商民主强调的公民参与具有以下特点：一是与决策相关的所有利益主体的参与，强调参与主体的全面性和高度的包容性，打破了之前各种民主严格的资格条件限制，让所有利益相关者都能有自己的表述机会和话语平台；二是各利益主体自由、平等地参与。协商民主理论主张无论参与主体的经济、政治地位如何，其话语的影响力和受重视程度完全一致，不存在因为主体资格条件的差异而区别对待公众意见的现象，对所有政治参与主体完全一视同仁，平等对待。例如瓦拉德兹在论述协商的结果的合法性时强调，这种合法性"不仅仅出于多数的意愿，而且还基于集体的理性反思结果，这种反思是通过在政治上平等参与和尊重所有公民道德和实践关怀的政策确定活动而完成的"②。三是强调政府对公民参与的回应性。协商民主理论在强调公民参与的同时，更加注重政府与人民的互动，希望最大程度上消解公民和政府官员之间的权力界限，能够实现平等且具有决策回应的政府与人民的双向政治沟通。

2. 协商民主强调民主协商

协商民主主张规范民主协商程序和利益主体之间的辩论协商过程。协商的过程不仅保证了一项民主决策的合法地位，更重要的是，无论是温和的讨论还是激烈的辩论，协商的具体过程及其产生的最终结论能够最大程度上超越公民代表个人的利益，而体现绝大多数公民的集体利益与共同目标。因此，各个层级上的协商都是开阔决策思路和避免个体利益导向的有效方式。公共协商是协

---

① 俞可平. 协商民主译丛总序［A］. 毛里希奥·帕瑟林·登特里维斯. 作为公共协商的民主：新的视角［C］. 王英津，等，译. 北京：中央编译出版社，2006：1.

② 乔治·M. 瓦拉德兹，何莉. 协商民主［J］. 马克思主义与现实，2004（03）：35-43.

商民主理论的核心概念。公共协商是政治共同体成员参与公共讨论和批判性审视公共政策的过程，为的是发挥公众理性，并在理性基础上形成共识，以实现能够最大限度满足公民愿望的政策。协商民主理论在强调公民参与的基础上，提出必须建立规范化、制度化的协商程序保障公民自由、平等、有序地参与，保证公民的话语权得到应有的尊重。科恩认为，公共协商应符合特定的程序规范，如互惠、公开和负责，且以相互尊重为前提。科恩的模式，主张在协商民主的社团中，成员通过公共协商治理社团事务，而社团的政治讨论则围绕着对公共利益的多种认识进行。主张不压制分歧，允许在公共协商的讲坛上对公共利益的概念分歧进行讨论，以确保对所有参与者有最大限度的公正，这是科恩的理想协商程序。协商民主理论指导下建立的民主协商制度的最大特点在于它的辩论协商过程。协商民主强调各利益主体公开、理性、平等地进行话语辩论，力求得出能够全面、真实地整合、包容各方利益的决策结果，充分尊重所有相关者的利益。这种辩论协商机制正是协商民主的核心和程序民主的体现。

3. 协商民主强调赋予决策合法性

协商民主理论的最终目标与根本的价值诉求是通过民主协商最后得出科学、理性、合理、合法的决策结果，赋予决策合法性。协商民主具有合法性、公开性、责任性等特征。协商过程中的参与者是平等、自由、理性的，不存在任何具有超越其他公民利益的特殊成员利益的优先性。参与协商的过程不受强制力的约束，参与者在协商过程中的建议、争论等均必须提出充分的理由。民主协商程序保证决策过程中决策主体的平等和自由，赋予了决策过程合理性和科学性，通过满足公众的价值诉求，通过民主的辩论协商机制，使决策结果具有公平、公正、公开的特点，提高了公众对政府的信任程度，赋予了最终决策结果合法性。

三、协商民主理论在中国的传播

协商民主理论在中国的传播经历了一个由小众化到大众化、由初步引进到全面流行和制度化实践的过程。

（一）协商民主理论的初步引进

协商民主理论的在我国的初步引进是在 2001 年至 2006 年。2001 年，德国当代思想家哈贝马斯访华，做了"协商民主的三种规范"的演讲，让国内学术界开始知晓"协商政治"，由此促进了协商民主在中国的传播。俞可平教授和林尚立教授纷纷在 2003 年在报纸杂志上撰文引介和探讨协商民主的概念和要素。

从 2004 年开始，协商民主理论研究开始越来越多地进入国内学术视野。此时对协商民主予以关注的，主要是俞可平、林尚立、陈剩勇、黄卫平、燕继荣等少数学者，他们一方面对协商民主理论进行翻译介绍，另一方面则致力于考察协商民主在中国的适用性。基于对中国的民主政治价值取向和政治现实的分析，林尚立和陈剩勇都主张协商民主将是中国民主政治实践与发展的较好选择。林尚立认为，从中国民主发展所面临的实际挑战和现实条件来看，中国民主政治发展从民主的程序与过程入手更为有效。不论在理论上还是在实践上，协商民主都为实现一元领导与多元参与在民主法治框架下的有机统一提供了可能。具体而言，林尚立从两个方面对此展开了细致的分析。一是就中国民主政治发展的程序价值选择背景而言，林尚立认为，中国民主政治发展强调的是民主的效率，而不主张政治多元化。所以，代议制民主在中国民主政治的价值偏好选择上不可能成为首选价值偏好，未来中国民主政治建设中民主程序的价值偏好就很自然地趋向于协商性民主。二是就程序价值偏好选择的技术过程分析而言，林尚立认为，中国传统的"和""合"政治文化与现实的政党制度、政治协商制度相结合，使中国民主政治发展取向于协商政治有着深厚的政治资源作为支撑。这个选择在技术上是可行的，实施成本也可能较低。① 通过对民主手段和民主过程认识的扩展，燕继荣认为协商民主对中国的民主化发展可能更有价值，因为协商民主反对把自由选举看作民主的唯一标志，而是把决策过程的大众参与作为民主的价值追求，强调决策过程的开放性和参与性以及不同利益群体在决策过程中的平等协商②，这就扩展了对于民主的认识，让人们不再把民主建设的目光仅仅盯在自由选举的环节上，而把公民社会的培育和基于多元社会之上的协商制度的创新引入了民主化建设的轨道。朱勤军则以民主政治发展的现实可能性为视角，通过对中国经济、社会、文化、科技等现实基础的分析，认为协商民主在中国的实行具有现实的必要性和可行性。③

这一时期对协商民主理论的引介和探讨形式主要有以下几种：一是学术杂志开设专栏来引介和探讨协商民主理论，如《马克思主义与现实》2004 年开辟了"协商民主专题"等。二是各种研究课题设置、专著出版规划和学术研讨等相继关注这一热点话域。例如 2004—2005 年，中央编译局 2004—2005 年立项社科基金课题"当代西方协商民主理论研究"（课题批准号：04B03），2005 年国

①　林尚立. 协商政治：对中国民主政治发展的一种思考［J］. 学术月刊, 2003（04）：19-25.

②　燕继荣. 协商民主的价值和意义［J］. 科学社会主义, 2006（06）：28-31.

③　朱勤军. 中国政治文明建设中的协商民主探析［J］. 政治学研究, 2004（03）：58-67.

家社会科学基金立项青年项目"协商民主与当代中国的政治实践"（课题批准号：05CZZ006）。上海三联书店 2004 年出版了《协商民主》文集；2005 年，国家新闻出版署将俞可平教授主编、中央编译出版社计划出版的"协商民主译丛"列为国家"十一五"重点图书出版；2006 年，中国社会科学出版社出版了浙江大学协商民主国际学术研讨会的论文集——《协商民主的发展》。三是以协商民主理论为主题的学术研讨会相继举行，如浙江大学于 2004 年 11 月举办的"协商民主国际研讨会"，复旦大学于 2007 年 7 月举办的"选举与协商：中国民主政治的发展路径"，以及台湾地区的学术研讨会。相关大学和研究机构还经常举办围绕协商民主的小型学术沙龙等。四是协商民主理论的相关研究机构纷纷成立。2006 年 12 月，"中国人民政协理论研究会"成立，并举行了第一次理论研讨会。地方各省市政协理论研究会相继成立，为深入研究人民政协理论与实践、协商民主理论与实践提供了坚实的平台。①

（二）协商民主理论在中国的全面系统研究与创新

2006 年后，中国学界开始加大了对协商民主的研究，并在 2015 年前后掀起了一个"小高潮"。随着中央编译局俞可平、陈家刚等编译引进的"协商民主译丛"第一套以及陈剩勇、何包钢主编的《协商民主的发展：协商民主理论与中国地方民主国际学术研讨会论文集》的出版，协商民主理论在我国的影响迅速扩大。同年，中共中央《关于加强人民政协工作的意见》对于"选举""协商"两种民主形式的提出与肯定，协商民主理论得到了更广泛的传播和接受。从研究内容看，除介绍西方协商民主理论外，这一时期我国学者对协商民主的研究主要聚焦于以下四个议题。一是中国协商民主发展的历程。有学者对中华人民共和国成立 70 多年来协商民主理论发展和制度创新进行了梳理，重点关注了作为人类政治文明史上重大创新成果的中国共产党领导的多党合作和政治协商制度；② 有学者对改革开放 40 余年来协商民主的发展历程做出分析，指出中国在这一历史时期构建了比较完备的协商民主体系，形成了习近平总书记关于加强和改进人民政协工作的重要思想；③ 有学者从国家政治、基层社会两个层面对中国协商民主的发展历程进行了回顾，就实行和发展协商民主的基本经验展开了

① 陈家刚. 协商民主研究在东西方的兴起与发展［A］.陈家刚，协商民主与政治发展［C］.北京：社会科学文献出版社，2011：1-31.
② 李军鹏. 70 年协商民主理论发展和制度创新［J］.人民论坛，2019（27）：34-36.
③ 高益言. 在探索中不断发展的社会主义协商民主［J］.紫光阁，2018（10）：54-55.

讨论。① 二是具体类别协商民主的实践和理论创新，多数成果集中在基层协商民主研究领域。有学者考察了浙江省温岭市的民主恳谈，发现中国基层群众在实践中创造出一种"混合式代表机制"，从而实现了将选举和选择、精英和大众、代理和委托代表模式统合起来的目标；② 有学者以公民参与权利和公民参与权力为核心概念，将基层协商民主划分为四种类型，提出基层党政部门应该因应社会治理实际状况来强化"两权耦合"意识，增强公民的参与活力和参与效能；③ 有学者认为，中国农村具备发展基层协商民主的物质基础、社会发展动力等前提条件，阐释了农村协商民主的边界、范畴、价值和意义，并提出未来推进农村协商民主需在加强培养具有现代意识的乡村干部等方面下功夫。④ 此外，还有学者关注了数字协商民主，认为数字协商民主激发了协商民主的想象⑤，有学者认为数字协商民主"正形成一种新型民主形态，与传统民主在主体、成本、技术、空间、实践形式以及社会关注度等方面已存在质的区别"⑥。有学者认为，以大数据、人工智能、区块链等信息技术的发展为技术基础的数智协商民主，从全链条角度畅通了全过程人民民主的传导渠道，从全方位角度拓展了全过程人民民主的参与空间，从全覆盖角度提升了全过程人民民主的治理效度，是全过程人民民主的新形态。⑦ 学者们围绕着数字协商民主的战略价值、实践路径、潜在风险及其规避等展开了讨论，阐释了其与传统协商民主的区别、变迁与内在联系，并从"拓宽协商环境、创新协商媒介、扩大协商参与、优化协商表达、整合协商意见"等方面做出比较，丰富了数字协商民主的实践意义。在研究逻辑上，从社会形态演化与数字政府、民意形态变迁、制度规范与技术选择等视角拓宽了数字协商民主的分析维度。⑧ 三是关于协商民主的一般理论。有学者认

① 王金豹．建国以来社会主义协商民主的回顾与展望［J］．特区实践与理论，2021（03）：113-117.

② 谈火生．混合式代表机制：中国基层协商的制度创新［J］．浙江社会科学，2018（12）：35-42+156.

③ 董石桃．基层协商民主中公民参与模式的理论模型与实践样态［J］．探索，2019（04）：64-75+2.

④ 赵秀玲．协商民主与中国农村治理现代化［J］．清华大学学报（哲学社会科学版），2016（01）：40-52+189.

⑤ 陈家刚．数字协商民主：认知边界、行政价值与实践空间［J］．中国行政管理，2022（01）：26-32.

⑥ 汪波．信息时代数字协商民主的重塑［J］．社会科学战线，2020（2）：198-203.

⑦ 郭一宁．数智协商民主：全过程人民民主的新形态［J］．探索，2023（01）：66-77.

⑧ 宋雄伟，廖令剑．论数字协商民主的概念与特质——基于"情境—结构—行动者"的分析维度［J］．中国行政管理，2024（08）：118-128.

为，协商民主具备科学性、革命性、实践性、人民性和发展性基础，呈现马克思主义理论特征，故而发展协商民主是实现"中国之治"的有效路径；① 有学者认为，多元文化现实、社会发育良好、公开利用理性是协商民主的要素②，协商民主具有扩大公民参与渠道、推动利益表达沟通等多重比较优势，从代议民主到协商民主是民主自身发展的内在逻辑，以及现代民主政治发展的必然趋势；③ 有课题组尝试阐释中国特色协商文化的历史文化渊源和基本内涵，认为中国协商文化具有科学的理论指导、独特的中国精神、鲜明的实践品格等鲜明特征。④ 四是研究阐释习近平总书记关于社会主义协商民主的重要论述。党的十八大报告提出"社会主义协商民主是我国人民民主的重要形式"的论断，正式确立了社会主义协商民主理论，把协商民主从一种民主形式上升为重要的国家制度形式，成为社会主义制度和国家政治体制的重要组成部分。党的十九大进一步丰富了协商民主的具体形式，将其列举为政党协商、人大协商、政府协商、政协协商、人民团体协商、基层协商、社会组织协商七种主要形式。在庆祝中国人民政治协商会议成立 75 周年大会上，习近平总书记的重要讲话深刻指出，协商民主是全过程人民民主的重要组成部分，是我国社会主义民主政治的特有形式和独特优势，是党的群众路线在政治领域的重要体现。习近平总书记深刻论述了社会主义协商民主的"文化基础、理论基础、实践基础、制度基础"，认为加强协商民主建设有利于扩大公民有序政治参与、更好实现人民当家做主的权利，有利于促进科学民主决策、推进国家治理体系和治理能力现代化，有利于化解矛盾冲突、促进社会和谐稳定，有利于保持党同人民群众的血肉联系、巩固和扩大党的执政基础，有利于发挥我国政治制度优越性，增强中国特色社会主义道路自信、理论自信、制度自信。习近平总书记关于社会主义协商民主的一系列重要论述，丰富和发展了协商民主理论，是习近平新时代中国特色社会主义思想的重要组成部分。有学者从五个方面总结了习近平总书记关于中国特色社会主义协商民主的本质特征：协商主体多元化、协商领域和内容广泛化、

① 齐晓光. 协商民主："中国之治"的有效路径——基于马克思主义理论特征视角 [J]. 决策探索（下），2021（08）：11-12.
② 陈家刚. 多元主义、公民社会与理性：协商民主要素分析 [J]. 天津行政学院学报，2008（04）：31-37.
③ 陈家刚. 中国协商民主的比较优势 [J]. 新视野，2014（01）：20-26.
④ 中国特色协商文化研究课题组. 中国特色协商文化研究 [J]. 中国政协理论研究，2021（01）：22-29.

协商过程深度化、协商工作常态化制度化，以及协商结果落地化。①

（三）协商民主理论的制度化体现与完善

协商民主在中国的传播和发展，不仅丰富了中国的民主理论，也为中国的民主政治实践提供了新的思路。同时，中国也在结合具体国情的基础上，进行了大量协商民主的实践和探索，打造出中国特色的协商民主制度体系。民主协商在中国各个层级、各个领域得以常态化展开，具有完备的制度支撑。早在1987年10月，中国共产党第十三次全国代表大会就提出建立社会协商对话制度的目标和要求，将"多党合作"和"政治协商"概括为"共产党领导下的多党合作和政治协商制度"；1989年12月，《中共中央关于坚持和完善中国共产党领导的多党合作和政治协商制度的意见》发表；1993年，"中国共产党领导的多党合作和政治协商制度将长期存在和发展"载入宪法；2005年3月，中共中央发布《关于进一步加强中国共产党领导的多党合作和政治协商制度建设的意见》；2015年12月，中共中央办公厅印发《关于加强政党协商的实施意见》。中国共产党第十八次全国代表大会以来，协商民主制度化建设的力度得到进一步加强。2013年11月，中国共产党第十八届中央委员会第三次全体会议做出把推进协商民主广泛多层制度化发展作为政治体制改革重要内容的决定。2015年则堪称协商民主的"黄金年"，《关于加强社会主义协商民主建设的意见》《关于加强城乡社区协商的意见》《关于加强政党协商的实施意见》《关于加强人民政协协商民主建设的实施意见》均在当年发布。这些重要文件为相关协商主体开展协商工作提供了行动指南，标志着中国协商民主在制度化建设和常态化开展方面迈出新的坚实步伐。党的十九大报告中列举出政党协商、人大协商、政府协商、政协协商、人民团体协商、基层协商、社会组织协商七种主要的协商民主形式。协商民主理论在中国的发展，经历了从理论到实践的深入探索，形成了具有中国特色的社会主义协商民主理论和制度体系，成为促进中国经济健康发展、社会和谐稳定和人民生活改善的重要制度安排。当前，我国正处在实现中华民族伟大复兴的关键时期，必须坚持改革创新，进一步完善协商民主制度，推进国家治理体系和治理能力现代化。

四、协商民主理论与乡村治理

全面发展协商民主和全面推进乡村振兴是党的二十大做出的重要发展举措

---

① 王红艳. 中国协商民主为什么真？——以标准、条件和效能为视角的分析［J］. 政治学研究，2022（02）：92-102+170.

和战略任务。协商民主是实现中国式乡村治理现代化的重要形式，以协商民主促进乡村治理创新有利于弥合基层治理中"民主"与"有效"之间的张力。① 过去在以村民自治为导向的农村治理过程中已经蕴含着民主协商的因素，诸如村民会议、村民代表会议等民主活动中都有协商、议事的形式与环节，但这种协商或议事活动并没有制度化。很多乡村在自治过程中较为注重民主选举，在一定程度上对民主协商重视不够，协商民主与乡村治理的融合不到位，协商民主仅仅作为弥补农村选举民主弊端的一种补充性治理手段而存在。而一些地方乡村协商民主在基层政府推动下蓬勃发展，形成了诸如浙江象山村民说事、四川村民议事会、广西屯级"一组两会"议事等典型案例，但总体上看，协商民主在乡村治理中的重要地位有待进一步突出，协商民主制度与既有治理制度的衔接有待加强，协商民主的制度优势向治理效能转化有待进一步彰显。② 乡村治理现代化是国家治理现代化的重要基础，离不开协商民主在乡村社会的有效运行。将协商民主嵌入乡村治理，持续为乡村治理提供动能，是推进农村治理体系和治理能力现代化的重要举措。③ 在乡村社会全面发展协商民主，意味着既要扩大协商民主在乡村治理中的适用范围，又要深化协商民主与乡村治理之间的有效融合。将协商民主理论应用于乡村治理实践之中，可以采取底层试点与顶层设计相结合的思路。底层试点主要是一些农村地区在治理中先行探索的协商实践，例如温岭市民主恳谈会、云浮市乡贤理事会、秭归县"村落自治"、贵港市"一组两会"协商自治、溧阳市"百姓议事堂"等实践就是在没有中央顶层设计的情况下，由农村基层干部和群众进行的协商实践探索。这些来自底层的协商试点和实践为协商民主顶层设计积累了经验。④ 党的十八大报告从顶层设计的角度明确提出要"积极开展基层民主协商"，随后党中央和国务院先后制定和出台了《关于加强社会主义协商民主建设的意见》《关于加强城乡社区协商的意见》等文件。这些文件为在全国各地推广和发展协商民主提供了政策支撑，为协商民主制度嵌入既有的村民自治制度和农村治理环境之中奠定了制度基础。

将协商民主理论应用于乡村治理体系可以从三个层面着手：一是乡村治理

① 吴永江，李志. 以协商民主促进乡村治理可持续创新的强化机制与实践进路 [J]. 西南民族大学学报（人文社会科学版），2024（04）：190-199.

② 王炳权，岳林琳. 基层协商民主的制度优势转化为治理效能的现实路径 [J]. 理论与改革，2020（1）：77-87.

③ 侣传振. 嵌入式治理：协商民主推进乡村治理有效的内在机理——以浙南 H 村"百家合议会"实践为例 [J]. 湖南农业大学学报（社会科学版），2024（02）：38-48.

④ 张等文，郭雨佳. 乡村振兴进程中协商民主嵌入乡村治理的内在机理与路径选择 [J]. 政治学研究，2020（02）：104-115+128.

过程中协商民主理论的制度嵌入，是指从嵌入内容、嵌入方式和嵌入环境三个方面将协商民主制度嵌入乡村治理体系之中。嵌入内容是指在乡村治理过程中逐渐健全和完善协商民主的制度设计，从中央关于协商民主制度的顶层设计到省、市党委和政府关于协商民主的中观规划，再到县、乡党组织和政府从微观角度制定的农村协商民主实施细则，这些都是协商民主嵌入乡村治理体系不可或缺的内容。嵌入方式是指通过在农村治理中进行协商制度实验的方法，不断总结协商民主实践经验，并根据治理环境的变化进行制度创新，将协商制度中不合时宜、不合环境的因素及时剔除，不断完善协商民主制度体系和内容，避免在制度运行过程中出现协商程序僵化等现象，使协商民主制度适应乡村治理现代化面临的新挑战、新要求和新任务。嵌入环境是农村协商主体将协商民主嵌入既有的制度环境，使协商制度能够适应治理环境。二是乡村治理过程中协商民主理论的行动嵌入，是指农村协商主体在乡村治理中落实和实施协商民主制度，通过制度实践对协商民主更加了解，充分熟悉协商规则，在协商的过程中不断锻炼个人的表达能力、思维能力和理解能力，促进协商民主在乡村治理中被广泛应用，使协商民主制度在农村落地生根。三是乡村治理过程中协商民主理论的认知嵌入，是协商民主的价值、规范、理念逐渐嵌入协商主体的认知中，使协商民主制度在治理实践中逐渐获得农村基层干部和群众的认可，并逐渐内化为他们的行为自觉。认知嵌入可以从制度认识、制度认可和制度自觉三个方面强化。制度认识是农村基层干部和民众在乡村治理过程中从不了解协商民主到逐渐了解协商制度的内容、程序和规则，通过大众媒体宣传、学习培训、实践锻炼等渠道"培育和提升广大农村基层干部和农民群众的平等、包容、互惠、责任、规范等意识和公共观念"①。制度认可是村民在不断进行协商实践的过程中，逐渐接受和认可协商民主制度，并主动学习如何利用协商制度解决治理难题。制度自觉是农村基层干部和村民在治理过程中自觉遵守协商制度规定，在遇到矛盾纠纷时会自觉采用协商方法，在日常政治生活中将协商民主制度具有的理解、包容、平等、和谐精神内化为行动准则。协商民主嵌入协商主体认知的过程，既是协商主体对协商民主制度认同日益深化的过程，也是协商民主有效融入乡村治理的过程。

---

① 杨弘，郭雨佳. 农村基层协商民主制度化发展的困境与对策——以农村一事一议制度完善为视角［J］. 政治学研究，2015（06）：20-27.

第四节　创新理论

一、创新理论的兴起

创新理论的兴起与 20 世纪以来的经济、技术、社会变革密切相关。

（一）创新理论兴起的经济因素——经济发展的要求

创新理论的兴起顺应了经济发展的要求。随着工业化进程的深入，经济学家开始关注技术进步对经济发展的作用。资本主义经济的快速发展和变革时期，传统的生产要素（如土地、劳动和资本）的边际效益递减，使得单纯依靠这些要素投入的增长模式难以为继。传统的经济理论难以解释经济增长和发展中的一些新现象，如技术进步对经济的推动作用等，需要新的理论来阐释经济发展的内在动力和机制。因此，寻找新的经济增长源泉成为当时经济学界的重要议题。20 世纪初席卷欧美国家的经济大萧条（1929—1933 年）更是使人们深刻意识到，单纯依赖资本和劳动力的传统经济增长模式存在局限性。对经济危机的反思促使经济学家们开始将创新视为突破经济停滞、实现长期增长的关键，将技术创新作为经济增长的核心动力。

（二）创新理论兴起的科技因素——科技进步与产业变革的助推

创新理论的兴起得益于工业革命和技术革命的助推。特别是第一次工业革命，机械的创造和使用让人类生产的动力产生质的飞跃，英国作为机械时代的先行者，在近代历史上脱颖而出，国力雄踞全球。这显示了技术创新对经济发展的巨大推动作用，为后来的创新理论提供了实践基础。20 世纪 60 年代，新技术革命迅猛发展，使得技术创新在创新活动中的地位日益重要。美国经济学家华尔特·罗斯托提出了"起飞"六阶段理论，进一步强调了技术创新在经济发展中的主导作用。工业革命的深入和科学技术的飞速发展，使得新的生产方式、新的产品和新的市场不断涌现。随后，信息技术、生物技术、新材料等领域的快速发展进一步凸显了技术创新的重要性。科技进步带来的大量的技术创新和发明在生产领域的应用极大地改变了生产方式和经济结构，促进生产力的巨大提升，促使人们开始关注技术创新与经济发展之间的关系。随着全球化进程的加快，企业面临日益激烈的市场竞争。企业家们开始意识到，通过创新可以获取竞争优势，实现企业的持续发展。为了保持竞争优势，企业不得不通过创新来开发新产品、优化生产流程和开拓新市场。

（三）创新理论兴起的社会因素——社会变革与知识经济的崛起

信息技术推动下知识社会的形成及其对创新的影响进一步被认识，知识取代资本和劳动力成为最重要的生产要素，创新成为知识经济的核心驱动力。创新被认为是各创新主体、创新要素交互复杂作用下的一种复杂涌现现象。这使得创新理论得到了学术界和政策制定者们更广泛的关注和深入的研究，形成了如"新熊彼特主义"和"泛熊彼特主义"等新的理论流派，推动了对创新理论的深入系统研究。随着人口增长、资源短缺、环境污染等全球性问题的加剧，对创新的需求不再局限于经济领域，而是延伸到如可持续发展、公共卫生、生态保护等各种社会问题的解决之中。

（四）创新理论兴起的政策因素——国家与区域发展的需求

20 世纪末以来，全球化进程加速，国际竞争与合作日益紧密，各国政府逐渐认识到创新对国家竞争力的重要性。创新成为国家、企业和区域在全球竞争中取得优势的关键，美国、日本、欧洲等发达经济体通过制定科技政策、加大研发投入来推动创新。区域经济发展的不平衡也促使学者们关注创新的区域化问题。创新活动往往集中在某些特定区域（如硅谷、波士顿等），这些区域形成了独特的创新生态系统。跨国公司在全球范围内布局研发中心，形成了全球创新网络。面对各种创新需求，各国政府不断地完善创新政策，优化创新系统的顶层设计。

二、创新理论的基本内容

最早把"创新"概念引入理论研究领域的学者是美籍奥地利经济学家约瑟夫·熊彼特（Joseph Alois Schumpeter，1883—1950）。1912 年，约瑟夫·熊彼特在其德文版《经济发展理论》一书中第一次明确地提出"创新"思想，第一次明确地提出以创新为核心的经济发展理论，之后相继在《经济周期》（1939）和《资本主义、社会主义和民主主义》（1942）等著作中加以完善，形成了系统的熊彼特创新理论体系。由于熊彼特在创新理论研究方面的开拓性贡献，学界一般尊其为"创新之父"。

（一）创新的内涵

熊彼特认为，所谓"创新"其实就是创造一种新的生产函数，熊彼特在《经济发展理论》中做了详细的说明："生产意味着把我们所能支配的原材料和力量组合起来，生产其他东西，或者用不同方法生产相同的东西，意味着以不同方式把这些原材料和力量结合起来。"这个概念主要包括以下五种情况：

"（1）采用一种新的产品——也就是消费者还不熟悉的产品——或一种产品的一种新的特性。（2）采用一种新的生产方法，也就是在有关的制造部门中尚未通过经验检定的方法，这种新的方法绝不需要建立在科学上新的发现的基础之上；并且，也可以存在于商业上处理一种产品的新的方式之中。（3）开辟一个新的市场，也就是有关国家的某一制造部门以前不曾进入的市场，并不管这个市场以前是不是存在。（4）掠取或控制原材料或半制成品的一种新的供应来源，也不问这种来源是已经存在的，还是第一次创造出来的。（5）实现任何一种工业的新组织，比如创造一种垄断地位或打破一种垄断地位。"[①] 简言之，创新就是企业家利用一种新产品、新方法、新市场、新原料和新组织等来创造一种新的组合方式，建立一种新的生产函数，促进经济不断发展前进。

管理学研究从更为宽泛的角度定义了创新概念。德鲁克认为，创新其实就是赋予资源以新的创造财富的能力的行为。他认为创新方式共有两种：一种是技术创新，这种创新的目的是为某种自然物找到在自然界中新的应用方式，并以此实现新的经济价值。另外一种是社会创新，主要是从社会管理和资源配置方式入手，为经济社会发展找到一种更为有效的管理和分配方式，以此实现经济价值和社会价值的最大化。[②]

（二）熊彼特创新理论的主要观点

1. 创新是生产过程中内生的

熊彼特说："我们所指的'发展'只是经济生活中并非从外部强加于它的，而是从内部自行发生的变化。"尽管投入的资本和劳动力数量的变化能够导致经济生活的变化，但这并不是唯一的经济变化；还有另一种经济变化，它是不能用从外部加于数据的影响来说明的，它是从体系内部发生的。这种变化是那么多的重要经济现象的原因，所以，为它建立一种理论似乎是值得的。这种另一种经济变化就是"创新"。

2. 创新是一种"革命性"变化

熊彼特曾做过这样一个形象的比喻：你不管把多大数量的驿路马车或邮车连续相加，也决不能得到一条铁路。"而恰恰就是这种'革命性'变化的发生，才是我们要涉及的问题，也就是在一种非常狭窄和正式的意义上的经济发展的问题。"这就充分强调创新的突发性和间断性的特点，主张对经济发展进行"动

---

① 约瑟夫·熊彼特. 熊彼特经济学全集 [M]. 李慧泉，刘霈，译. 北京：台海出版社，2018：48-49.

② 彼得·德鲁克. 创新与企业家精神 [M]. 蔡文燕，译. 北京：机械工业出版社，2009：29.

态"性分析研究。

3. 创新同时意味着毁灭

一般说来，"新组合并不一定要由控制创新过程所代替的生产或商业过程的同一批人去执行"，即并不是驿路马车的所有者去建筑铁路，而恰恰相反，铁路的建筑意味着对驿路马车的否定。所以，在竞争性的经济生活中，新组合意味着对旧组织通过竞争而加以消灭，尽管消灭的方式不同。如在完全竞争状态下的创新和毁灭往往发生在两个不同的经济实体之间；而随着经济的发展，经济实体的扩大，创新更多地转化为一种经济实体内部的自我更新。

4. 创新必须能够创造出新的价值

熊彼特认为，先有发明，后有创新；发明是新工具或新方法的发现，而创新是新工具或新方法的应用。"只要发明还没有得到实际上的应用，那么在经济上就是不起作用的。"因为新工具或新方法的使用在经济发展中起到作用，最重要的含义就是能够创造出新的价值。把发明与创新割裂开来，有其理论自身的缺陷；但强调创新是新工具或新方法的应用，必须产生出新的经济价值，这对于创新理论的研究具有重要的意义。所以，这个思想为此后诸多研究创新理论的学者所继承。

5. 创新是经济发展的本质规定

熊彼特力图引入创新概念以便从机制上解释经济发展。他认为，可以把经济区分为"增长"与"发展"两种情况。所谓经济增长，如果是由人口和资本的增长所导致的，并不能称作发展。"因为它没有产生在质上是新的现象，而只有同一种适应过程，像在自然数据中的变化一样。""我们所意指的发展是一种特殊的现象，同我们在循环流转中或走向均衡的趋势中可能观察到的完全不同。它是流转渠道中的自发的和间断的变化，是对均衡的干扰，它永远在改变和代替以前存在的均衡状态。我们的发展理论，只不过是对这种现象和伴随它的过程的论述。"所以，"我们所说的发展，可以定义为执行新的组合"。这就是说，发展是经济循环流转过程的中断，也就是实现了创新，创新是发展的本质规定。

6. 创新的主体是"企业家"

熊彼特把"新组合"的实现称之为"企业"，那么以实现这种"新组合"为职业的人们便是"企业家"。因此，企业家的核心职能不是经营或管理，而是看其是否能够执行这种"新组合"。这个核心职能又把真正的企业家活动与其他活动区别开来。每个企业家只有当其实际上实现了某种"新组合"时才是一个名副其实的企业家。这就使得"充当一个企业家并不是一种职业，一般说也不是一种持久的状况，所以企业家并不形成一个从专门意义上讲的社会阶级"。熊彼特对企业家的这种独特的界定，其目的在于突出创新的特殊性，说明创新活动的特殊价值。但是，以能否实际实现某种"新组合"作为企业家的内在规定性，这就过于强调企业家的动态性，这不仅给研究创新主体问题带来困难，而且在实际生活过程中也很难把握。

虽然熊彼特的创新理论在提出之初，并没有受到学术界的认同和关注，被忽视和冷落了很长一段时间，但"新熊彼特学派"的一批学者对熊彼特思想进行不同角度的分析和解读，使熊彼特创新理论得到进一步发展。① 后来的学者在熊彼特创新理论的基础上进行了拓展和深化，从技术创新、制度创新、管理创新等多个角度进一步丰富了创新理论的内涵。

三、创新理论在中国的传播

创新理论的中国化发展与传播是一个逐步深化的过程，既受到国际创新理论的影响，也与中国自身的经济发展、政策导向和文化背景密切相关。虽然熊彼特创新学说在1949年前已传至中国，但是直到1978年改革开放之后，创新理论才在中国逐渐受到重视和关注。

（一）创新理论的引介与传播

1978年的改革开放和全国科学大会召开，为中国的创新实践与理论研究播下了春天的种子。中国学者开始引入国际创新理论，如熊彼特的创新理论、技术创新理论、国家创新系统理论等，并结合中国实际进行初步研究。对熊彼特创新理论的介绍，较早见于许涤新1980年主编的《政治经济学辞典》、唐岳驹1981年发表于《世界经济》的《熊彼特和他的创新理论》等。熊彼特的经典代表著作《资本主义、社会主义和民主主义》于1979年出版了中译版，其《经济发展理论》的中译版于1990年出版。中国学者扎根中国改革发展与企业创新探索实践，针对中国企业创新经历的新问题、新挑战和新发现，积极探索中国本土化技术创新范式，先后提出、发展和应用了自主创新、全面创新、协同创新、整合式创新、负责任创新、有意义的创新、国家创新体系、区域创新等扎根中国创新实践的原创性创新范式。② 清华大学经济管理学院的傅家骥教授是我国技术经济和技术创新理论的早期开拓者之一，主要以技术创新、技术经济等为研

---

① 刘志迎，朱清钰. 创新认知：西方经典创新理论发展历程［J］. 科学学研究，2022（09）：1678-1690.

② 尹西明，李楠，陈万思，等. 新中国70年技术创新研究知识图谱分析与展望［J］. 科学学与科学技术管理，2019（12）：19-34.

究方向，在介绍西方技术创新理论的基础上创造性地提出了基于中国国情的技术创新理论，此后国内学者围绕技术创新形成多视角的研究，例如吴贵生、陈京民、乐婉华、项保华、白春礼、肖希明、陈劲等研究者纷纷撰文对模仿性创新、原始性创新、持续性创新、破坏性创新、社会创新、用户创新等不同的创新范式进行介绍研究。例如技术创新与知识管理、人力资源管理的关系，企业技术创新与风险投资、知识创新、制度创新关系，企业战略管理、高新技术企业、产业集群、制造业的创新能力，技术创新能力评价，公司治理与资本市场的关系，科技创新的评价，企业的管理模式与企业绩效，企业信息化与科研管理的关系等。中国政府逐步认识到科技创新的重要性，开始制定相关政策，如"863 计划"（1986 年）和"火炬计划"（1988 年），推动高新技术产业的发展。

（二）创新理论在中国的本土化与原创发展

对国外提出的创新理论，学者们并非简单引进和直接应用，而是基于中国情境，对引进的创新范式进行选择性吸收和本土化应用，并经中国实践后提炼出中国的原创性理论。技术追赶成为中国学者较早进行创新问题研究的切入点。学者们主要从中国技术学习路径、技术轨道、技术扩散、企业能力演化等角度，探讨中国作为后发国与先进国之间的技术差距以及通过创新进行赶超的路径。[①] 例如，相对于模仿创新模式，试图解决关键及核心技术自主知识产权缺乏、产业技术"空心化"等问题，国内学者提出自主创新（indigenous innovation）模式。自主创新是通过原始性创新能力、集成创新能力和引进消化吸收能力的提升，来获得自主知识产权，进而提高国家竞争力的一种创新活动。[②] 学者们在对日本著名知识创新管理专家野中郁次郎的知识转化经典 SECI 模型的学习引介的同时，结合中国实践进行本土化改良与重构。[③] 在面对中国特殊的发展情境下，不管是引进国外的创新范式，还是发展中国原创性的创新范式，单一的创新范式在解决中国企业创新过程中面临的复杂现实问题都存在不足。因而，将不同的创新范式进行融合以有效解决中国创新问题成为中国学者研究创新范式的趋势，中国学者结合中国国情，提出了具有中国特色的创新理论。例如，研究中国企业的创新模式、政府在创新中的作用以及中国独特的产学研合作机制。柳卸林、胡志坚等中国科技发展战略研究小组的成员从 2000 年开始研究中国的区域创新能力，其目的是从创新的角度，发现中国区域经济增长多样性以及经济快速增

① 安同良，魏婕．中国式创新：技术赶超的成功范式 [J].学海，2024（01）：5-18+213.
② 陈劲．从技术引进到自主创新的学习模式 [J].科研管理，1994（02）：32-34+31.
③ 耿新．知识创造的 IDE-SECI 模型——对野中郁次郎"自我超越"模型的一个扩展 [J].南开管理评论，2003（05）：11-15.

长的地区与创新能力的关系。① 华为、海尔、阿里巴巴、中车以及中国商飞等中国企业也在创新理论的指导下纷纷进行因地制宜的创新实践与探索，并取得显著的创新成效，这也为中国本土创新理论的凝练提供了重要的实践基础。例如许庆瑞等研究者以海尔集团的创新实践为研究对象，在研究总结企业管理规律基础上，形成了全面创新管理（Total innovation）理论，提出实现创新的"三全一协同"框架体系，即以战略为主导实现全要素创新、全员创新和全时空创新的全面协同，其中全要素创新是创新内容，全员创新是创新主体，全时空创新是创新形式。全面创新包括沟通、竞争、合作、整合和协同5个阶段，具有战略性、整体性、广泛性和主导性等特征。② 2006 年，中国提出建设"创新型国家"的战略目标，强调自主创新能力的提升。国家创新系统理论在中国得到广泛应用，各级政府开始构建区域创新系统。中国政府出台了一系列政策文件，如《国家中长期科学和技术发展规划纲要（2006—2020 年）》，明确提出要加强自主创新，建设创新型国家。

（三）新时代中国式创新理论的发展

2012 年，中国提出"创新驱动发展战略"，将创新置于国家发展全局的核心位置。创新理论的研究和实践进一步深化。随着互联网、大数据、人工智能等技术的快速发展，中国在数字经济领域的创新实践走在了世界前列。学者们开始研究数字化转型对中国创新的影响。中国企业积极参与全球创新网络，通过并购、合作研发等方式获取国际创新资源。开放式创新理论在中国得到广泛应用。随着社会问题的复杂化，社会创新逐渐受到重视。中国学者和政策制定者开始关注如何通过创新解决环境、教育、医疗等社会问题，注重多种创新范式的交互融合，形成新的创新理论。作为国内著名的创新管理的研究机构之一的清华大学技术创新研究中心对创新理论的中国化发展做出了较多有益探索。提出协同创新模式（Collaborative Innovation Model），即企业、政府、知识生产机构、中介机构和用户等为了实现重大科技创新而开展的大跨度整合的创新组织模式，强调创新要素的整合和创新资源的无约束流动带来的叠加效用。协同创新具有整体性、动态性、开放性、多元性、融合性和持续性等特征③，并逐渐

---

① 柳卸林，胡志坚. 中国区域创新能力的分布与成因 [J]. 科学学研究，2002（05）：550-556.

② 许庆瑞，郑刚，喻子达，等. 全面创新管理（TIM）：企业创新管理的新趋势——基于海尔集团的案例研究 [J]. 科研管理，2003（05）：1-7.

③ 张军荣，袁晓东. 技术创新"范式"之争 [J]. 科学学研究，2013（11）：1601-1605+1670.

向跨学科和区域化、国际和网络化方向发展。基于东方哲学底蕴和中国企业创新实践，提出了整合式创新范式（Holistic Innovation，HI），即战略视野驱动下的创新范式，是战略创新、协同创新、全面创新和开放创新的综合体，包含"战略""全面""开放"和"协同"①。整合式创新思想蕴含着全局观、统筹观以及和平观，符合东、西方哲学的核心价值追求，有助于促进企业与外部各创新利益相关主体做出决策，在创新生态系统中占据有益的生态位，并在动态协同中开发市场机会和科技潜力。提出有意义的创新（Meaningful Innovation），将创新关注点从传统的"市场与技术驱动"维度向兼顾"人文精神与哲学思考引领"的意义维度转变②，强调科技思维、人文思维和哲学思维的统一在创新流程中的体现。

中国式现代化的实现不能完全照搬西方国家的现代化，作为推动中国式现代化发展最大动力的创新也不能对西方创新理论奉行拿来主义，也需要与中国式现代化相适应的中国式创新。有学者在对中国创新实践40年发展历程的梳理中总结了中国式创新的经验与教训。③ 李万分析了中国式创新的四大因素：有力支撑创新的组织资本、开放环境中超强学习能力、基于特色需求的产业快速重构以及紧跟世界科技创新浪潮的前瞻性科研。④ 中国式创新是以创新市场为基础的创新，是发挥社会主义体制优势的创新，是全民参与和共享成果的创新，是以超大规模创新为特征的创新，是推动世界共同进步的创新。中国式创新以"新型举国体制"为制度支撑，以"自主可控"为安全前提，以"创新市场"为要素依托，以"万众创新"为基础驱动，以"开放式创新"为发展原则。⑤概言之，我国经济快速发展之下的企业创新实践、国家创新政策的扶持以及中国传统创新思想智慧和学者们长期的知识积累，共同奠定了中国式创新理论体系，创新理论的中国化发展也将继续随着对中国发展实践中出现的新情况新问题的不断探索和解决而不断完善。

① 陈劲，尹西明，梅亮．整合式创新：基于东方智慧的新兴创新范式［J］．技术经济，2017（12）：1-10+29.
② 陈劲，曲冠楠．有意义的创新：引领新时代哲学与人文精神复兴的创新范式［J］．技术经济，2018（07）：1-9.
③ 高志前．中国式创新发展40年——纪念改革开放40周年［J］．领导科学论坛，2018（18）：3-21.
④ 李万．中国式创新：世界的新未来和新路径［J］．科技中国，2019（05）：37-44.
⑤ 王京生，陈能军．中国式创新：理论内涵、历史跃迁与时代进阶［J/OL］．江苏社会科学，1-9［2025-02-03］.

四、创新理论与乡村治理

习近平总书记多次强调，要加强和创新乡村治理，健全自治、法治、德治相结合的乡村治理体系，让农村社会既充满活力又和谐有序。2019 年，中央农办、农业农村部会同中宣部、民政部、司法部共同开展了全国乡村治理示范村镇"百乡千村"创建，99 个乡镇、998 个村创建成第一批示范村镇，让各地有了可学习、可借鉴的身边榜样，在镇村一级发挥了很好的示范引领作用。此后，围绕乡村治理创新的各类示范工程不断推出，极大地激发和助推了乡村治理的创新实践。创新理论认为，创新是推动社会变革和经济发展的核心动力。创新理论在乡村治理中的应用主要体现在通过探索和引入新理念、新技术和新方法，在治理模式、组织形式和技术手段等方面用于尝试创新，从而提升乡村治理效能，推动乡村可持续发展。一是乡村治理模式创新，通过引入新的治理理念和方法，如自治、法治和德治的"三治融合"，提升乡村治理的现代化水平。例如浙江省桐乡市通过党建引领，探索"三治融合"的乡村治理模式。这一模式结合自治、法治和德治，形成了"大事一起干、好坏有人判、事事有人帮"的治理体系，有效化解了乡村治理中的矛盾，提升了村民参与度。二是乡村治理的组织形式创新，加强基层党组织建设，优化乡村组织体系，激发村民的主体意识，推动共建共治共享。加强党建引领，实现乡村治理的组织创新，党建引领是乡村治理创新的重要保障，通过优化基层党组织建设和明确责任分工，能够有效整合乡村资源，推动治理效能提升。三是乡村治理的技术手段创新：利用信息技术实现智能化治理，例如通过数字化平台提高乡村治理的效率和透明度。例如广东省佛山市南海区利用现代信息技术，建立乡村治理数字化平台，实现了村级事务的透明化管理。例如，通过积分考评机制，村民参与公共事务的积极性显著提高。智能化治理能够提高乡村治理的效率，同时增强村民对治理过程的信任感，是推动乡村治理现代化的重要手段。

第五章

乡村治理制度

乡村治理制度是实施乡村治理的组织体系及运转模式。党的十八大以来，中国特色社会主义进入了新时代。我国农村的经济结构、社会结构发生了深刻变化，乡村治理的范围和领域相应拓宽，乡村治理的对象也更加多元，我国农村发展进入新阶段。乡村治理要注重基层政权组织建设，充分发挥基层群众性自治组织的基础作用，促进基层群众组织自治与网格化服务管理有效衔接，促进法治、德治和自治有机融合，增强其开展民主协商、服务居（村）民的能力。在新时代背景下，加快实施乡村振兴战略和全面推进依法治国的要求决定了亟待推进乡村治理法治化。本章将着重介绍乡村政治制度、乡村经济制度、乡村社会保障制度、乡村公共服务制度和乡村环境保护制度。

第一节　乡村政治制度

一、乡镇政权组织制度

乡镇政权组织是最基层的一级政权组织，其结构和权力的分配基本上是比照上级机关而设。目前我国乡镇政权组织结构及权力的分配格局大致如下。

1. 乡镇党委

依照《中国共产党农村基层组织工作条例》的规定，乡镇党委和村党组织是党在农村的基层组织，是党在农村全部工作和战斗力的基础，全面领导乡镇、村的各类组织和各项工作。乡镇党委每届任期5年，由党员大会或者党员代表大会选举产生。乡镇党委一般设委员7~9名，其中书记1名、副书记2~3名，应当设组织委员、宣传委员，纪委书记由党委委员兼任。党委委员按照乡镇领导职务配备，应当进行合理分工，保证各项工作有人负责。

2. 乡镇人大

乡镇人大是我国人民代表大会制度的重要组成部分，是最基层的国家权力机关。2022 年 3 月 11 日最新修正的《中华人民共和国地方各级人民代表大会和地方各级人民政府组织法》规定了乡镇人大的 14 项基本职权，其中最重要的就是由它选举产生乡镇长、副乡镇长，听取、审议乡镇人民政府的工作报告，并有权根据国家计划，决定本行政区域内的经济、文化事业和公共事业的建设计划和项目。现阶段乡镇人大的权力地位有待提高。由于乡镇人大缺乏常设机关，在乡镇人大闭会期间，人大主席团很难有效履行其决定权、监督权和任免权，人大作为乡镇政权的最高权力机关地位还不突出，乡镇人大的许多职权实际上是由乡镇党委或者乡镇政府代行。提高乡镇人大的权力地位，是完善乡镇治理结构的重要任务。

3. 乡镇政府

乡镇政府是我国最基层的国家行政机关。"上面千条线，下面一根针"的说法，极为生动地反映了乡镇政府在我国行政体系中的基础性和重要性。依照《中华人民共和国地方各级人民代表大会和地方各级人民政府组织法》的规定，乡镇人民政府实行乡镇长负责制，乡镇长和副乡镇长由乡镇人大选举产生。为方便乡镇党政协调一致工作，许多乡镇长由乡镇党委副书记兼任。

4. 驻乡镇机构及乡镇政府的职能部门

乡镇党委、政府连同人大及其下属的工作部门属于乡镇的领导、管理与工作机关，它们构成乡镇政权机构的"主角"。乡镇的许多具体职能部门是各种驻乡镇机构。驻乡镇机构的性质是上级政府职能部门在乡镇的派出机构，这些派出机构的组织人事分别属于各自的主管部门，其工作人员的人事档案、工资关系和工作安排等均由上级主管部门负责。驻乡镇机构与其主管部门及乡镇党政的职能部门之间形成了纵、横双向的职权关系。

二、村民自治制度

人民公社制瓦解后，在国家与农民的双向互动下，中国农村诞生了以乡镇党委及政府、农村党支部等为治理主体，以村中公共事务与公益事业为对象，以"民主选举、民主决策、民主管理、民主监督"为方式的农村民主治理。20世纪 80 年代初，人民公社解体，农村公共产品供给短缺，广西宜山、罗城部分农村率先出现村民以无记名投票选出村委会的形式，实现公共产品自我供给。1982 年底，类似组织在多地出现，同年 12 月新宪法确认村委会法律地位，掀起建村委会热潮。1986 年 9 月，民政部被确定为村委会建设主管机构，农村民主治理进入中央日程。1987 年 11 月，《中华人民共和国村民委员会组织法（试行）》通过，1988 年 6 月民政部组织乡村选举，村民自治步入制度化运作。此后，全国广泛开展村级选举示范活动，各地涌现村民代表会议、"海选"等制度创新。1998 年，新《村民委员会组织法》颁布，各省级行政区依此制定相关地方法规，形成民主治理法律框架。在民主选举上，如村民直接提名候选人、实行差额选举等技术日臻成熟，村委会干部结构优化，村民参选率达 90%。2003—2004 年，中央在民主决策、管理、监督方面也采取系列举措，督促村务公开制度健全。2017 年 6 月，《关于加强和完善城乡社区治理的意见》发布，农村社区民主治理进入进一步完善阶段。2019 年 6 月，《关于加强和改进乡村治理的指导意见》印发，明确了乡村治理总体目标，在乡村治理制度建设方面具有里程碑的意义。该《指导意见》指出，到 2020 年，要形成制度框架和政策体系，加强基层党组织和组织建设，深化村民自治与健全议事协商制度；到 2035 年，要显著提升乡村公共服务等水平，完善自治、法治、德治结合的治理体系，基本实现乡村治理体系和治理能力现代化。

（一）村民自治制度的主体

乡村自治制度的主体包括村党支部、村民会议、村民代表会议、村民委员会、村民小组、村务公开监督小组、村民民主理财小组等组成部分。

1. 村党支部。2018 年 12 月第十三届全国人大常委会第七次会议修改通过的《村民委员会组织法》第四条规定，中国共产党在农村的基层组织，按照中国共产党章程进行工作，发挥领导核心作用，领导和支持村民委员会行使职权；依照宪法和法律，支持和保障村民开展自治活动、直接行使民主权利。

2. 村民会议。村民会议是村的最高权力机构。其职权是每年审议村民委员会的工作报告，并评议村民委员会成员的工作，制定和修改村民自治章程、村规民约，并报乡、民族乡、镇的人民政府备案。涉及《村民居委会组织法》规定的事关村民利益事项，村民委员会必须提请村民会议讨论决定，方可办理。

3. 村民代表会议。村民代表会议是村民会议的代表机构。村民会议闭会期间，由村民代表会议代行村民会议职权。村民会议和村民代表会议，是村民直接行使民主权利或代表村民行使民主权利的决策、监督组织，对村级重大事务具有决策权和管理权。

4. 村民委员会。村民委员会是村民自我管理、自我教育、自我服务的基层群众自治组织，执行村民会议或村民代表会议的决定，对其负责，受其监督。村民委员会由村民委员会主任、副主任、人民调解员、治安保卫委员、妇女委员、公共卫生委员、村民小组组长等成员组成，所有村委会成员都必须经过民主选举产生。村委会成员的权力来自村民的授予，村民有权撤换或罢免不称职的村委会成员。

5. 村民小组。村民小组是村委会内的一个自治单位，是联系村民与村委会的桥梁和纽带。

6. 村务公开监督小组。村务公开监督小组成员由村民会议或村民代表会议在村民代表中推选产生，负责监督村务公开制度的落实。

7. 村民民主理财小组。民主理财小组成员由村民会议或村民代表会议从村务公开监督小组成员中推选产生，负责对本村集体财务活动进行民主监督，参与制定本村集体的财务计划和各项财务管理制度，有权检查、审核财务账目及相关的经济活动事项，有权否决不合理开支。

（二）村民自治制度的内容

村民自治制度的基本模式是，在乡镇党委、政府的支持下，以农村党支部作为领导核心；以村民会议为最高权力机关，以村民代表会议为常设机关，代行村民会议的职权；以村民委员会作为村民会议的执行机关，履行法律赋予的职权和职责；以各个专门委员会作为具体的职能机关，协助村民委员会开展村务管理；以村民民主理财小组和村务公开监督小组作为监督机关，代表村民行使村务监督权和村务管理、村务决策的参与权；以"民主选举、民主决策、民主管理、民主监督"为形式，对农村公共事务与公益事业进行民主治理。

1. 民主选举

民主选举指村民委员会的成员由有选举权和被选举权的村民选举产生或罢免，任何组织和个人不得指定、委派或者撤换村委会干部。

（1）选民的资格

年满18周岁的村民，不分民族、种族、性别、职业、家庭出身、宗教信仰、教育程度、财产状况、居住期限，都有选举权和被选举权；但是，依照法律被剥夺政治权利的人除外。

村民委员会选举前，应当对下列人员进行题登记，列入参加选举的村民名单：①户籍在本村并且在本村居住的村民；②户籍在本村，不在本村居住，本人表示参加选举的村民；③户籍不在本村。在本村居住一年以上，本人申请参加选举，并且经村民会议或者村民代表会议同意参加选举的公民。已在户籍所在村或者居住村登记参加选举的村民，不得再参加其他地方村民委员会的选举。

（2）提名候选人

选举村民委员会，由登记参加选举的村民直接提名候选人。村民提名候选人，应当从全体村民利益出发，推荐奉公守法、品行良好、公道正派、热心公益、具有一定文化水平和工作能力的村民为候选人。候选人的名额应当多于应选名额。村民选举委员会应当组织候选人与村民见面，由候选人介绍履行职责的设想，回答村民提出的问题。

（3）选举规则

选举村民委员会，有登记参加选举的村民过半数投票，选举有效；候选人获得参加投票的村民过半数的选票，始得当选。当选人数不足应选名额的，不足的名额另行选举。另行选举的，第一次投票未当选的人员得票多的为候选人，候选人以得票多的当选，但是所得票数不得少于已投选票总数的1/3。选举实行无记名投票、公开计票的方法，选举结果应当当场公布。选举时，应当设立秘密写票处。登记参加选举的村民，选举期间外出不能参加投票的，可以书面委托本村有选举权的近亲属代为投票。村民选举委员会应当公布委托人和受委托人的名单。具体选举办法由省、自治区、直辖市的人大常委会规定。

以暴力、威胁、欺骗、贿赂、伪造选票、虚报选举票数等不正当手段当选村民委员会成员的，当选无效。对以暴力、威胁、欺骗、贿赂、伪造选票、虚报选举票数等不正当手段，妨害村民行使选举权、被选举权，破坏村民委员会选举的行为，村民有权向乡、民族乡、镇的人大和人民政府或者县级人大常委会和人民政府及其有关主管部门举报，由乡级或者县级人民政府负责调查并依法处理。

2. 民主决策

民主决策指"凡是与农民群众切身利益密切相关的事项，如村集体的土地承包和租赁、集体企业改制、集体举债、集体资产处置、村干部报酬、村公益事业的经费筹集方案以及建设承包方案等，都要实行民主决策，不能由个人或少数人决定"。民主决策，是村民自治的根本，凡涉及村民利益的村内重大事务，都要经村民会议或村民代表会议讨论，按照多数人的意见做出决定。

（1）村民会议和村民代表会议的由本村18周岁以上的村民组成。村民会议由村民委员会召集。有1/10以上的村民或者1/3以上的村民代表提议，应当召集村民会议。召集村民会议，应当提前10天通知村民。

（2）村民会议的召开

召开村民会议，应当有本村18周岁以上村民的过半数，或者本村2/3以上的户的代表参加，村民会议所做决定应当经到会人员的过半数通过。法律对召开村民会议及做出决定另有规定的，依照其规定。召开村民会议，根据需要可以邀请驻本村的企业、事业单位和群众组织派代表列席。

（3）村民会议的职权

根据《村民委员会组织法》的规定，村民会议审议村民委员会的年度工作报告，评议村民委员会成员的工作；有权撤销或者变更村民委员会不适当的决定；有权撤销或者变更村民代表会议不适当的决定。村民会议可以授权村民代表会议审议村民委员会的年度工作报告，评议村民委员会成员的工作，撤销或者变更村民委员会不适当的决定。村民会议可以制定和修改村民自治章程、村规民约，并报乡、民族乡、镇的人民政府备案。

（4）经村民会议讨论决定方可办理的事项

涉及村民利益的下列事项，经村民会议讨论决定方可办理：①本村享受误工补贴的人员及补贴标准；②从村集体经济所得收益的使用；③本村公益事业的兴办和筹资筹劳方案及建设承包方案；④土地承包经营方案；⑤村集体经济项目的立项、承包方案；⑥宅基地的使用方案；⑦征地补偿费的使用、分配方案；⑧以借贷、租赁或者其他方式处分村集体财产；⑨村民会议认为应当由村民会议讨论决定的涉及村民利益的其他事项。村民会议可以授权村民代表会议讨论决定上述事项。

（5）村民代表会议的组成

人数较多或者居住分散的村，可以设立村民代表会议，讨论决定村民会议授权的事项。村民代表会议由村民委员会成员和村民代表组成，村民代表应当占村民代表会议组成人员的4/5以上，妇女村民代表应当占村民代表会议组成人员的1/3以上。村民代表由村民按每5~15户推选一人，或者由各村民小组推选若干人。村民代表的任期与村民委员会的任期相同。村民代表可以连选连任。

（6）村民小组会议的召开与职权

召开村民小组会议，应当有本村民小组18周岁以上的村民2/3以上，或者本村民小组2/3以上的户的代表参加，所做决定应当经到会人员的过半数同意。村民小组组长由村民小组会议推选。村民小组组长任期与村民委员会的任期相同，可以连选连任。属于村民小组的集体所有的土地、企业和其他财产的经营管理以及公益事项的办理，由村民小组会议依照有关法律的规定讨论决定，所做决定及实施情况应当及时向本村民小组的村民公布。

3. 民主管理

民主管理，是村民自治的实体，指村民依据国家法律法规和相关政策，结合本地区实际情况，讨论制定、修改村民自治章程或村规民约。村民自治章程被形象地称为"小宪法"，村民委员会和村民依其实行自我管理、自我教育和自我服务。村民委员会是村民行使农村各项公共事务管理权的组织载体。村民委员会应当实行少数服从多数的民主决策机制和公开透明的工作原则，建立健全各种工作制度。

（1）村民委员会的设立

村民委员会根据村民居住状况、人口多少，按照便于群众自治，有利于经济发展和社会管理的原则设立。村民委员会的设立、撤销、范围调整，由乡、民族乡、镇的人民政府提出，经村民会议讨论同意，报县级人民政府批准。村民委员会可以根据村民居住状况、集体土地所有权关系等分设若干村民小组。

（2）村民委员会的组成

村民委员会由主任、副主任和委员共3~7人组成。村民委员会成员中，应当有妇女成员，多民族村民居住的村应当有人数较少的民族的成员。对村民委员会成员，根据工作情况，给予适当补贴。

（3）村民委员会的自治事项

村民委员会办理本村的公共事务和公益事业，调解民间纠纷，协助维护社会治安，向人民政府反映村民的意见、要求和提出建议。

（4）村民委员会与村集体经济组织的关系

村民委员会应当支持和组织村民依法发展各种形式的合作经济和其他经济，承担本村生产的服务和协调工作，促进农村生产建设和经济发展。同时法律规定，村民委员会应当尊重并支持集体经济组织依法独立进行经济活动的自主权，维护以家庭承包经营为基础、统分结合的双层经营体制，保障集体经济组织和村民、承包经营户、联户或者合伙的合法财产权和其他合法权益。

（5）村民委员会的职责

村民委员会应当宣传宪法、法律、法规和国家的政策。教育和推动村民履行法律规定的义务、爱护公共财产，维护村民的合法权益，发展文化教育，普及科技知识，促进男女平等，做好计划生育工作，促进村与村之间的团结、互助，开展多种形式的社会主义精神文明建设活动。村民委员会应当支持服务性、公益性、互助性社会组织依法开展活动，推动农村社区建设。对于多民族村民居住的村，村民委员会应当教育和引导各民族村民增进团结、互相尊重、互相帮助。

4. 民主监督

民主监督，是村民自治的保障，指村民对村民委员会的组成人员及行为进行广泛监督。民主监督有两种形式：一是由村民委员会定期向村民会议和村民代表会议报告工作，村民委员会干部要定期述职，接受村民的评议；二是村务公开，将与村民利益相关的各类事项公之于众，接受监督。民主监督的实施，使村务工作更加民主化和公开化，也使村民自治有了可靠的保障。

（1）村民的监督

村民代表应当向其推选户或者村民小组负责，接受村民监督。对于国家计划生育政策的落实方案，政府拨付和接受社会捐赠的救灾救助、补贴补助等资金、物资的管理使用情况以及涉及本村村民利益、村民普遍关心的其他事项等，村民委员会应当及时公布，接受村民的监督。村民委员会应当保证所公布事项的真实性，并接受村民的查询。

（2）村务监督机构的监督

村应当建立村务监督委员会或者其他形式的村务监督机构，负责村民民主理财，监督村务公开等制度的落实，其成员由村民会议或者村民代表会议在村民中推选产生，其中应有具备财会、管理知识的人员。村民委员会成员及其近亲属不得担任村务监督机构成员。村民委员会成员以及由村民或者村集体承担误工补贴的聘用人员，应当接受村民会议或者村民代表会议对其履行职责情况的民主评议。民主评议每年至少进行一次，由村务监督机构主持。

村民委员会成员连续两次被评议不称职的，其职务终止。此外，村民委员会和村务监督机构还应当建立村务档案。村务档案应当真实、准确、完整、规范。

（3）村民委员会成员的任期和离任审计监督

村民委员会成员的任期和离任经济责任审计，由县级人民政府农业部门、财政部门或者乡、民族乡、镇的人民政府负责组织，审计结果应当公布，其中离任经济责任审计结果应当在下一届村民委员会选举之前公布。

三、乡村治安管理制度

治安，从字义上讲，是治理或管理的意思；安是安全、安稳或安定的意思。治安管理，即治安行政管理，是指国家公安机关为了维护社会治安秩序，保障社会生活正常进行，而依法从事的治安行政管理活动。治安管理是一种国家管理，是国家设置的警察机关，依法代表国家，运用国家的权力，对国家或社会事务进行的治安管理。

（一）乡村治安管理概述

乡村治安管理也可以称为乡镇社区治安管理，它是指在乡镇辖区内对社会治安问题进行治理，是治安管理主体依靠群众，协同公安、司法机关，对涉及农村社区的社会秩序和人民群众生命财产安全的问题依法进行治理，促进社会秩序安定有序的过程。乡村治安管理是乡村治理的一项极其重要的内容。乡村治安管理的主体有广义狭义之分，狭义的乡村治安管理主体是指隶属上级公安机关的派出所、治安队、特警队、交通队、消防队、治安检查队等；广义的乡村治安管理主体除上述机构外，还包括与治安管理工作密切相关的基层政府组织，如街道办事处、群众自治组织、农村的村民委员会、社区内企事业单位的保卫部门及居民个人等。乡村治安管理的目的是保障国家的法律法规及党的路线、方针、政策在农村社区的实现，维护社会秩序，促进社会稳定，为居民创造良好的生活环境。

（二）乡村治安管理的组织制度

1. 乡镇党委和政府

乡镇党委、政府在农村治安管理中处于核心领导地位，肩负着全方位统筹协调的重任，具体职责如下：（1）明确权责与体系构建：设立专门机构或委派专人负责社会治安综合治理工作，清晰界定各部门、各岗位在治安管理中的职责，构建责任落实体系，为乡村治安有序管理奠定坚实基础。同时，依据"谁主管、谁负责"的原则，开展农村社会治安综合治理工作，确保治安管理工作全面、深入开展。（2）组织协调与群防群治：开展基层党政组织与治保组织建设，发挥基层组织扎根群众的优势，动员广大群众参与治安联防、护场及护青工作，构建乡村治安的第一道坚实防线，预防各类破坏行为的发生。（3）重点区域管控：针对集镇和农贸市场这类人员密集、流动性大、交易频繁的重点区域，制定专门的管控策略。加大巡逻力度，完善治安设施，维护市场秩序，全力保障群众的财产安全与正常交易活动。（4）纠纷化解与源头治理：对因宅基地、承包土地、山林、水利等引发的民事纠纷，建立快速响应机制，及时、深入地进行疏导调解。通过人民调解委员会、基层司法所等专业的调解团队和科学的调解方法，从源头上预防和化解矛盾，避免矛盾激化升级为案件，维护乡村和谐稳定的人际关系与社会环境。（5）文化引领与移风易俗：丰富社会主义法治教育及农村基层文化活动形式与内容。通过举办法律讲座、发放宣传资料、开展文艺演出等多种方式，增强村民的法律意识，促使其自觉遵守法律法规。同时，积极开展健康向上的文化活动，充实村民精神生活，倡导文明新风尚，坚决取缔封建迷信、赌博等不良现象，净化乡村社会风气。（6）人口管理与隐患防控：加强对剩余劳动力的管理，为外出务工、经商农民提供政策咨询、信息服务等便利，推动人口合理有序流动。建立外出人员信息动态管理机制，流入地和流出地公安机关的沟通协作，共同打击流动人口中的违法犯罪行为。加大对枪支和爆炸物品的管理力度，组织专门力量全面收缴民间散失的枪支和爆炸物品，定期对矿山、煤窑等使用爆炸物品的场所进行严格的清理整顿，建立并严格执行爆炸物品生产、运输、销售、使用各环节的管理制度，从源头上预防涉枪涉爆案件和重特大恶性事故的发生。

2. 农村派出所

农村派出所通过"一村一辅警""农村警务室"等建设，成为维护农村治安的关键力量，在乡镇党委、政府的领导下，严格遵循精简、规范、效能的原则，全面投入基层行政机关规范化建设中，切实履行以下重要职责：（1）警力部署与巡逻防控：深入调研农村治安实际状况，与村委会、治保会等紧密协作，收集并分析治安数据。依据集市交易日、学校上下学、节假日等关键时间节点，以及集市、学校周边、工厂附近等重点区域的治安特点，灵活调配警力。在集市交易日增加巡逻频次，在学校上下学安排专人值守，节假日加强对娱乐场所的巡查，确保重点区域和关键时段均有充足警力维护治安秩序。发挥驻村辅警"人熟、地熟、情况熟"的优势，实时掌握本村户数、人口数及出租房屋、流动人口、行业场所等数量，最大限度地做到底数清、情况明，同时明确驻村辅警开展矛盾调解、隐患排查、安全宣传、信息采集、服务群众等职责。（2）班子建设与能力提升：积极组织派出所领导班子参加各类培训课程，包括上级公安机关举办的管理培训、应急处置培训等。同时，定期开展内部考核，围绕决策科学性、组织协调能力、突发事件处理效果等方面进行评估。通过培训与考核，提升班子成员面对复杂治安问题时的决策能力、组织协调能力和应急处置能力，有效带动派出所整体工作水平的提高。（3）资源保障与基础建设：主动与乡镇党委、政府组织建立常态化沟通机制，定期汇报治安工作情况，积极争取上级部门和乡镇党委、政府的支持，多渠道筹集资金。加强"一村一辅警""农村警务室"等建设，将基层警务进一步前移，把"派出所"设在"家门口"。发展村干部、党员为"红袖标"志愿警，进一步夯实基层基础。（4）协同合作与联动机制：与村民委员会、农村治保会、农村治安联防队等保持密切联系，积极发动"驻村辅警与网格队长、网格员"等群防群治力量有机融合。以重点部位、公共复杂场所、人员密集场所为基点，采取巡、查、堵等多种方式开展巡逻检查，督促落实人防、技防、物防措施，构建立体防控网络，及时发现和打击现行犯罪。在案件侦破过程中，协同作战，发挥各自优势，形成强大的工作合力。依据"可善不可聚，可解不可结，可顺不可激"的原则和"区分性质、讲究策略、把握时机、严格执法、冷静稳妥"的要求，积极预防和妥善处置因人民内部矛盾引发的群体性事件。

3. 村庄基层党组织

村庄基层党组织以加强政权的组织、民主和法治建设为核心任务，全面提升农村治安管理能力，具体工作内容如下：（1）组织优化与人员选拔：通过公开选拔、竞争上岗等方式，面向全村选拔治保干部。制定严格的选拔标准，综合考量候选人的责任心、工作能力、群众基础等因素。选拔出一批政治素质高、业务能力强的治保干部，充实到治保队伍中，优化治保干部队伍结构，确保能够有效承担农村治安管理工作。（2）干部培养与能力提升：制定详细的治保干部培训计划，定期邀请公安干警、法律专家开展法律法规、治安管理技能、矛盾调解方法等方面的培训课程。同时，开展思想政治教育活动，通过参观红色教育基地、学习先进模范事迹等方式，培养治保干部的责任意识与服务精神。经过培训，治保干部业务能力显著提升，在处理治安问题时更加专业、规范。（3）联系群众与常态沟通：建立常态化的群众沟通机制，治保干部定期走访村民家庭，每月至少召开一次村民座谈会，在村里显眼位置设立意见箱。广泛收集群众对治安工作的需求和建议，及时解决群众反映的治安问题，如邻里纠纷调解、治安隐患排查等。积极回应群众关切，增强基层组织在群众中的公信力和影响力。（4）宣传动员与群众参与：组织开展多种形式的集体活动，如举办治安宣传文艺演出，通过戏曲、社火等形式宣传治安知识；开展安全知识有奖竞赛，激发村民学习治安知识的积极性；召开治安志愿者表彰大会，对表现突出的志愿者进行表彰奖励。这些活动吸引广大群众积极参与农村治安管理工作，增强基层组织的凝聚力与号召力。（5）制度建设与规范管理：建立健全农村治保会工作制度，明确治安巡逻的时间、路线、人员安排，规范信息收集的渠道、方式和上报流程，细化纠纷调解的原则、方法和处理期限，规定案件协助的具体职责和工作要求。明确各岗位的职责分工，制定科学合理的考核奖惩机制。对治保干部工作进行考核，对表现优秀的给予物质奖励和精神表彰，对工作不力的进行批评教育并督促整改。通过完善的制度建设，确保治保会工作高效、规范开展，在化解矛盾、维护稳定方面发挥重要作用。

4. 基层群众性自治组织

参与负责维护乡村治安管理的基层群众性自治组织包括村民委员会、村庄治安保卫委员会、村民治安联防队等。村民委员会作为基层群众性自治组织，在农村治安管理中发挥着承上启下的重要作用。村庄治安保卫委员会和村民治安联防队是在村民委员会领导下的群防群治组织，是农村治安管理的重要力量。其任务包括：（1）治安教育和防范组织：村民委员会通过村民大会、宣传栏、广播等多种形式，向村民广泛宣传法律、法规及国家政策；村庄治安保卫委员会实行网格化管理，网格员深入农村各角落，向群众宣传法治观念和安全防范知识，积极组织开展治安巡逻、安全检查等群防群治工作，根据村庄特点制定巡逻路线和检查计划，落实防盗、防火、防破坏及防其他治安灾害事故的防范措施；村民治安联防还负责在集市、庙会等人员密集场所协助维护秩序，保障各种活动安全有序进行。（2）特殊人员帮扶与管理：协同司法、公安等相关部门开展社区矫正工作，对依法被判处剥夺政治权利或缓刑、假释的犯罪分子进行针对性教育；对监外执行、保外就医、管制等违法犯罪人员进行定期考察和谈话教育，督促他们遵守法律法规，积极改造；妥善安置和教育刑满释放人员；积极参与清理收容流浪露宿、乞讨要饭、精神病、智障人员，为他们提供必要的帮助和安置。（3）纠纷调解与矛盾解决：坚持矛盾纠纷定期排查研判，及时发现矛盾纠纷苗头和问题根源。建立健全民间纠纷调解机制，及时调解村民之间因琐事、利益分配等引发的民间纠纷，促进村民之间、村与村之间的团结互助，实现矛盾纠纷源头治理。积极开展多种形式的精神文明建设活动，如文明家庭评选、文化节等，最大程度消除不安定因素，营造和谐文明的乡村氛围。（4）村规民约制定与执行：秉持"自我管理、自我教育、自我服务"的原则，组织村民共同制定符合本村实际情况的乡规民约。明确村民在治安管理、环境卫生、邻里关系等方面的行为规范，加强对乡规民约执行情况的监督检查，实现依法治村与民主管理。（5）协助打击违法犯罪活动：积极配合公安机关打击各类违法犯罪活动。在打击邪教、非法宗教活动方面，及时发现并举报相关线索，组织村民开展抵制活动，防止其在农村地区蔓延。对于农村黑恶势力犯罪，敢于揭露、坚决斗争，配合政法部门打击其违法犯罪行为，消除治安隐患。在打击严重危害农民生命、财产安全和侵害农民利益的刑事犯罪活动中，协助公安机关开展案件调查、人员排查等工作。对制贩假农药、假化肥、假种子等坑农害农案件，及时向有关部门反映，配合查处工作。密切关注卖淫嫖娼、赌博、吸贩毒等社会丑恶现象向农村渗透的动向，协助公安机关加大对相关场所的清查整治力度。

（三）乡村治安管理的工作内容

乡村治安管理的内容包括乡村社会秩序管理、特种行业管理、危险物品管理、群众性治安事件管理、户口和居民身份证管理、道路交通管理、消防管理、单位内部安全管理、流动人口管理、境外人员居留问题管理等。

1. 乡村社会秩序管理

乡村社会秩序管理是指对公众活动秩序的维护及对危害乡村社会秩序的刑事违法犯罪行为进行查处。乡村公共秩序包括乡镇街道、里弄、居民住宅区、村落公共活动秩序；乡镇繁华路段、交通路口治安秩序；文化娱乐、体育场所、公园广场等公众活动秩序，乡镇商业、服务业、集贸市场秩序等。这些场所是人们经常聚集和活动的地方，是居民生活不可缺少的地方。若没有良好的秩序，容易造成争吵、拥挤、混乱和伤亡，各种不法分子也易混杂其中进行违法犯罪活动。乡村社会秩序的好坏很大程度上取决于公共秩序治理的好坏。乡村社会秩序管理包括建立健全安全责任制，检查、消除各种隐患，防止治安灾害事故的发生，维护群众的正常活动；防范赌博、卖淫嫖娼、吸毒，以及走私、制作、贩卖、传播淫秽物品等毒化社会风气的行为；制止封建迷信活动；收容乞丐、无业游民、管理精神病患者等。

2. 特种行业管理

社区特种行业包括旅馆业、出租屋、发廊、美容中心，以及印铸刻字业、旧货业等行业。这些行业既为国计民生所必需，又容易被犯罪分子利用做藏身、落脚或进行伪造、销赃等违法犯罪活动。因此，特种行业管理是同违法犯罪分子做斗争的一项基础工作。管理内容包括开业审批与登记；督促特种行业建立、健全内部治安管理制度，并经常检查其落实情况；发动和依靠特种行业广大职工，做好防范工作，并提高其安全防范意识和与违法犯罪活动做斗争的能力。

3. 危险物品管理

危险物品，一般指有杀伤、爆炸、剧毒、易燃易爆等性质的物品。社区危险物品的管理是对枪支、弹药的管理、列为管制的各种刀具的管理、爆炸物品管理、剧毒物品管理、放射性物品管理、易燃易爆危险品管理等。包括对生产、销售、运输、使用等环节的安全监督、登记、审批和发证等工作。

4. 群众性治安事件管理

群众性治安事件管理是指一定数量的人为了某种目的或利益集合在一起违反治安管理的行为，如聚众械斗、聚众哄抢、球迷闹事等。目前，群众性治安事件是影响社会安定的一个重要因素，它对社会造成的破坏和影响都很大。群众性治安事件一方面应加强普法宣传教育，另一方面要通过对乡镇社会情况的调查，掌握社会动态，及时采取有效措施，将事态控制在最小限度内。在事件发生后，应有效预防群众性治安事件的再次发生。

5. 户口和居民身份证管理

户口和居民身份证管理是乡村治安管理的基础。其包括户口登记、户口迁移、户口调查；流动人口管理；重点人口管理，包括对各种犯罪可疑人、危害社会治安可疑人、行凶闹事可疑人、依法管制人员、假释人员、监外执行人员、取保候审人员，以及刑满释放人员的管理；户口档案、户口统计、人员卡片管理；居民身份证申领管理等。

6. 道路交通管理

道路交通管理是同治安灾害事故做斗争的一个专项工作。其包括对乡镇道路设施进行维护管理，对进出乡镇、乡村的机动车辆进行行车安全管理，对进出机动车辆进行登记、停放、看护管理，对居民进行交通安全宣传教育等。

7. 消防管理

消防管理工作的任务包括火灾预防、火灾扑救和火灾事故的调查与处理，具体包括加强对农村社区消防队伍的建设与管理，加强消防设施建设与管理，加强居民消防安全知识教育的管理，加强对发生火灾后灭火救护工作的管理等。消防工作是保卫社会主义现代化建设，保护公共财产和公民生命财产安全的一项重要工作。"以防为主，以消为辅"是基层消防管理工作应具有的指导思想。

8. 单位内部安全管理

单位内部安全管理，包括对乡镇单位内部职工、农村集体经济组织内部成员等进行法制和治安教育，发动群众做好安全防范工作，协助有关部门做好社区矫正、社会帮教、监督改造等工作。

9. 流动人口管理

流动人口是指离开户籍所在地的县、市或者市辖区，以工作、生活为目的异地居住的人员。人口流动是由农村流向城市，由经济欠发达地流向经济发达地区，由中西部地区流向东部沿海地区。流动人口可以分为流入人口和流出人口，流入人口是指来到该地区的非户籍人口，流出人口是指离开该地区到其他地方居住的户籍人口。对流动人口的管理是乡村治安管理的内容之一。

10. 境外人员居留问题管理

境外居留人员，是指根据我国的法律规定居住或停留在我国境内的境外人员。境外人员居留问题管理的内容包括境外人员证件和签证管理、旅行管理、居留管理、临时住宿登记等。乡村治安管理要在熟知乡镇、村庄内境外人员底数的基础上，保障境外居留人员的人身财产安全，发现、限制和打击境外居留人员的违法犯罪活动。

第二节 乡村经济制度

我国乡村经济制度是在中国特色社会主义经济制度框架下，符合乡村经济发展规律、依托乡村发展实践形成的一系列制度政策总和。乡村经济制度发展的基础是我国社会主义初级阶段的基本经济制度，即以公有制为主体、多种所有制经济共同发展，按劳分配为主体、多种分配方式并存，以及社会主义市场经济体制。乡村经济制度涉及乡村地区经济发展和运行的各类机制，以及生产、分配、交换、消费等各种经济活动，旨在推动乡村经济改革、维持乡村经济秩序、提升居民经济收入、实现城乡经济协调发展。本节主要介绍土地制度、集体产权制度和现代农业合作社制度。

一、土地制度

（一）耕地制度

1. 耕地保护制度

《土地管理法》明确规定国家实行土地用途管制制度，将土地分为农用地、建设用地和未利用地，严格限制农用地转为建设用地，控制建设用地总量，对耕地实行特殊保护。耕地保护内容主要包括耕地总量动态平衡、耕地占补平衡、农用地转用审批、土地税费管理等。

（1）耕地总量动态平衡方面。省、自治区、直辖市人民政府应确保本行政区域内耕地不减少；耕地总量减少的，需按规定开垦与减少数量和质量相当的耕地，或由国务院批准减免开垦数量进行易地开垦。

（2）耕地占补平衡。国家实行占用耕地补偿制度，非农业建设占用耕地需按照"占多少、垦多少"的原则开垦耕地，无条件开垦或开垦不符合要求的需缴纳耕地开垦费。

（3）农用地转用审批：建设占用土地涉及农用地转为建设用地的，需办理农用地转用审批手续，并按规定由原批准土地利用总体规划的机关批准。

（4）土地税费管理。建设占用耕地需缴纳耕地开垦费、闲置费等税费，以经济手段保护耕地。

（5）基本农田保护。国家实行永久基本农田保护制度，严格保护耕地，确保耕地总量不减少、耕地质量不下降。禁止任何单位和个人在基本农田保护区内进行破坏基本农田的活动，如建窑、建房、建坟、挖砂、采石、采矿、取土等。国家实施国土空间规划下的国土空间用途管制，划定落实耕地和永久基本农田保护红线，严格保护耕地。

（6）耕地质量保护。国家建立严格的耕地质量保护制度，加强高标准农田建设，提高建设标准和质量。依据《高标准农田建设通则》（GB/T30600－2022），明确高标准农田的建设标准，包括土地平整、土壤肥力、灌溉排水、田间道路、农田防护等方面。

（7）耕地利用优先序：耕地应主要用于粮食和棉、油、糖、蔬菜等农产品及饲草饲料生产，加强耕地种植用途管控。

2. 耕地三权分置制度

我国耕地实行三权分置制度，耕地所有权、承包权、经营权相互分离，核心在于"坚持集体所有权、稳定农户承包经营权、放活耕地经营权"，由此构建起新的乡村土地权利体系。

（1）耕地所有权。作为法定物权，我国宪法明确规定了乡村耕地的集体所有权归属。乡村耕地实行社会主义公有制，即全民所有制和劳动群众集体所有制。《中华人民共和国民法典》进一步明确土地所有权及相关权利内容与法律地位。法律规定属于国家所有的农村和城市郊区的土地，属于国家所有。农村和城市郊区的土地，除法律规定属于国家所有的以外，属于农民集体所有；宅基地、自留地、自留山等，属于农民集体所有。国家依法保护土地所有权，任何组织或者个人不得侵犯。《中华人民共和国土地管理法》指出，土地所有权的主体和使用权的主体分离。乡村耕地所有权归属集体经济组织所有，涉及主体包括村民小组、村集体等。耕地所有权主要聚焦在耕地的处分权上，包括发包权、监督权和管理权等权利行使方式。

（2）耕地承包权。耕地承包权是由耕地所有权细化延伸的权利，承包权人依据承包合同拥有对其所承包的耕地使用、收益、处分的权利。《土地管理法》规定，农民集体所有和国家所有依法由农民集体使用的耕地、林地、草地等土地，可以依法确定给单位或者个人使用。由此，乡村耕地承包方应当按照土地使用权出让合同约定的用途和条件，以划拨、出让、作价出资或入股等方式使用土地，依据法定流程采取招标、拍卖、公开协商等方式进行耕地转让、出租、流转与管理。发包方主要包括农村集体经济组织或村民委员会、村民小组，主要维护承包方的土地承包经营权，不得非法变更、解除承包合同；尊重承包方的生产经营自主权，不得干涉承包方依法进行正常的生产经营活动；依照承包合同约定为承包方提供生产、技术、信息等服务；执行县、乡（镇）土地利用总体规划，组织本集体经济组织内的农业基础设施建设。承包方主要涉及农户或其他经营主体，如农民专业合作社、农业企业等。《农村土地承包法》第三条规定，农村土地承包的承包方是本集体经济组织的农户，农村集体经济组织成员有权依法承包由本集体经济组织发包的农村土地。承包方依法享有承包地使用、收益的权利，有权自主组织生产经营和处置产品；依法互换、转让土地承包经营权；依法流转土地经营权；承包地被依法征收、征用、占用的，有权依法获得相应的补偿。

（3）耕地经营权。耕地经营权是从承包经营权中实现分离的，从权利来源和根本性质上属于耕地租赁合同债权。根据《农村土地承包法》第三十六条，土地经营权人有权在合同约定的期限内占有农村土地，自主开展农业生产经营并取得收益。经营权人双方需签订书面合同，明确流转期限、流转费用、双方权利义务等。耕地经营权属于债权性质，依据流转合同约定有用物权功能。一般而言，经营权人未经原承包人同意，不得将持有耕地进行再次流转、转让或出租。擅自改变土地用途将受行政处罚，严重者追究刑事责任，且耕地流转经营年限不得超过20年。具体而言，耕地经营权内容主要包括，对所约定的耕地资源的占有权，经营权人依据经营合同依法占用、有序使用耕地进行农业生产经营活动；经营自主权，经营权人获得耕地使用权限后，不改变土地使用用途的前提下，可以自主决定农业生产经营种类、内容、方式等；经营收益权，经营权人依法享有合法生产经营所获取的农业收益，享有因国家征地等特殊情况实行的附着补贴、赔偿等；部分处分权，若经营合同对用益物权经营无特殊规定，则经营权人在合同存续期间可进行独立抵押、担保等，依法拥有对所持耕地的处分收益权。

（二）宅基地制度

农村宅基地是指农村村民合法使用或依法批准，用于建造住宅（包括附属用房和庭院等）的集体所有土地。宅基地使用制度是指农村集体经济组织依据法定程序分配所属集体建设用地的宅基地，用于保障本集体经济组织成员建造住宅及其附属设施的土地使用权制度。《土地管理法》《民法典》《农村宅基地管理办法》《宅基地管理条例》等详细规定了该制度的具体内容。

1. 宅基地使用权的主体。依据《农村宅基地管理办法》第八条，农村村民宅基地的所有权属于集体，个人只有使用权，未经批准任何人不得擅自转让、出租。《土地管理法》第六十二条明确指出，农村村民一户只能拥有一处宅基地，面积不得超过规定标准。宅基地使用权人依法享有占有和使用的权利，有权依法利用该土地建造住宅及其附属设施。

2. 宅基地使用权的设立。依据《农村宅基地管理办法》第十七条，农村村民申请宅基地，应当向常住户口所在地的村民委员会或村集体经济组织提出书面申请，经村民委员会或村集体经济组织讨论同意，并将申请宅基地户主名单、家庭人口、原有房屋间数面积、申请建房占地面积、位置等张榜公布后无异议的，取得乡村建设规划许可证或建设用地规划许可证后，报乡（镇）人民政府审查，县土地行政主管部门审核，由县人民政府批准，其批准结果由村民委员会予以公布。根据《土地管理法》第七十九条，非法占用宅基地将受行政处罚，严重者追究刑事责任。

3. 宅基地使用权的权利和义务。使用权人有权在宅基地上建造住宅及其附属设施并通过出租、转让等方式获得收益。相应地，使用权人需按批准的用途使用宅基地，不得擅自改变用途，并需要保护宅基地，防止土地退化。

4. 宅基地使用权的流转。根据《土地管理法》第六十二条，宅基地使用权可以依法通过出租、转让等方式流转。非法流转宅基地使用权将受行政处罚，严重者追究刑事责任。宅基地使用权流转需符合土地利用总体规划和村庄规划，且不得改变土地用途。根据《土地管理法》第七十八条，擅自改变宅基地用途将受行政处罚，严重者追究刑事责任。

5. 宅基地使用权的继承。根据《民法典》第三百六十二条，宅基地使用权可以依法继承。

6. 宅基地使用权的收回。依据《农村宅基地管理办法》第十五条，有下列情形之一的，报经县人民政府批准，可以注销其土地使用权证或有关批准文件，由村集体收回宅基地使用权：自批准宅基地之日起满二年未动工兴建的（特殊情况除外）；报批宅基地时向村集体承诺建新拆旧而又不自行拆除旧房的原宅基地的；经批准实施旧村改造或下山移民的村，已迁入新居（村）居住的原宅基地的；骗取批准或非法转让宅基地的；其他应收回宅基地使用权情形的。

（三）集体经营性建设用地制度

依据《中华人民共和国土地管理法》，集体经营性建设用地是指农村集体经济组织所有的、用于非农业建设的土地，如工业、商业、旅游等用途的土地类型。集体经营性建设用地的申请主体，只能是"土地所有者本身及其成员——村民、乡村集体企业单位"。乡村集体经济组织之外的单位或个人，没有权限获取特定地区乡村集体建设用地使用权。此外，集体土地的使用受到法律严格约束，任何单位和个人进行建设，需要使用土地的，必须依法申请。明确规定除非"乡镇企业、村民建设住宅，经批准可使用本集体经济组织的农民集体所有土地；乡（镇）村公共设施和公益事业建设，经批准也可使用农民集体所有土地"，其余情形不设置弹性空间。乡村地区集体经营性建设用地制度主要涉及以下内容。

1. 入市流转。集体经营性建设用地可以通过出让、出租等方式入市流转，交给单位或个人使用，使用权人依据所签订的书面合同可依法进行开发建设。集体经营性建设用地出让、出租等，应当经本集体经济组织成员的村民会议三分之二以上成员或者三分之二以上村民代表的同意。通过出让等方式取得的集体经营性建设用地使用权可以转让、互换、出资、赠与或者抵押，但法律、行政法规另有规定或者合同另有约定的除外。

2. 用途管制。集体经营性建设用地的使用必须符合土地利用总体规划和城乡规划，建设用地土地用途一旦确定，不得擅自变更，如需变更需严格依法办理相关手续。集体经营性建设允许用于工业、商业等经营性项目，但不得用于房地产开发、别墅建设等项目开发。集体经营性建设用地的使用、流转、交易、收益等相关审批登记需经集体经济组织同意后，依法办理不动产登记，由国家自然资源主管部门实施监管。

3. 收益分配。集体经营性建设用地入市后的收益，主要来源于土地出租、土地入股、土地转让、土地开发等，可采用的分配方式有按股分红、按劳分配、按需分配、发展基金等，应服务于农村集体经济发展和集体成员生活保障。具体来说，参与特定集体经营性建设用地收益分配的主体主要涉及作为土地所有者的集体经济组织、作为集体成员的农户个体、基层地方政府、作为土地使用者的企业或其他个人等。

二、集体产权制度

1. 集体产权制度的概念

产权并非单向的所有权问题，而是当两个或两个以上行为主体产生买卖市场交易行为，主体之间所有权产生的权责利关联。相较于所有权、所有制概念，产权强调实际经济运行过程中，平等主体之间依据法律法规或既有契约遵循的经济权利和规则。产权以所有制为基础，既要受所有制的制约，产权主体的经济行为以及相关财产权利需要在所有制的支撑下才能发挥作用。同时，所有权的实现需要依托产权在现实经济中的运行才能得以顺利实现。

集体产权制度是关于集体财产所有权归属、经营、管理、收益分配等过程性内容的制度安排，是集体所有制经济的核心所在，由系列相互作用的产权关系和产权规则形成，主要目标在于实现产权效能最大化。乡村集体产权制度是乡村经济体制改革的产物，是适应现代化农业建设需求和城乡一体化趋势做出的重大创新，是社会主义市场经济体制的重要组成部分。

2. 集体产权制度的发展

2016年，中共中央、国务院颁发《关于稳步推进农村集体产权制度改革的意见》，明确提出要适应社会主义市场经济发展和现代化发展进程，创新农村集体经济运行机制，推动农业现代化建设，构建集体经济治理体系。《意见》聚焦乡村居民集体所有的资源性资产、经营性资产和非经营性资产等集体经济主要财产，逐步构建归属清晰、权能完整、流转顺畅、保护严格的中国特色社会主义乡村集体产权制度。乡村集体产权制度主要内容包括集体资产清产核资、集体所有权确权、集体资产财务管理等内容，强调由点及面开展集体经营性资产产权制度改革，明确股份合作制改革、集体经济组织成员身份、集体资产股份权利改革内容，积极探索集体经济组织功能、合法权利、实践形式、产权流转和交易等集体经济实现有效形式，切实稳步推进乡村集体产权制度改革。至此，集体产权制度的内容框架基本确立。

党的十八大进一步提出，推动建设集约化、专业化、组织化、社会化相结合的新型农业经营体系。党的十八届三中全会明确强调，集体产权制度改革要"坚持家庭经营在农业发展中的基础地位，尊重和保障农户生产经营的主体地位，同时培育壮大新型农业生产经营组织，实现家庭经营、集体经营、合作经营、企业经营共同发展，充分激发农业生产潜能"。同年，中共中央审议通过《中共中央国务院关于加快发展现代农业 进一步增强农村发展活力的若干意见》的一号文件，再次强调构建新型农业经营体系的重要性。在传统家庭经营模式基础上，将"专业大户、家庭农场、农民合作社、农业企业"等新型农业生产经营主体类型进一步强化，提出要"发展多种形式适度规模经营"。党的十九大以来，遵循"确权、赋能、搞活"的整体发展思路，集体产权制度在经营主体、经营内容、经营形式、监管保护等方面得以深度优化，建立起较为完善的乡村集体产权制度体系。

3. 集体产权制度的主要内容

当前中国乡村集体产权制度内容繁杂，涉及成员身份、产权归属、资产量化、股权配置、股权管理、组织管理、收益分配、清产核资、监督管理等内容，致力于充分发挥产权权能、促进集体资产保值增值、维护乡村居民根本权益。

《中华人民共和国宪法》《中华人民共和国农业法》《中华人民共和国土地管理法》《中华人民共和国物权法》《中华人民共和国乡村振兴促进法》《中华人民共和国村民委员会组织法》《中华人民共和国农村集体经济组织法》《农村集体资产清产核资办法》等法律法规，构建起集体产权制度的基础内容框架。主要内容要点如下。

（1）产权归属。《土地管理法》第十一条规定，农村集体所有的土地依法属于村农民集体所有，由村集体经济组织或者村民委员会经营管理。已分别属于村内两个以上农村集体经济组织的农民集体所有的，由村内各该农村集体经济组织或村民小组经营管理；已属于乡（镇）农民集体所有的，由乡（镇）农村集体经济组织经营管理。《土地管理法》第六十三条进一步明确指出，农民集体所有的土地的使用权不得出让、转让或出租用于非农业建设。这就为集体建设用地的农业生产用途画下基本红线，要求转为非农用途必须经政府严格审批处理。

（2）产权范围。依据《物权法》第五十九条，农民集体所有的不动产和动产，属于本集体成员集体所有。集体所有的不动产和动产包括法律规定属于集体所有的土地、森林、山岭、草原、荒地、滩涂等自然资源，以及集体所有的建筑物、生产设施、农田水利设施等。

运营管理：农村集体经济组织是农村集体资产的主要运营主体。依据《村民委员会组织法》，村民委员会应当依法管理本村属于村农民集体所有的土地和其他财产，应当尊重集体经济组织依法独立进行的经济活动的自主权，维护以家庭承包经营为基础、统分结合的双层经营体制，保障集体经济组织和村民、承包经营户、联户或者合伙的合法的财产权和其他合法权益。在此基础上，《农村集体经济组织法》明确了农村集体经济组织的法律地位和功能，主要负责集体资产运营管理。《乡村振兴促进法》明确提出以农村集体产权制度改革推动乡村振兴步伐，切实保障农民发展权益。

（3）股份合作。既是集体产权制度的内容形式，也是集体产权制度改革的重要改革方向。依据《物权法》，国家、集体可以出资设立有限责任公司、股份有限公司或者其他企业。国家、集体持有的不动产或者动产，投到企业的，由出资人按照约定或者出资比例享有资产收益、重大决定以及选择经营管理者等权利并履行义务。《农村集体产权制度改革试点方案》深入推进股份合作制改革，提出将农村集体经营性资产以股份或者份额形式量化到本集体成员，发展多种形式的股份合作。建立健全集体资产股权管理制度，明确股权的占有、收益、有偿退出及抵押、担保、继承等权能。依据《农村集体经济组织示范章程（试行）》，农村集体经济组织可以设置集体股、成员股等不同类型的股份，明确股份的分配和管理方式。

（4）收益分配。依据《农村集体经济组织示范章程（试行）》，农村集体经济组织的收益按照章程进行分配，保障成员的合法权益。依据《村民委员会组织法》，村民委员会实行财务公开制度，应当定期公布村务，其中涉及财务的事项至少每六个月公布一次，接受村民的监督。涉及村民利益的事项，如从村集体经济所得收益的使用、土地承包经营方案、村集体经济项目的立项与承包方案等，村民委员会必须提请村民会议讨论决定。

（5）资产清算。《农村集体资产清产核算办法》规定，农村集体资产清产核资需严格遵循法定程序和要求，明确后续产权归属，依法进行登记管理，确保资产管理公开、透明、规范。

（6）监管保护。依据《物权法》第六十一条，集体所有的财产受法律保护，禁止任何单位和个人侵占、哄抢、私分、破坏。集体经济组织、村民委员会或其负责人做出的决定侵害集体成员合法权益的，受侵害的集体成员可以请求人民法院予以撤销。

三、现代农业合作社制度

农业合作社是乡村社会集体产权制度的重要载体，以集体组织形式将乡村地区分散的劳动力、生产资料、生产工具、发展资金等进行系统整合，整体化运作实现集体所有制生产经营。自新中国成立以来，农业合作社经历了互助组、初级生产合作社、高级生产合作社、大型合作社、人民公社等多种形式，不断探索实现乡村经济发展的组织形式，逐步稳固确立起以生产资料公有制为基础的集体经济。改革开放以来，家庭联产承包责任制的全面落实，为新型农业合作社的诞生积蓄了发展力量。新型农业合作社属于现代意义的农业生产合作社，区别于建国初期农业合作化时期的互助合作形式，从时间节点上起于 80 年代，是由民间自发产生的形式多样、主体多元、经营自主等为主要特征的合作经济。

农民专业合作社初期大多以"专业技术协会""研究会"形式存在，如红薯研究会、水产研究会等，以产业范围内经济合作活动和信息交流为主，通常不具较大规模且规范性较差。后国家陆续出台《中华人民共和国农业法》《农业技术推广法》等，以基本法律制度指导农民专业科技组织相关行为活动。《中华人民共和国农民专业合作社法》正式实施，标志着农民专业合作社进入快速发展的进程。农民专业合作社是在农村家庭承包经营基础上，同类农产品的生产经营者或同类农业生产经营服务的提供者、利用者，自愿联合、民主管理的互助性经济组织。农业合作社具有法人资格，独立承担民事责任，依法在国家工商行政管理部门申请登记，领取营业执照。一般而言，组织机构设有成员大会、理事会和监事会。目前全国范围内，农民专业合作社之间以及合作社与社会组织、企业力量之间联系不断强化，且出现区域性、业务性关联较强的农民专业合作社联和网络体系。

当前现代农民专业合作社发展模式主要有以下内容：首先，发展多种形式的合作经济，将生产和流通合作置于首位，准确定位农产品商品化发展形势，将家庭经营环节融合到集体经济组织生产之中；其次，鼓励土地股份合作形式，积极创新乡村地区农业生产经营体制，规范发展农民土地股份合作社，优化完善新型农业经营体系，充分挖掘土地资源生产潜力；第三，创新农民合作社组建形式，通过土地入股、集体村股、资金技术等多元入股方式，规范农业生产市场化、推动土地适度规模经营和现代农业发展。

第三节 乡村社会保障制度

社会保障是社会稳定和经济发展的重要基础之一，也是依法治国的重要环节。国际劳工组织曾指出："没有社会的安定，就没有社会的发展；而没有社会保障，就没有社会的安定。"作为拥有庞大农业人口的发展中国家，建立行之有效的乡村社会保障制度以实现乡村社会的稳定发展，进而实现全社会的安定与和谐，具有特别重要的现实意义。乡村社会保障制度是国家和社会为保障农村居民的基本生活权益，通过法律和政策手段，提供物质帮助和社会服务的一种制度安排。乡村社会保障制度作为农村地区经济社会发展的重要支撑，旨在满足乡村居民多样化的需求。结合农村环境资源和人口结构的特点，乡村社会保障制度包括：乡村养老保障制度、乡村医疗保障制度和乡村社会救助制度。

一、乡村养老保障制度

乡村养老保障制度，即农村养老保障制度，是由国家直接提供或者通过一定方式支持相关主体，向符合法定条件的农村老年人提供经济帮助和生活支持，确保其能够维持基本的生活水平的制度体系。乡村养老保障制度旨在提供老有所养、老有所依必需的基础性、普惠性、兜底性服务，包括农村养老保险制度、农村生活保障制度和农村养老服务供给制度。

（一）农村养老保险制度

1. 农村养老保险制度的概念和特征

农村养老保险，简称"农保"，是指以农村非城镇户籍居民为保险对象，由政府组织引导，采取社会统筹和个人账户相结合的制度模式，将符合条件的农村居民纳入参保范围，参保人在达到规定年龄后享受养老保障待遇的保险制度。它以保障农村居民年老时的基本生活为目的，是带有社会福利性质的一种社会保障制度。我国当前农村养老保险与家庭赡养、土地保障以及社会救助等形式相结合，形成多层次的农村养老保障体系。

农村养老保险具有以下特征：首先，政府引导与自愿参保相结合。农村养老保险强调政府的引导作用，通过政策宣传和激励措施鼓励农村居民参保，但参保坚持自愿原则，不强制推行。其次，社会统筹与个人账户相结合。采用社会统筹和个人账户相结合的模式，基础养老金由社会统筹部分提供，个人账户养老金由个人缴费部分累积形成。第三，筹资方式多样化。筹资方式包括个人缴费、集体补助和政府补贴。个人缴费部分由参保人自行承担，集体补助部分由集体经济组织提供，政府补贴部分则由中央和地方财政共同承担。第四，保障水平与农村生产力发展相适应。农村养老保险的保障水平与农村生产力发展和各方面承受能力相适应，既保障基本生活，又不过度增加农民和集体的负担。

2. 农村养老保险制度的历史演进

我国农村养老保险制度发展曲折但成果丰硕，历经"农保"探索、"新农保"建构、统一城乡居民基本养老保险三个阶段。首先，"农保"探索阶段。1956年，《高级农业生产合作社示范章程》的颁布，标志着我国农村社会保障首次步入法治化进程，并形成农村五保供养制度的雏形。1991年，《县级农村社会养老保险基本方案》（民办发〔1992〕2号）正式出台，这是首个针对农民的正式社会保障文件，随即开展大规模试点。该方案明确农村社会养老保险基金以个人缴费为主、集体补助为辅的筹集方式，实行个人账户储备积累制，将农民个人缴费与集体补助全部记入个人账户，基金以县级机构为基本核算平衡单位，按国家政策运营，保险对象达规定领取年龄时，依据个人账户基金积累总额计发养老金。此方案为农村社会养老保险制度的建立提供了有力政策依据，且操作性强，促使各地方政府依据本地区实际，制定颁布相关地方性法规和规章。1994年，国务院颁布《农村五保供养工作条例》，详细规定五保供养在"吃、穿、住、医、葬"方面给予生活照顾和物质帮助，推动中国特色五保制度走向规范化、法治化。2007年，依据《国务院关于在全国建立农村最低生活保障制度的通知》，各地建立农村最低生活保障制度，保障救助对象的基本生活。2008年，党的十七届三中全会通过《中共中央关于推进农村改革发展若干重大问题的决定》，提出"贯彻广覆盖、保基本、多层次、可持续原则，加快健全农村社会保障体系"，为农村社会保障制度的发展和改革指明方向。其次，"新农保"建构阶段。新型农村社会养老保险重塑国家养老保险格局。2009年，国务院下发《关于开展新型农村社会养老保险试点的指导意见》，新型农村社会养老保险制度（"新农保"）正式启动，2011年又出台《关于开展城镇居民社会养老保险试点的指导意见》，标志着以非缴费型普惠制基础养老金加个人账户模式为亮点，突出政府财政补贴责任，以低水平收入群体为保障对象的社会保险制度在我国实施。"新农保"自2009年开展至2011年底，全国有32643.5万人参保，8922万达到年龄的人口领取了养老金。该制度深刻改变了我国农村数千年的养老传统与方式，在保障农村老年居民基本生活、调节收入分配、促进社会和谐稳定、缩小城乡社会保障差距等方面发挥积极作用。"新农保"制度的创新之处显著。一方面，实行基础养老金和个人账户养老金相结合的养老待遇计发办法，国家财政全额支付最低标准基础养老金；另一方面，实行个人缴费、集体补助、政府补贴相结合的筹资办法，地方财政对农民缴费实行补贴。这两个特点强调了国家对农民老有所养的责任，明确政府资金投入原则，与传统农村养老仅依靠农民自我储蓄积累形成鲜明对比。第三，统一城乡居民基本养老保险的建立。2012 年 7 月 1 日，人力资源社会保障部与财政部联合启动国家范围内的城乡居民社会养老保险制度全覆盖工作。2014 年 2 月，国务院颁发《关于建立统一的城乡居民基本养老保险制度的意见》，决定将"新农保"与城镇居民社会养老保险制度合并实施，在全国建立统一的城乡居民基本养老保险，并对制度形式、养老基金筹集方式、养老保险金支付标准等做出规定，标志着我国统一的城乡居民基本养老保险制度正式建立。城乡居民社会养老保险制度秉持"应保尽保""广覆盖"原则和公平核心理念，以参保对象的户籍、年龄和未参加其他形式基本养老保险为限制条件，适应了人口大规模流动和部分群体就业状态难以界定的情况，覆盖农村居民、城镇灵活就业人员、城镇退休但无基本养老保险等群体。2023 年 5 月，中共中央办公厅、国务院办公厅印发《关于推进基本养老服务体系建设的意见》，要求加快建成覆盖全体老年人、权责清晰、保障适度、可持续的基本养老服务体系。城乡居民社会养老保险制度的实施与完善，提前实现我国建立覆盖城乡全体居民养老保险制度的目标，对缩小城乡差距、缓和社会矛盾、维护社会公平意义重大。

3. 农村养老保险制度的内容

依据《国务院关于建立统一的城乡居民基本养老保险制度的意见》（国发〔2014〕8 号），我国统一城乡基本养老保险的内容包括：（1）参保范围与条件：年满 16 周岁（不含在校学生），非国家机关和事业单位工作人员及不属于职工基本养老保险制度覆盖范围的城乡居民，可以在户籍地参加城乡居民养老保险。（2）缴费标准：缴费标准分为多个档次，由参保人员自主选择。常见的缴费档次包括每年 200 元、400 元、500 元、600 元、700 元、800 元、900 元、1000 元、1500 元、2000 元等 12 个档次，省（区、市）人民政府可以根据实际情况增设缴费档次（3）集体补助。有条件的村集体经济组织应当对参保人缴费给予补助，补助标准由村民委员会召开村民会议民主确定，鼓励有条件的社区将集体补助纳入社区公益事业资金筹集范围。补助、资助金额不超过当地设定的最高缴费档次标准。（4）政府补贴：政府根据参保人员的缴费档次给予相应的补贴，以鼓励居民积极参保。补贴形式包括基础养老金补贴和缴费补贴，基础养老金由中央和地方财政共同承担。（5）养老金待遇：基础养老金由政府确定标准并全额支付，各地标准有所不同，根据经济发展水平和物价变动适时调整。个人账户养老金以个人账户储存额除以计发月数（根据退休年龄确定），缴费时间越长、缴费档次越高，领取的养老金越多。（6）待遇领取条件：年满60周岁、未享受城镇职工基本养老保险待遇的农村居民，可按月领取养老金。新农保制度实施时，已年满60周岁且未享受城镇职工基本养老保险待遇的，不用缴费，可按月领取基础养老金，但其符合参保条件的子女应当参保缴费。（7）养老保险关系转移接续：参保人员跨地区流动时，其养老保险关系可以随之转移，确保参保人的权益不受影响。

4. 流动人群的养老参保补偿制度

为解决流动人口（如农民工、灵活就业人员、跨省就业人员等）因户籍、地域差异导致的参保难、待遇享受不连续等问题，在养老保险参保和待遇享受方面的问题，构建了流动人群的养老参保补偿制度。首先，在参保资格上，2025年1月，国家发展改革委印发《全国统一大市场建设指引（试行）》，明确提出全面取消在就业地参保的户籍限制，流动人群可在就业地直接参保，享受与当地户籍居民同等的社保待遇。其次，在跨省转移接续上，根据国办发〔2009〕66号文，参保人员跨省流动就业时，其基本养老保险关系随同转移到新参保地，个人账户储存额全部转移，统筹基金按12%的比例转移。第三，在养老待遇领取上，参保人员达到退休年龄时，根据其在各地的缴费年限确定待遇领取地。在某地累计缴费满10年的，由该地负责待遇发放；否则由户籍所在地负责。

（二）农村养老生活保障制度

农村养老生活保障制度，是国家和社会通过法律、政策和经济手段，为农村老年人提供特殊基本生活保障和社会服务的一种制度安排。其对于农村老年人的晚年生活质量、农村社会的和谐稳定以及乡村振兴战略的推进均具有重要意义。农村养老生活保障制度包括补贴制度、救助制度和养老设施供给制度。

首先，补贴制度。包括农村老年人服务补贴和护理补贴制度。截至2017年末，全国经济困难的高龄老年人津贴制度已实现省级全覆盖，养老服务补贴和护理补贴制度也已在全国大部分省、直辖市和自治区推行。这些政策制度的实施，旨在从经济层面给予农村老年人直接支持，缓解其因年龄增长、身体机能衰退以及经济收入有限所面临的生活困境，提高其生活保障水平。提高农村基本养老金水平，推广老年食堂、互助养老等服务模式，减轻农村老年人的生活负担。其次，救助制度。《社会救助暂行办法》在各级政府的积极践行下，发挥着关键作用。符合条件的农村高龄老人、失能老人、独居老人及时纳入最低生活保障范围，并以分散供养和集中供养相结合的方式，确保其得到妥善的生活照顾和物质帮助。分散供养满足了部分老年人希望在熟悉的家庭环境中安度晚年的需求，同时政府通过提供生活补贴、组织志愿者服务等方式，保障其基本生活质量；集中供养则为那些缺乏家庭照料或需要专业护理的老年人提供了更为适宜的养老环境，配备专业医护人员和养老服务设施，为老年人的健康和生活提供全方位保障。最后，养老设施供给制度。推进乡镇区域养老服务中心建设，完善农村养老服务设施，新建和改造农村敬老院、福利院等养老机构；配备无障碍通道、防滑设施等安全保障设施，设立乡村医疗室、康复室等专业服务场所，以满足老年人的生活安全和健康护理需求；设置养老服务人员培训机构，定期组织养老服务人员参加专业培训，提高其服务技能和专业素养。

当前，广覆盖、可持续的农村老年人生活保障体系已初步搭建完成。但这仅仅是一个起点，随着社会经济的持续发展，仍需在多方面进行不断完善。在政策层面，应根据农村养老的实际需求和社会发展趋势，进一步优化补贴制度，提高补贴标准，扩大补贴范围，增强政策的精准性和有效性；在制度层面，加大生活保障制度供给，盘活土地的要素价值，探索农村老年人通过土地流转、土地入股等方式获得经济收入，作为养老生活保障制度的重要补充；在养老设施建设层面，应加大对农村养老设施的投入，不仅要增加养老机构的数量，还要注重提升设施的质量和功能，建设更多高质量的养老机构和社区养老服务中心，构建更加完善的农村养老服务网络。

（三）农村养老服务供给制度

农村养老服务供给制度是指通过政府、社会、市场、家庭等多元主体的协同合作，为农村老年人提供生活照料、医疗护理、精神慰藉等服务的制度安排。生活照料包括日间照料、短期托养、助餐配餐、代买代办等服务。医疗护理包括健康监测、慢性病管理、康复指导等服务，在养老机构内设医疗机构，医养结合。精神慰藉通过邻里互助、志愿服务等方式，为农村老年人提供精神抚慰和关怀。

"十四五"期间，民政部会同财政部深入开展居家养老、社区养老服务改革试点工作。农村养老服务供给制度包括：（1）居家养老服务制度。居家养老服务是指以家庭为核心、以社区为依托、以专业化服务为依靠，为居住在家的老年人提供以解决日常生活困难为内容的社会化服务。除了家庭赡养，每年中央财政投入 10 亿元用于推进居家社区养老服务试点，其中就包括了农村地区的居家养老服务试点。（2）互助养老服务制度。互助养老服务是一种以村集体或社区为基础，通过两个以上主体（如老年人、志愿者、社会组织等）之间的互惠互助和资源共享，为老年人提供养老服务的模式。这种模式强调老年人从被动的"待养"角色转变为主动的服务提供者，通过自身力量解决养老问题，同时降低养老成本。互助养老服务面向农村和社区中的老年人，特别是高龄、失能、独居、空巢等特殊群体。国家发展改革委组织实施社会服务兜底工程，鼓励农村集体经济组织和社会资本参与养老服务设施建设与运营，支持城市养老服务机构运营农村养老服务设施。（3）乡镇敬老院供养制度。乡镇敬老院是乡镇政府主办的社会福利事业单位，为农村特困人员提供集中供养服务。其目标是解决农村孤寡老人的养老问题，保障其基本生活权益。供养对象以农村特困人员为主，优先接收失能、半失能和无房、住危房的特困人员。在满足特困人员需求的前提下，敬老院可开展社会养老服务，接收其他有需求的老年。中央财政每年安排福利彩票公益金，重点支持农村社区养老服务设施、农村五保供养设施、光荣院等设施设备更新改造。将农村养老服务设施纳入乡镇级国土空间规划或村庄规划，推进互助性养老服务设施建设。目前，在中央财政支持下农村养老服务已经初步形成了以家庭赡养为基础、以养老机构和互助养老院为依托、乡镇敬老院托底、农村老年协会积极参与的供给新格局。

党的十八大以来，各省市根据本地实际情况，探索构建并全力推进符合实际的养老服务模式，建立更有效、更有针对性的农村养老服务体系。青海省海南藏族自治州依据自身农村农牧区结合的特点，创新养老模式，提升农村特困老年人的生活水平。湖北省随州市建成农村老年人互助照料活动中心和村卫生室，通过"两室联建"探索农村养老新模式。安徽省铜陵市义安区充分发挥村庄内生性力量，依托农村老年协会提升农村养老服务水平。河北省邢台市巨鹿县创建"医养一体、两院融合"的农村养老模式。河南省武陟县依托"慈善工程"发展本地养老事业。这些地方性探索日趋多样化并取得初步成效，为全国提供了可借鉴、可复制和可推广的成功经验。

二、乡村医疗保障制度

乡村医疗保障制度，即农村医疗保障制度，是国家提供基本医疗健康服务，以确保农村居民能够获取基本医药及享受基本医疗服务，进而改善健康状况的一种社会保障制度。从服务内容看，包括医疗支付需求和医疗服务供给两个层面的保障制度。从服务体系构成看，既包括政府提供的公共卫生、医疗保险制度、医疗救助制度，也包括患者家庭提供的自我保障及市场提供的商业医疗保险等制度。城乡医疗资源的不平衡性、经济社会发展的差异性、农民对医疗服务需求的多元性，决定必须探索构建供给主体多元化、供给服务多样化的乡村医疗保障体系。乡村医疗保障制度包括基本医疗保障制度、补偿医疗保障制度和自费医疗保障制度。基本医疗保障制度，包括城乡居民基本医疗保险、社会保险等，通过互助共济，保障参保农民的基本权益；补偿医疗保障制度，包括农村医疗救助和大病医疗保险，对农村弱势群体医疗需求给予基本帮助；自费医疗保障制度，包括家庭保障和商业医疗保险，作为基本医疗的补充。

（一）基本医疗保障制度

基本医疗保障制度是指通过国家、社会和个人共同参与，为包括农村居民在内的全体国民提供基本医疗服务和经济保障的制度体系。我国当前城乡居民基本医疗保险整合了新型农村合作医疗和城镇居民基本医疗保险，覆盖城镇非就业人口和全体农村人口。基本医疗保险基金由统筹基金和个人账户组成。统筹基金用于支付住院和部分慢性病门诊费用，个人账户用于支付一般门诊费用。

1. 新型农村合作医疗制度

新中国成立初期，农村地区的医疗状况极为严峻，居民普遍面临着缺医少药的困境，而且医疗费用几乎全部需要自行承担。1955 年 5 月，山西省高平县米山乡联合保健站正式成立，这一事件标志着合作医疗制度雏形的出现。该保健站通过农业生产合作社、农民群众以及医生三方共同筹资的方式获取运营资金，始终秉持预防为主、巡回医疗、分片负责的工作原则，积极开展卫生防疫、妇幼保健、改善人居环境等一系列重要工作。在医生报酬支付方面，采取记工分与现金相结合的方式，既贴合农村实际情况，又合理地兑现了医生的服务价值。1960 年，中共中央高度重视并转发了卫生部党组《关于全国农村卫生工作山西稷山现场会议情况的报告》以及附件《关于人民公社卫生工作几个问题的意见》，大力推广"米山经验"。在此推动下，农村合作医疗制度在全国农村地区广泛推行。当时，合作医疗基金的筹集依靠集体（生产大队）和个人共同承担，其中集体筹集的部分直接从生产大队的"公益金"中提取，这一稳定的资金来源确保了医疗基金的持续畅通，同时也表明集体经济制度在当时成为合作医疗制度得以稳固发展的重要经济支柱。改革开放之后，家庭联产承包责任制全面推行，家庭逐渐取代生产大队，成为农村基本的生产单位。这一重大变革使得农村合作医疗制度失去了原有的政策支持，陷入发展困境。进入 21 世纪初期，"因病致贫返贫"问题在农村地区愈发突出，严重影响农村居民的生活质量与社会稳定。为了挽救处于艰难处境的农村医疗卫生事业，2002 年 10 月，党中央和国务院及时颁布了《关于进一步加强农村卫生工作的决定》，明确提出要建立以大病统筹为主的新型农村合作医疗制度，重点解决因大病引发的贫困问题，并计划到 2010 年使新型农村合作医疗制度基本覆盖全体农村居民。2003 年，政府充分考虑到各地区经济社会发展水平的差异，在不同地区先后开展新型农村合作医疗（简称"新农合"）制度试点工作。截至 2023 年底，城乡居民医保参保率稳定在 95% 左右。农村低收入人口和脱贫人口参保率稳定在 99% 以上。新农合成功实现对全部农村地区的覆盖，为广大农村居民提供了重要的医疗保障。

新农合的保障范围与城镇居民基本医疗保险制度相比：资金政策上，新农合的资金来源包括个人缴费、集体扶持和政府资助。2025 年，财政补助和个人缴费标准均有所上调，财政补助达到每人每年不低于 670 元，个人缴费标准为 400 元；参保政策上，政府对农村低收入人口（包括特困人员、低保对象、返贫致贫人口等）实施分类资助参保政策，确保这些群体动态纳入基本医疗保险覆盖范围。农村低收入人口因跨区域参保或非个人原因断保的，原则上不设待遇享受等待期，确保待遇无缝衔接；大病医疗保险倾斜政策上，农村居民大病医疗保险起付线降低至当地上年居民人均可支配收入的 50%，政策范围内支付比例稳定在 60% 左右。对特困人员、低保对象和返贫致贫人口，实施起付线降低 50%、报销比例提高 5 个百分点；激励政策上，自 2025 年起，连续参保满 4 年的农村居民，每多参保一年，大病医疗保险最高支付限额提升至少 1000 元。当年未使用医保基金报销的参保人员，次年可提高大病医疗保险最高支付限额。二十多年来，新农合在服务方面不断优化，进一步放开放宽在常住地、就业地参加基本医保的户籍限制，特别是针对特大城市和超大城市；开展基层医疗服务，每个行政村至少保障 1 个村卫生室纳入医保定点管理，支持村医开展家庭医生签约服务。医保药品目录持续扩容，从 2003 年的 300 余种药品增加到 2024 年的 3088 种，更多肿瘤、罕见病用药实现医保"零的突破"，进一步减轻农民医疗负担。

2. 城镇居民基本医疗保险制度

随着社会的持续发展，农村医疗保障领域面临着一系列新的挑战。一方面，农村居民的收入水平显著低于城镇居民，与此同时，新农合的医疗支出报销比例也明显低于城镇基本医疗保险，这导致农村居民的医疗支出负担相对较重。另一方面，大量农村劳动力选择外出务工，其中约 60% 的人员长期在本县以外的地区流动。而新农合以县域为范围进行医疗支出补偿，这使得大部分外出农民工难以享受到新农合的福利保障。此外，城乡分割的医疗保险制度还导致了重复参保、重复补贴和重复建设等问题日益严重。为了有效应对这些复杂问题，2016 年国务院出台了《关于整合城乡居民基本医疗保险制度的意见》，明确提出将新农合与城居保进行整合，逐步取消城乡分割的基本医疗保障制度，全面推动城乡居民基本医疗保险（简称"城乡居民医保"）在全国范围内的实施。这一重要举措从政策层面有力地打破了长期存在的城乡"医疗二元结构"，为实现农民和城镇居民享受同等医保待遇的目标迈出了关键一步。

中小学阶段的学生（包括职业高中、中专、技校学生）、少年儿童及所有非从业的城镇居民均可参加城镇居民基本医疗保险。城镇居民基本医疗保险的保障范围包括：（1）基本医疗保险，涵盖农村居民的常见病、多发病和一些重大疾病的门诊、住院、手术、药品、检查等费用的报销；（2）大病医疗保险，针对高风险、高费用的重大疾病提供保障，如癌症、肾脏疾病等；（3）特殊疾病保障：包括艾滋病、结核病等特殊疾病的药品费用和治疗费用；（4）特殊人群保障：为孕妇、儿童等特殊人群提供相应的保障措施。城镇居民基本医疗保险基金纳入社会保障基金财政专户统一管理，单独列账，确保基金的安全和合理使用。城镇居民基本医疗保险制度与城镇职工基本医疗保险、新型农村合作医疗等制度相互衔接，逐步整合为统一的城乡居民基本医疗保险制度。

3. 对农村特殊群体的关怀制度

对农村特殊群体的医疗参保关怀制度，是指为减轻其医疗负担，防止因病致贫、因病返贫，而针对农村居民开展的照顾政策，包括医保资助和医保减免制度。

医保资助分为全额资助和定额资助。全额资助，是对农村特困人员，政府给予全额资助参保，确保其无须个人缴费即可享受基本医疗保险。定额资助，是对农村低保对象、返贫致贫人口以及脱贫不稳定且纳入监测范围的低收入人口，给予定额资助参保。同时，已稳定脱贫的人群按标准退出，不再享受医疗救助资助参保政策。医保减免是对农村特殊群体的医保缴费难题开展的针对性减轻或免除。例如，江苏省规定年龄高于70岁的老人可免交医保费用；北京市则对儿童和60岁以上的老人给予缴费减半的优惠政策。农村特困人群也得到了充分照顾，以苏州为例，对于特困供养人员、重点优抚对象、征地保养人员、最低生活保障人员、低保边缘重病困难救助人员等，均免除其城乡医保的缴纳费用。伤残人士同样被纳入政策关怀范围，天津市规定重度残疾人员可免交城乡医保；苏州则明确1-4级伤残人士可以免除缴费。当前，城乡医保正进一步向特困人员、低保对象和返贫致贫人口倾斜，通过提供政策托底保障，确保这些特殊群体能够切实享受到医疗保障服务，充分体现了制度的公平性与人文关怀。

（二）补偿医疗保障制度

1. 贫困农民医疗救助制度

贫困农民医疗救助是在农村贫困地区，对因患病无力医治或因患重大疾病而致贫的农村家庭，给予无偿援助和经济支持的惠农救助制度。根据农村医疗救助的目的和原则，农村医疗救助对象可确定为无固定收入、无生活依靠及生活在农村最低生活保障线以下的人群。农村医疗救助的内容分为常规救助和大病救助两个层次。常规救助是基本防治服务，包括传染病、地方病、妇幼保健、常见病等医疗服务，救助方式不限于单一的资金补助，可以是资助贫困户参加城乡居民医保、对大病贫困患者提供医药费用补助，也可以是实行医药费用减免、专家义务巡诊及社会慈善救助。大病救助是对巨额医疗费用予以补偿。随着 2003 年民政部、卫生部、财政部三部委联合发布《关于实施农村医疗救助的意见》，全国范围内开始建立农村医疗救助制度，帮助改善贫困农民群体的健康状况。2016 年 6 月 21 日，国家卫生和计划生育委员会等 15 个中央部门联合发布《关于实施健康扶贫工程指导意见》（〔2016〕26 号），通过扩大门诊救助范围，逐步取消病种与起付线的限制，真正履行"应救尽救""公平救助"的制度初衷，提升门诊救助的补偿比例，制定贫困人群医疗自付费用补充救助的政策安排，进一步发挥医疗救助制度的济贫功能。

2. 大病医疗保险制度

大病医疗保险，全称为城乡居民大病医疗保险，是基本医疗保险的拓展和延伸，旨在为参保人员因重大疾病产生的高额医疗费用提供进一步保障，防止因病致贫或因病返贫。大病统筹基金具体划分为住院统筹基金、特殊重大慢性病大额门诊统筹基金和正常产住院分娩补助基金三部分，分别用于农民住院补偿、特殊重大慢性病大额门诊补偿和正常产住院分娩补助。确定比较合理的大病标准是建立农村医疗保险制度的基础和前提。当时，在经济发展相对落后的农村，几百元的医疗费用，就可能导致农户家庭整体返贫。大病的标准不可能按照医疗费用的绝对数量来确定，而应以对农民家庭生活的实际影响为参照。2012 年 8 月 30 日，国家正式出台由商业保险机构承办的大病医疗保险制度。

大病医疗保险并非商业保险，而是由政府主导、商业保险机构承办的社会保障制度。大病保险资金从城乡居民基本医保基金中划拨，由政府向商业保险机构购买大病保险服务。因此，大病医疗保险的保障对象为参加城乡居民基本医疗保险的参保人员。参保人无须单独申请或缴费，只要参加了城乡居民基本医疗保险，即自动纳入大病医疗保险保障范围。大病医疗保险针对参保人员在定点医疗机构发生的住院（含Ⅰ类门诊慢特病）医疗费用。经基本医保报销后，政策范围内个人自付费用按规定纳入大病医疗保险支付范围。医保目录外的自费费用、超限价自付费用等不纳入大病医疗保险支付范围。大病医疗保险的起付线原则上不高于当地居民上年度人均可支配收入的50%。报销支付比例不低于60%，部分地区根据费用分段报销，如0—2万元报销65%，2—5万元报销70%，5万元以上报销75%。

（三）自费医疗保障制度

1. 商业补充医疗保险

商业补充医疗保险，是指对于基本医疗服务以外的非基本医疗服务，鼓励农民自愿购买商业医疗保险，推动社会成员之间的互保。目前，国内商业保险公司参与乡村养老保障制度建设有独立开展商业医疗保险、承办政策性农村医疗保险、商业保险公司参与三种模式。《关于开展城乡居民大病医疗保险工作的指导意见》提出，必须制定商业保险机构的基本准入条件，规范大病医疗保险招投标与合同管理，建立起以保障水平和参保人满意度为核心的考核办法，提升大病医疗保险管理服务的能力和水平，引导和鼓励商业医疗保险机构参与农村医疗保险。在多层次农村医疗保障体系中，政府、市场及社会三种供给主体的覆盖人群不同，实行功能互补衔接，纵向积累与横向互济结合，共同构成一个多元整合型的农村医疗供给体系，有效解决广大农民医疗卫生保障问题。

2. 流动人群的医疗参保补偿制度

流动人群的医疗参保补偿制度是指针对流动人口（如农民工、灵活就业人员、跨省就业人员等）在医疗保险等参保和待遇享受方面的政策安排。这些制度旨在解决流动人口因户籍、地域差异导致的参保难、待遇享受不连续等问题，保障其基本权益。改革开放后，以农民工为主体的流动人群医疗保障问题边缘化倾向明显。在全国出台的城乡居民医疗保险整合文件中，大多数只将参保人群原则性表述为"包括现有城镇居民医保和新农合所有应参保（合）人员，即覆盖除职工基本医疗保险应参保人员"，仅有广东、广西、甘肃及新疆等12省份做出明确规定。因此，针对农民工群体的不同特点需求，建立了流动人群灵活就业的参保补偿制度。首先，分层分类保障的方法：对于长期在城镇工作居住、事实上已经城镇化的农民工，在变更户籍为市民身份的基础上，通过扩大制度覆盖面，将其逐步纳入城镇基本医疗保险制度。对于城乡"双栖"型的农民工，在尊重其参合意愿的基础上，将其逐步纳入农村医保制度体系。对于低收入农民工，降低准入门槛，允许其缴纳部分医疗保险费，享受相应比例的统筹基金支付待遇。其次，筹资参保层面，通过合理设定筹资时间、建立农民工自助缴费、委托户籍所在地亲朋代缴等方式，建立了针对农民工的合理的灵活就业筹资机制，提高参保率。第三，补偿报销层面，优化报销流程，方便外出务工农民受益于农村医保制度。可通过返乡农民工自己办理、邮寄或网上申报办理、委托亲友办理报销事宜。对于流动性高、劳动关系不稳定的参合农民工，政府和定点医疗机构应放宽报销的时间限制，简化报销程序，提高异地报销比例。由于异地就医费用结算涉及包括患者、医疗机构、输出地新农合经办机构以及输入地经办机构等在内的多个主体，建立了相关的网络技术信息对接及互信委托机制，充分利用网络资源，互通信息、严格审核，加强异地就医管理，为农民工异地就医及报销提供方便。随着经济发展与观念更新，异地就医费用结算办法陆续出台。实现异地就医、异地报销一卡通，既解决农民工医疗卫生服务可得性问题，又为全国医疗保障城乡一体化管理奠定基础。医保参保：流动人群可选择在就业地参加城镇职工基本医疗保险或城乡居民基本医疗保险。

三、乡村社会救助制度

乡村社会救助制度，又称农村社会救助制度，是指由政府承担，针对乡村贫困家庭提供物质帮助，使这些家庭能够抵御生存危机，从而维持基本生活的一种社会保障制度。我国社会救助制度经历了从"救济"到"救助"模式的选择与发展过程。通常来说，救济是一种消极的救贫济穷措施，基于一种同情和慈善的心理，对贫困者行善施舍，多表现暂时性的救济措施；而救助则更多反映的是一种积极的救困助贫措施，是出于政府的责任而采取的长期性的帮助。基于特定时期的社会条件、经济发展状况以及社会保障制度的制约。新中国成立初期的社会救助主要通过紧急救助的形式，为战后大量贫民提供临时性救助，帮助他们渡过难关。进入全面建设社会主义时期后，单位体制成为我国最主要、最基本的社会组织方式，社会救助对象的主体转变为孤老病残、无单位人员以及一些具有特社会身份的困难人员。改革开放前期，我国的社会救助先是恢复计划经济时期的救助模式，维持城乡分野的救助格局，并在救助范围、救助方式、救助资金投入等方面有所发展。进入20世纪90年代以后，与社会主义市场经济体制相适应，逐步构建了以低保救助、五保供养核心，以专项救助为辅助，覆盖城乡的新型社会救助体系，初步实现了新型社会救助制度的定型化、规范化和体系化，实现了济贫理念由"救济"向"救助"的转变。

（一）农村最低生活保障制度

最低生活保障制度，简称"低保"制度，是国家和社会为向收入难以维持最基本生活的贫困人口提供保障而建立的一种社会救济制度。宪法和法律赋予每个公民在其不能维持最低生活水平时请求国家和社会按照法定标准向其提供最低生活需要的权利，最低生活保障制度就是国家为了保障公民基本生存权而设立的一项制度，其目的就是要将生活水平处于最低生活保障线下的公民的物质帮助权予以"制度化"和"法律化"。我国《宪法》第四十五条规定："中华人民共和国公民在年老、疾病或者丧失劳动能力的情况下，有从国家和社会获得物质帮助的权利。"根据这一规定，所有公民都有在一定条件下获得物质帮助的权利，最低生活保障权就是这一物质帮助权的一种重要表现形式。2007年，《国务院关于在全国建立农村最低生活保障制度的通知》发布，标志着我国农村最低生活保障制度的建立。通知要求，由地方政府为家庭人均纯收入低于当地最低生活保障标准的农村贫困群众，按最低生活保障标准，提供维持其基本生活的物质帮助。实施农村最低生活保障制度所需的资金，基本由各级财政分级负担。农村最低生活保障制度的建立，使过去由政府和集体实施的临时救助，转变成一项更加规范的社会救助制度。

1. 农村最低生活保障制度的概念和特征

农村最低生活保障制度（简称"农村低保"），是指政府对于家庭人均收入低于最低生活保障标准的农村贫困家庭，以户为单位，通过财政补贴获得必要的生活支持的社会保障制度。农村最低生活保障制度作为国家社会保障制度的重要组成部分，直接影响到农村社会的稳定与发展，建立健全农村最低生活保障制度既是保障广大农民生活的重要举措，也是乡村振兴的必然要求。农村最低生活保障制度具有以下几个基本特征：（1）保障的绝对性。国家和社会通过农村最低生活保障制度赋予农村贫困人口一定的经济利益，凡属于保障标准范围内的社会成员都可以无条件获得这种利益。这也是农村最低生活保障制度的性质所决定的。如果规定接受救助需要附加一定的条件，那么则会有一部分应该得到救助的贫困家庭因此而得不到救助，使最低生活保障制度失去其应有的意义。因此，从这一层面上说，最低生活保障制度的保障是绝对的、无条件的。（2）保障水平的低层次性。农村最低生活保障制度旨在保障农村居民生存所需要的最基本的生活水平，使贫困家庭摆脱生活困境，预防社会风险，而非改善或提高生活质量，因此，它不同于社会福利和社会保险，是社会保障体系中保障水平最低的，仅仅是为了维持保障对象的最低生活标准。（3）权利、义务的单向性。与社会保险等制度需要事先缴纳费用不同，农村最低生活保障制度作为社会救助制度之一，事先不需要缴纳任何费用，它的费用完全由国家和社会负担。提供给受助帮的救助金是单向的，无须偿还的，强调的是国家和社会责任。

2. 农村最低生活保障制度的内容

首先，在保障对象上，包括家庭年人均纯收入低于当地最低生活保障标准的农村居民以及因病残、年老体弱、丧失劳动能力或生存条件恶劣等原因造成生活常年困难的农村居民。其次，在审批流程上，一般由户主本人向户籍所在地的乡（镇）人民政府提出申请；村民委员会也可受乡（镇）人民政府委托受理申请。村民委员会对申请人开展家庭经济状况调查，组织村民会议或村民代表会议民主评议后提出初步意见，报乡（镇）人民政府审核。乡（镇）人民政府审核后，报县级人民政府民政部门审批。审批结果需向社会公示，接受群众监督。第三，在资金筹措上，农村最低生活保障资金的筹集以地方为主，地方各级人民政府需将农村低保资金列入财政预算，中央财政对财政困难地区给予适当补助。第四，在保障标准上，农村最低生活保障标准由县级以上地方人民政府根据当地农村居民全年基本生活所必需的费用确定，并报上一级地方人民政府备案后公布执行。保障标准会根据当地生活必需品价格变化和人民生活水平的提高适时调整。如2024年，昆明市农村低保标准调整为6400元/人/年。江苏宿州市农村低保标准为每人每年8664元（每人每月722元）。第五，在资金发放上，通过代理金融机构直接支付到保障对象账户，确保资金发放及时、准确。第六，在监督使用上，乡（镇）人民政府和县级民政部门定期或不定期调查农村困难群众的生活状况，及时将符合条件的困难群众纳入保障范围。对于保障享受资格，根据家庭经济状况的变化，及时办理停发、减发或增发最低生活保障金的手续，并向社会公示。

（二）农村灾害救助制度

农村灾害救助制度是一种应急性的救济，是为帮助灾民脱离灾难险情、减轻灾害损失、克服灾后生活和生产困难而提供的社会援助的制度体系。农村灾害救助制度包括普通灾害救助和农业灾害救助。农村灾害救助制度的保障对象是遭受灾害侵袭的农户。

新中国防灾减灾救灾史，是一部党领导人民应对挑战、战胜灾难、不断前进的历史。不论是革命、建设、改革时期，还是中国特色社会主义新时代，党领导下的防灾减灾救灾工作始终坚持以人民为中心，制定实施了一系列方针政策，防灾减灾救灾事业发生了根本性变化、取得历史性成就，防灾减灾救灾体制机制不断完善，制订了应急管理相关法律法规，以《突发事件应对法》为基本法，以各行业领域单行法为支撑的防灾减灾救灾体系初步形成。同时，全国修订各类应急预案780余万件，形成了以《国家突发事件总体应急预案》为龙头，各级各类应急预案为支撑的国家应急预案体系。新时代防灾减灾救灾工作实现了防范环节关口前移、救援环节提前预置力量物资、救灾环节快速响应、恢复重建环节统筹实施的重大转变。

1. 自然灾害救助制度。普通灾害救助制度是指国家和社会为应对农村地区因普通自然灾害造成的损失,保障受灾群众基本生活,减轻灾害影响而建立的一系列政策和措施。该制度旨在通过应急响应、物资调配、生活救助等方式,帮助受灾群众渡过难关,维护农村社会稳定。普通灾害救助制度的内容包括:(1)自然灾害应急救助体系。包括雪灾、地震、滑坡、泥石流、风雹、风暴潮、草原火灾等自然灾害。调整优化国家应急响应启动标准和条件,完善重大自然灾害应对程序和措施,建立与经济社会发展水平相适应的自然灾害救助标准调鉴机制,统筹应急救助、过渡期生活救助、灾害临时生活困难救助、冬春临时生活困难救助、因灾倒损民房恢复重建等工作。(2)职责部门。民政部门承担社会救助体系建设牵头统筹职责,负责基本生活救助;教育、人力资源和社会保障、住房和城乡建设、卫生健康、应急管理、医疗保障等部门根据职责分工,分别负责相关专项社会救助;财政部门根据困难群众基本生活保障需要和物价变动等情况,做好各项社会救助资金保障。中央财政困难群众救助补助资金重点向救助任务重、财政困难地区倾斜。(3)救助对象。对遭遇突发事件、意外伤害、重大疾病,受传染病疫情等突发公共卫生事件影响或由于其他特殊原因导致基本生活暂时陷入困境的家庭或个人以及临时遇困、生活无着人员,给予急难社会救助。对遭遇自然灾害的,给予受灾人员救助。

2. 农业灾害救助制度。农业灾害救助制度是指国家为应对农业自然灾害和生物灾害,保障农业生产者的基本生产生活,减轻灾害损失而建立的一系列政策和措施。(1)资金筹集。农业灾害救助资金主要来源于中央和地方财政预算安排的专项补助资金。中央财政设立农业生产救灾及特大防汛抗旱补助资金,用于支持应对农业灾害的预防、控制和灾后救助。(2)救助对象。农业灾害救助的对象包括受灾的农户、直接从事农业生产的专业合作组织、家庭农场及相关企业、事业单位。(3)受保障的农业灾害类型包括自然灾害(干旱、洪涝、低温冻害、雪灾等)和生物灾害(农作物病虫害、草害、鼠害、植物疫情、水体有害生物暴发等)。(4)救助措施。包括现金援助,对受灾农户进行现金补助,帮助其恢复生产;物资支持,提供化肥、农膜、种子、种苗、饲料等生产物资补助;技术指导,组织农业专家提供技术培训、作业费、农机检修费等支持;灾后恢复,支持农业设施修复、功能恢复、死亡动物无害化处理等。(5)资金管理。根据受灾情况、农作物种植面积、畜禽水产养殖数量等因素进行资金分配;由地方财政部门会同农业、水利等部门联合向中央部门申报,中央部门审核后下达资金；资金使用需公开透明，补助农户的资金通过"一卡通"直接发放。

（三）特困人员救助制度

特困人员救助制度是指国家为保障无劳动能力、无生活来源且无法定赡养、抚养、扶养义务人或其法定义务人无履行义务能力的老年人、残疾人以及未成年人提供基本生活保障和服务的一项社会救助制度。特困人员一般包括三类，一类是无劳动能力的人，如60周岁以上的老年人，未满16周岁的未成年人，残疾等级为一、二级的智力、精神、视力、肢体残疾人等；二类是无生活来源的人，如收入低于当地最低生活保障标准，且财产符合特困人员财产状况规定；第三类是其他人员，如无法定赡养、抚养、扶养义务人或其法定义务人无履行义务能力。特困人员救助制度通过提供基本生活保障、照料护理服务和医疗救助，确保特困人员的基本生活需求得到满足，维护基本权益，促进社会公平与和谐稳定。特困人员救助制度包括农村五保户供养制度和城乡特困人员救助供养制度。

1. 农村五保户供养制度

农村五保供养制度，是指对农村中既无劳动能力、又无经济来源的老、弱、孤、残农民，由集体供养，实行保吃、保穿、保住、保医、保葬（孤儿保教）的制度，简称"五保"。农村五保户供养制度是我国乡村地区长期实行的一种社会救助制度，其起源可以追溯到20世纪50年代，最初以集体互助供养为主，由农村集体经济组织承担主要责任。1994年1月，《农村五保供养工作条例》颁布实施，明确五保供养是农村集体福利事业，经费和实物由农村集体经济组织负责。1996年，民政部发布《关于加强农村社会保障体系建设的意见》，提出乡镇统筹资金用于农村最低生活保障和五保供养。1997年，民政部颁布《农村敬老院管理暂行办法》，标志着五保供养工作走上规范化、法治化轨道。2006年，《农村五保供养工作条例》修订后，国家开始全面承担五保供养的托底责任，资金来源也从集体公益金转变为财政预算。2007年，国务院要求基本实现农村五保供养从农民集体互助共济向财政供养为主的转变。2019年后，在精准扶贫思想的指导下，我国农村五保政策有了一些新变化，首先在五保户的生活保障方面：在精准扶贫工作以及国家"十三五"规划的带动下，对五保户的补贴标准有所上调。其次，在住房方面：前些年，国家基本是通过危房改造的方式来为五保户提供基本的住房保障，而在2019年土地确权之后，五保户的房屋也能进行确权登记，这大大加强了五保户的住房权益。简单来说就是让五保户住得更安心、住得更放心。第三，在医疗看病方面：2019年后，五保户在看病时不仅能享受医疗保险的优惠，其中自己支付的部分费用还能享受国家的大病救助补贴，双重的保障更有效地解决了五保户家庭看病难的问题。农村五保户供养制度未来将继续优化服务供给，提升保障水平，助力乡村振兴。

农村五保供养制度的内容包括：（1）供养对象。五保供养对象主要针对农村中无劳动能力、无生活来源、无法定赡养扶养义务人的老年人、残疾人和未成年人，通常要求年满60周岁或未满16周岁，且无其他生活来源。（2）认定程序。由本人申请或村民小组提名，因年幼或智力残疾无法表达意愿的，可由他人代为申请。经村民委员会审核，报乡镇人民政府批准，发给五保供养证书。五保对象情况发生变化时，经审核可随时停止其五保供养待遇。（3）供养形式。分为集中供养和分散供养两种方式。集中供养通常在养老院、敬老院等机构进行，由专业人员提供照料和护理。（4）保障内容：基本生活保障，供给粮油、燃料、副食品、服装、被褥等用品和零用钱；提供符合基本条件的住房；疾病治疗和生活照料服务；妥善办理丧葬事宜；五保对象是未成年人的，还保障他们依法接受义务教育。

2. 特困人员救助供养制度

国务院于2014年2月21日公布，自2014年5月1日起施行的《社会救助暂行办法》是为加强社会救助、保障公民的基本生活、促进社会公平、维护社会和谐稳定，根据《宪法》制定的我国第一部统筹各项社会救助制度的行政法规。《社会救助暂行办法》将社会救助上升为根本性、稳定性的制度，为保障群众基本生活、解决急难问题构建起完整严密的安全网。《社会救助暂行办法》将城乡"三无"人员保障制度统一为特困人员救助供养制度，我国城乡特困人员保障工作进入新的发展阶段。为解决城乡发展不平衡、相关政策不衔接、工作机制不健全、资金渠道不通畅、管理服务不规范等问题，切实保障特困人员基本生活，2016年，国务院发布《关于进一步健全特困人员救助供养制度的意见》，将特困人员救助供养制度与农村五保供养制度逐步统一为特困人员救助制度。

特困人员救助供养制度的基本原则：（1）坚持托底供养。强化政府托底保障职责，为城乡特困人员提供基本生活、照料服务、疾病治疗和殡葬服务等方面保障，做到应救尽救、应养尽养。（2）坚持属地管理。县级以上地方人民政府统筹做好本行政区域内特困人员救助供养工作，分级管理，落实责任，强化管理服务和资金保障，为特困人员提供规范、适度的救助供养服务。（3）坚持城乡统筹。健全城乡特困人员救助供养工作管理体制，在政策目标、资金筹集、对象范围、供养标准、经办服务等方面实现城乡统筹，确保城乡特困人员都能获得救助供养服务。（4）坚持适度保障。立足经济社会发展水平，科学合理制定救助供养标准，加强与其他社会保障制度衔接，实现特困人员救助供养制度保基本、全覆盖、可持续的目标。（5）坚持社会参与。鼓励、引导、支持社会力量通过承接政府购买服务、慈善捐赠以及提供志愿服务等方式，为特困人员提供服务和帮扶，形成全社会关心、支持、参与特困人员救助供养工作的良好氛围。

特困人员救助供养的对象范围包括无劳动能力、无生活来源、无法定赡养、抚养、扶养义务人或其法定义务人无履行义务能力的城乡老年人、残疾人和未成年人，以及因病、残、伤导致生活不能自理且家庭无法承担抚养、供养义务的人员。

特困人员救助供养的内容：（1）基本生活条件，包括供给粮油、副食品、生活用燃料、服装、被褥等日常生活用品和零用钱。可以通过实物或者现金的方式予以保障。对生活不能自理的给予照料，包括日常生活、住院期间的必要照料等基本服务。（2）免费治疗，全额资助参加城乡居民基本医疗保险的个人缴费部分。医疗费用按照基本医疗保险、大病医疗保险和医疗救助等医疗保障制度规定支付后仍有不足的，由救助供养经费予以支持。（3）供养方式，根据具体情况，可选择集中供养或分散供养，同时结合家庭照料、社区服务等多种形式。（4）提供住房，对符合规定标准的住房困难的分散供养特困人员，通过配租公共租赁住房、发放住房租赁补贴等方式给予住房救助。（5）提供教育。对在义务教育阶段就学的特困人员，给予教育救助；对在高中教育（含中等职业教育）、普通高等教育阶段就学的特困人员，根据实际情况给予适当教育救助。

特困人员救助供养的办理程序。（1）申请程序。申请特困人员救助供养，由本人向户籍所在地的乡镇人民政府（街道办事处）提出书面申请，按规定提交相关材料，书面说明劳动能力、生活来源以及赡养、抚养、扶养情况。本人申请有困难的，可以委托村（居）民委员会或者他人代为提出申请。（2）审核程序。乡镇人民政府（街道办事处）通过入户调查、邻里访问、信函索证、群众评议、信息核查等方式，对申请人的收入状况、财产状况以及其他证明材料等进行调查核实，于20个工作日内提出初审意见，在申请人所在社区公示后，报县一级人民政府民政部门审批。（3）审批程序。县一级人民政府民政部门应当全面审查乡镇人民政府（街道办事处）上报的调查材料和审核意见，并随机抽查核实，于20个工作日内做出审批决定。（4）终止程序。特困人员不再符合救助供养条件的，村（居）民委员会或者供养服务机构应当及时告知乡镇人民政府（街道办事处），由乡镇人民政府（街道办事处）审核并报县一级人民政府民政部门核准后，终止救助供养并予以公示。

第四节 乡村公共服务制度

乡村公共服务制度，是在政府规划、指导和扶持下，依托乡镇政府和街道办事处、村（居）委会、非营利组织和受委托的企业等各类服务组织，发动和组织居民，利用和开发乡村资源，为满足居民各种需求而开展的具有社会保障性、公共福利性和社区公益性的公共服务。乡村公共服务制度具有非排他性和非竞争性的特征，既丰富和方便了农村居民的日常生活，又有助于解决老年人、残疾人、失业人群等社会弱势群体的切身困难，同时还能较好辅助基层政府工作的开展。

根据服务性质和内容的不同，乡村公共服务分为两大类：纯公共产品与服务以及准公共产品与服务。纯公共产品与服务包括农村基层政府行政服务、农村计划生育服务、农业发展战略研究、农村环境保护、农村发展规划等；而准公共产品与服务则涵盖教育、文化、卫生、体育系统建设等。融合乡村公共服务的两大类的核心内容，本节主要介绍乡村公共教育制度、乡村公共文化制度、乡村公共卫生制度和乡村公共法律服务制度。

一、乡村公共教育制度

乡村公共教育制度是指由政府主导，面向全体农村居民，内容兼具全面性与全程性的免费或低成本的教育制度体系。乡村公共教育制度包括乡村基础教育制度和乡村职业教育制度。

（一）乡村基础教育制度

乡村基础教育制度是指在乡村地区实施的，由中央和地方政府主导，旨在为农村居民提供基础教育服务的一系列政策法规、组织架构和实施机制的总和。它涵盖了学前教育、义务教育（小学和初中）以及部分高中阶段教育，是国家教育体系的重要组成部分，也是乡村振兴战略的关键支撑。

1. 乡村学前教育

学前教育，是指针对0—6岁儿童的教育活动，涵盖0—3岁的早期教育和3—6岁的幼儿园教育。乡村学前教育是指在乡村地区实施的、在幼儿园为3—6岁儿童提供教育与保育服务的制度机制。其目标是通过游戏和活动，促进儿童在身体、认知、情感和社会性等方面全面发展，为后续学习奠定基础。

（1）乡村学前教育的发展历程

乡村学前教育制度是基础教育制度的重要组成部分，也是终身教育的开端。我国乡村学前教育的发展分为三个时期：

乡村学前教育探索时期（1949—1977）。新中国成立初期，国家百废待兴，教育事业面临巨大挑战。学前教育作为基础教育的重要组成部分，开始受到国家的重视。《中国人民政治协商会议共同纲领》明确提出重视青少年教育，为学前教育发展奠定了基础。1951年，政务院颁布《关于改革学制的决定》，明确提出要发展幼儿教育。1956年，《幼儿园工作条例》发布，为学前教育提供了法律依据和指导方针，推动了幼儿园的规范化和制度化。20世纪50年代至60年代中期，国家鼓励在城市和农村地区建立幼儿园，全面学习苏联模式，课程设置包括体育、语言、认识环境等六个科目。探索时期，学前教育资源分布不均，农村地区幼儿园数量较少，师资力量不足。

乡村学前教育的建立和完善时期（1978—2010）。改革开放后，学前教育的重要性日益凸显，政策重点转向普及幼儿教育、提高幼儿园质量以及解决农村学前教育薄弱问题。1979年，教育部发布《城市幼儿园工作条例（试行草案）》，规范了幼儿园的办园条件和保教任务。国家开始鼓励企事业单位、街道和农村集体兴办幼儿园，努力扩大幼儿园的覆盖面。1993年，《幼儿教育纲要》颁布，提出建立学前教育制度，明确学前教育的目标、内容和方法，推动学前教育质量提升。1996年，《幼儿园工作规程》发布，这是我国第一部全面系统规定幼儿园工作的行政规章，标志着学前教育进入规范化管理阶段。为解决幼儿教育师资问题，2003年，国务院发布《关于幼儿教育改革与发展的指导意见》，通过师范院校和教师进修学校，加强幼儿教师的培训，提高其专业水平。这一时期，学前教育注重儿童的全面发展，除了语言、算术、音乐、美术等课程外，增设体育课程。到2010年，全国幼儿园数量达到15万所，入园儿童达到2970万人，但幼儿园主要集中在城市，学前教育城乡差距凸显。

乡村学前教育的高质量发展时期（2011至今）。2010年，《国家中长期教育改革和发展规划纲要（2010—2020年）》发布，首次将学前教育纳入国家教育发展规划，明确了政府主导、社会参与、公办民办并举的办园体制。2016年，学前教育普及率达到85%以上，标志着学前教育在全国范围内的广泛推广。为平衡学前教育城乡差距，2018年11月7日，中共中央、国务院发布《关于学前教育深化改革规范发展的若干意见》，该意见指出学前教育在发展过程中必须始终保持普惠性与公益性特点，确保城乡适龄儿童都能够享受到高质量的学前教育，并且要在城乡地区大力开展学前教育，对学前教育公共服务体系进行合理布局。进入新时代，国家将学前教育作为实现中华民族伟大复兴的基础工程。2021年，"十四五"规划提出，要建设高质量教育体系，推动学前教育优质普惠发展。在农村构建农村学前教育公共服务体系，该体系由政府主导、市场参与，社会与家庭共治，以农村适龄儿童为主要服务对象，提供学前教育所需的各种资源和服务，实现公共利益保障、均衡发展、普惠共享的教育服务体系。2023年，《学前教育法》正式实施，标志着我国学前教育进入法治化的新阶段。

（2）乡村学前教育的特殊制度

首先，财政补助制度。我国在乡村地区逐步完善普惠性民办幼儿园的财政补助制度。通过设立专项学前教育资金鼓励学前教育机构和扶持民办幼儿园的建立；通过税收、资金等优惠政策的扶持鼓励学前教育机构提升教学质量。第二，侧重可及性制度。在师资和布局上，依法依规支持营利性民办幼儿园办园。对农村幼儿园进行合理的规划与布局，结合农村地区中不同地域的人口分布规律来进行，以提升学前教育供给能力为目标，建设规模适度且就近。在建设质量上，农村幼儿园建设质量不以城市标准进行过高的要求，而是结合农村地区的经济发展水平、适龄儿童的家庭经济条件以及当地的师资水平，将便捷民众作为农村幼儿园建园的出发点。在教育质量上，对农村学前教育机构的教育质量进行合理的定位，对农村适龄儿童的自身发展及乡村需求予以重点关注，侧重学前教育供给的现实、可及。第三，特殊管理制度。设立专门的管理部门对乡村幼儿园进行监管，开展不定期的检查和评估。

2. 乡村义务教育

乡村义务教育是指根据我国法律规定，对所有农村的适龄儿童和青少年实施的免费教育制度，涵盖小学六年和初中三年。《中华人民共和国义务教育法》明确规定，凡年满六周岁的儿童，其父母或其他法定监护人应当送其入学接受并完成义务教育。国家、社会、学校和家庭必须依法保障适龄儿童、少年接受义务教育的权利。

（1）乡村义务教育的发展历程

乡村义务教育是提升乡村人口素质、从根本上解决贫困问题，促进乡村社会的和谐稳定、增强社会凝聚力，推动乡村经济发展、实现乡村振兴的基础工程。新中国成立以来，我国乡村义务教育经历了从初创时期、全面推进到高质量发展的漫长历程。

乡村义务教育的初创时期（1949—1977年）。新中国成立后，乡村教育成为国家建设的重要组成部分。政府大力发展初等教育，广泛开展扫盲运动，推动农村小学和中学的普及。

1951年，政务院颁布《关于改革学制的决定》，提出实施小学和初中教育，奠定了义务教育的初步框架。在全国范围内开展扫盲运动，通过夜校、识字班等形式，提高人民群众的文化水平。鼓励农村地区兴办学校，到20世纪70年代末，小学教育在乡村地区基本普及，农村子弟基本都能入校读书。

乡村义务教育的全面推进（1978—2000年）。改革开放后，国家将教育作为现代化建设的基础工程。1980年，中共中央、国务院发布《关于普及小学教育若干问题的决定》，明确提出要在80年代基本普及小学教育。国家加大对教育的财政投入，改善学校基础设施。实施"农村教育综合改革"，推动农村地区教育的发展。为解决初中的普及问题，1986年，《中华人民共和国义务教育法》正式颁布，标志着我国九年制义务教育的法律地位确立。该法明确规定，国家实行九年制义务教育，适龄儿童和青少年必须接受教育。根据各地经济和教育发展水平，分阶段、分地区推进九年制义务教育。建立以政府投入为主的教育经费保障机制和义务教育督导评估制度，确保教育质量和普及目标的实现。到2000年，全国基本普及了九年制义务教育，小学和初中入学率分别达到99%和88%。然而，仍有部分偏远地区未能完全达标，辍学现象在一些乡村地区较为突出。城乡教育机会差距依然较大，城市初中毕业生升入普通高中的比例从1985年的40%提高到1999年的55.4%，而农村则从22.3%下降到18.6%。

乡村义务教育的均衡发展阶段（2001—2020年）。2002年，国务院办公厅发布《关于完善农村义务教育管理体制的通知》，明确"以县为主"的经费投入与管理体制，推动乡村教育从"农民办"向"政府办"转变。2006年，新修订的《义务教育法》进一步明确了义务教育的免费性质和政府的责任。全面实施"两免一补"政策，免除农村义务教育阶段学生的学杂费，免费提供教科书，并对家庭经济困难寄宿生补助生活费。政府开始重视城乡教育均衡发展，推动教育资源向乡村地区倾斜，改善乡村学校的办学条件。通过财政转移支付、教师交流、标准化学校建设等措施，推动城乡教育均衡发展。2010年，《国家中长期教育改革和发展规划纲要（2010—2020年）》提出，到2020年基本实现教育现代化，义务教育巩固率达到95%以上。2011年，我国全面普及九年义务教育，乡村地区"上不起学"的现象基本消除。加大对贫困地区和弱势群体的教育支持，实施"农村义务教育学生营养改善计划"等专项政策。通过"特岗教师计划""国培计划"等政策，加强乡村教师队伍建设，提升乡村教育质量。这一阶段，乡村学校不仅在硬件设施上得到改善，还在课程设置、师资配备等方面逐步向城市学校看齐。

乡村义务教育的高质量发展（2021 年至今）。进入新时代，国家将教育作为实现中华民族伟大复兴的基础工程。2021 年，"十四五"规划提出，要建设高质量教育体系，推动义务教育优质均衡发展。利用人工智能、大数据等现代技术，推动教育信息化和智能化，建设"三通两平台"（宽带网络校校通、优质资源班班通、网络学习空间人人通，教育资源公共服务平台、教育管理公共服务平台），提高教育质量和效率。乡村教育成为乡村振兴的重要支撑，

通过优化资源配置、加强乡村教师队伍建设、推进课程改革等措施，实现城乡义务教育的优质均衡发展；加强对流动儿童、留守儿童、残疾儿童等特殊群体的教育保障，进一步缩小城乡、区域之间的教育差距，实现教育公平；通过教育培养新型职业农民和乡村建设人才，推动乡村经济社会的可持续发展。

（二）乡村义务教育的特殊保障

普及九年制义务教育是我国教育发展的重要目标，而农村地区由于经济条件、地理环境等因素，一直是普及义务教育的重点和难点。为了保障农村地区的儿童和青少年能够平等接受义务教育，国家为乡村义务教育制定了一系列特殊性政策。

财政政策。首先，特殊的"两免一补"政策。除了免除学杂费、免费提供教科书，对农村家庭经济困难的寄宿生提供额外的生活补助。其次，农村义务教育经费保障机制。通过中央财政转移支付，加大对农村地区义务教育的经费支持，确保农村学校的正常运转，改善办学条件。第三，农村义务教育薄弱学校改造计划。投入专项资金，用于改善农村薄弱学校的基础设施，包括校舍建设、教学设备购置等。提升农村学校的硬件水平，缩小城乡教育差距。

义务教育学生营养改善计划。为农村义务教育阶段的学生提供免费营养餐，确保学生每天摄入足够的营养。改善农村学生的营养状况，促进他们的健康成长和学习能力的提升。

教师支持政策。首先，特岗教师计划。直接招聘高校毕业生到农村义务教育阶段学校任教，服务期满后可根据条件转为正式教师。缓解农村地区教师短缺问题，提高农村学校的教学质量。其次，乡村教师支持计划。通过提高乡村教师待遇、提供生活补助、加强培训等方式，吸引和留住优秀教师在农村任教。稳定农村教师队伍，提升农村教育质量。第三，教师交流轮岗制度。鼓励城镇优秀教师到农村学校支教，促进城乡教师资源的均衡配置。通过优质教师的流动，带动农村学校教学水平的提升。

教育信息化政策。首先，"三通两平台"建设。推进农村学校宽带网络校校通、优质资源班班通、网络学习空间人人通，建设教育资源公共服务平台和教

育管理公共服务平台。利用信息技术缩小城乡教育差距，让农村学生共享优质教育资源。其次，远程教育项目。通过互联网和多媒体技术，将优质课程资源输送到农村学校。弥补农村学校师资不足的短板，提升教学质量。

特殊群体保障政策。首先，留守儿童关爱计划。建立留守儿童关爱服务体系，提供心理辅导、生活照顾和学习支持。保障留守儿童的教育权益，促进他们的身心健康发展。其次，流动儿童教育保障政策。确保外出务工人子女在流入地平等接受义务教育，简化入学手续，提供学籍管理支持。第三，残疾儿童教育支持政策。为残疾儿童提供特殊教育服务，包括随班就读、特殊教育学校和送教上门等。保障残疾儿童的受教育权利，促进教育公平。

教育扶贫政策。第一，精准扶贫教育支持计划。针对建档立卡贫困家庭学生，提供从学前教育到高等教育的全程资助，确保他们不因贫困失学。阻断贫困代际传递，助力脱贫攻坚。第二，"控辍保学"专项行动。通过排查辍学学生、建立台账、劝返复学等措施，确保义务教育阶段学生"一个都不能少"。降低辍学率，保障贫困地区和农村地区学生的受教育权利。

学校布局优化政策。第一，农村寄宿制学校建设。在偏远地区建设寄宿制学校，解决学生上学远、上学难的问题。方便学生就近入学，提高入学率和巩固率。第二，教学点优化调整。对农村小规模学校和教学点进行合理调整，通过裁撤、合并等方式进行优化，确保教育资源的高效利用，提高农村学校的办学效益。

社会力量参与政策。第一，公益项目支持。鼓励社会组织和企业参与农村教育公益项目，如捐建学校、捐赠教学设备、设立奖学金等。补充政府资源，改善农村教育条件。第二，志愿者支教计划。组织大学生和社会志愿者到农村学校支教，提供教学支持和课外活动指导。弥补农村学校师资不足，丰富学生的学习体验。

3. 乡村高中教育

乡村高中教育是在九年义务教育基础上，为学生的进一步学习和职业发展奠定基础的教育阶段。乡村高中教育的目标是培养学生的综合素质，促进其德、智、体、美、劳全面发展，为终身学习和未来发展提供支持。乡村高中教育通常包括普通高中教育和职业高中教育两种类型。普通高中教育侧重于学术知识的传授和学生的综合素质培养，为学生升入高等教育机构做准备；职业高中教育则侧重于职业技能的培养，为学生直接进入劳动力市场或继续接受职业教育提供支持。

（1）乡村高中教育的发展历程

乡村高中教育是我国教育体系的重要组成部分，是连接乡村义务教育和高等教育的关键阶段。自新中国成立以来，我国乡村高中教育经历了从初步探索到全面普及、从数量扩张到质量提升的漫长历程。

乡村高中教育探索时期（1949—1977 年）。在民国时期，乡村教育开始起步，但主要集中在小学阶段，高中教育在乡村地区极为稀缺。当时的乡村教育以扫盲和基础教育为主，高中教育普及程度很低。新中国成立后，20 世纪 50 年代，国家提出"两条腿走路"的办学方针，积极兴办农村公立小学和中学，推动乡村教育的普及。1951 年，政务院颁布《关于改革学制的决定》，明确提出要发展中等教育，包括普通高中和职业高中。国家鼓励在城市和农村地区建立高中学校，扩大高中教育的覆盖面。到 20 世纪 70 年代末，小学教育在乡村地区基本普及，农村子弟基本都能入校读书。而高中教育在乡村地区仍处于起步阶段，普及程度较低。

乡村高中教育的建立和普及（1978—2000）。1979 年，教育部发布《城市中学工作条例（试行草案）》，明确提出要发展高中教育，提高中学的办校质量。国家鼓励企事业单位、街道和农村集体兴办高中学校，扩大高中教育的覆盖面。进入 20 世纪 90 年代，国家将高中教育视作基础教育的重要组成部分。1996 年，教育部发布《中学工作规程》，明确提出要规范中学的办校行为，提高中学的办校质量；通过制定中学的办校标准和管理规范，提高办校质量；通过师范院校和教师进修学校，加强高中教师的培训，提高专业水平。注重学生的全面发展，开设语文、数学、外语、物理、化学、生物、历史、地理等课程。20 世纪 90 年代，乡村高中教育开始逐步普及，高中阶段毛入学率不断提高。到 2000 年，全国高中学校数量达到 18.2 万所，在校学生达到 2240 万人。但教育资源分布不均，农村地区高中学校数量较少，城乡差距明显。

乡村高中教育均衡发展阶段（2001—2020 年）。2003 年，《国务院关于进一步加强农村教育工作的决定》强调乡村教育的重要性，推动乡村高中教育的均衡发展。2010 年，《国家中长期教育改革和发展规划纲要（2010—2020 年）》提出，到 2020 年基本普及高中阶段教育，高中阶段毛入学率达到 90% 以上。2018 年，《乡村振兴战略规划（2018—2022 年）》提出实施高中阶段教育普及攻坚计划，推动乡村高中教育的高质量发展。近年来，乡村高中教育借助信息技术和数字化手段，实现了教育质量的提升。在线教育、远程教学等模式的推广，打破了乡村教育的地域限制。国家通过"特岗教师计划""国培计划"等政策，加强乡村教师队伍建设，提升乡村高中教育质量。

（2）乡村高中教育的特殊政策

为了促进教育公平，缩小城乡教育差距，国家针对农村高中生实施了一系列特殊的高中学习和高考录取政策。乡村高中教育的特殊政策与初中大致相同，差别较大的是高考录取政策。这些政策旨在为农村学生提供更多接受高等教育的机会，帮助他们通过教育改变命运。

专项计划。首先，国家专项计划。国家专项计划主要面向集中连片特殊困难县、国家级扶贫开发重点县以及新疆南疆四地州的学生。招生计划由中央部门高校和地方重点高校承担。为贫困地区的学生提供更多进入重点高校的机会，促进教育公平。其次，高校专项计划。高校专项计划（又称"农村学生单独招生"）由教育部直属高校和其他自主招生试点高校实施，主要招收边远、贫困、民族等地区县（含县级市）以下高中勤奋好学、成绩优良的农村学生。通过单独招生和降分录取的方式，增加农村学生进入优质高校的机会。第二，地方专项计划。地方专项计划由各省（区、市）所属重点高校实施，招收本省（区、市）农村户籍学生。为本地农村学生提供更多进入重点高校的机会，促进区域教育均衡发展。

加分政策。首先，少数民族加分政策。对少数民族地区考生在高考录取时给予一定的加分优惠，具体加分幅度由各省（区、市）根据实际情况确定。促进少数民族地区教育发展，保障少数民族学生的受教育权利。其次，农村独生子女加分政策。部分省份对农村独生子女考生在高考录取时给予一定的加分优惠。鼓励农村家庭实行计划生育，同时为农村独生子女提供更多升学机会。

定向招生政策。首先，免费师范生定向招生。部分高校实施免费师范生定向招生计划，招收农村学生，毕业后需到指定农村地区从事教育工作一定年限，为农村地区培养优质教师，促进农村教育发展。其次，免费医学生定向招生。部分高校实施免费医学生定向招生计划，招收农村学生，毕业后需到指定农村地区从事医疗卫生工作一定年限，为农村地区培养医疗卫生人才，改善农村医疗卫生条件。

其他支持政策。首先，农村学生专项奖学金。部分高校设立农村学生专项奖学金，用于奖励和资助农村优秀学生。减轻农村学生的经济负担，激励他们努力学习。其次，农村学生助学贷款。国家为农村家庭经济困难的学生提供助学贷款，帮助他们顺利完成学业。解决农村学生的学费和生活费问题，保障他们的受教育权利。农村学生升学指导。部分高校和教育机构为农村学生提供升学指导和咨询服务，帮助他们了解招生政策和填报志愿。提高农村学生的升学率，增加他们进入优质高校的机会。

（2）乡村职业教育制度

乡村职业教育是在乡村地区实施的职业教育活动，其目的是培养适应乡村经济社会发展需求的专业技能人才。乡村职业教育的对象是乡村居民，包括农民、农村劳动力等。乡村职业教育，极大地提高了农民的技能水平和就业能力，促进农村劳动力的转移和就业结构的优化；为农村经济的发展提供人才支持，推动了农业现代化和农村产业结构的调整；促进农村社会的进步，提高了农民的科学文化素质和生活质量。

1. 乡村职业教育的内涵

乡村职业教育是指在农村地区开展的、以培养具备实用技能和职业素养的劳动者为目标的教育形式，通过系统的教育和培训，提高农村劳动力的职业技能和综合素质，促进农村经济的发展和社会的进步。乡村职业教育不仅包括传统的农业技术教育，还涵盖了农村手工业、服务业、信息技术等多个领域，以满足农村经济社会发展的多元化需求。

乡村职业教育与乡村基础教育有着明显的区别。乡村基础教育侧重于基础知识和理论的学习，旨在培养学生的综合素质和学术能力；而乡村职业教育则更加注重实用技能和职业素养的培养，强调理论与实践的结合，以满足农村劳动力市场的实际需求。此外，乡村职业教育还具有较强的地域性和针对性，其教育内容和形式往往根据当地的文化特色、经济结构、资源禀赋和发展需求进行设计和调整。

当前乡村职业教育的内容集中在市场信息教育和专业技能教育。（1）市场信息教育。农村居民的经济生产活动与市场供求、销售渠道等问题息息相关，迫切需要大量的具有时效性的市场信息作为指导。目前我国大部分农村虽然解决了基本的道路交通和通信设施问题，但长期封闭，居民文化素质偏低，对市场信息的捕捉和分辨能力不强，经常导致农产品生产不适销对路，或是缺乏销售渠道。对于乡镇企业、个体工商户的生产经营活动，以及农村剩余劳动力的转移，及时的市场需求信息也是非常必要的。通过兴建农村社区服务中心，即借助服务中心的人才化、信息化优势，充分发挥电视、广播和网络等媒体的作用，提供诸如农药、种子、化肥、农机购买的市场信息，提供农产品销售的正当渠道。在条件相对有限的地区，乡镇政府、农业科技部门通过广泛收集相关资料并定期公布最新的农业科技与生产信息，定期到农村基层开展科技下乡活动开展信息教育培训。村委会也主动发挥上传下达的作用，一方面及时将上级政府和有关部门的信息通过村广播、公告栏等方式公布；另一方面及时将当地的生产信息反馈给有关部门，以供其制定政策时参考；最后还应该积极邀请有关专家、组织来当地考察培训，给广大农民群众一个与专家面对面了解信息的机会。（2）专业技能教育。现代化农业早已摆脱了"靠天吃饭"的局面，高效的农业生产需要有专业的农业技术指导，而目前我国广大农民由于文化教育水平较低，科技知识尤其是与现代农业生产和市场销售有关的知识较为有限，成为制约农业高速发展的一个"瓶颈"。首先，开展农业技术推广工作。以各地的农业部门、农业院校、农科院为骨干，以各县、乡、镇的农业技术推广站为中心进行农业技术推广教育服务，合作建设"科技小院"，积极联系，促进先进的信息下乡、先进的技术下乡、先进的人才下乡，促进先进的农业科学技术成果转化为生产力。其次，举办相关的科技知识讲座、培训和辅导班，邀请有关专家、技术人员来社区考察，可以采取实地指导、集体讲授、操作示范、交流经验、互通信息、议事恳谈等多种教育方式。第三，对于本地乡镇企业、个体企业提供更多技术支持和信息渠道，采用先进技术改造传统产业，用现代企业管理理念更新农村家族企业管理模式，创造通畅的产品销售渠道。最后，针对外出打工的劳动力，对其进行电脑维修等技能培训，提升其专业技术水平。

2. 乡村职业教育的发展历程

乡村职业教育作为我国教育体系的重要组成部分，其发展历程与国家社会经济变迁紧密相连，在推动农村经济发展、提高农民素质、促进社会进步方面发挥了重要作用。

乡村职业教育的萌芽阶段（清末民初）。我国乡村职业教育的萌芽阶段可以追溯到清末民初时期。这一时期，中国社会正处于剧烈的变革之中，西方列强的入侵和国内政治动荡使得传统农业社会面临前所未有的挑战。为应对挑战，一些有识之士开始倡导教育改革，试图通过发展职业教育来提高国民素质和国家竞争力。政策上，清末政府开始意识到传统教育体系的不足，尝试引入西方的教育理念和制度。1904 年，清政府颁布了《奏定学堂章程》，首次将职业教育纳入国家教育体系。这一章程明确提出了设立实业学堂的目标，旨在培养具有实用技能的人才，以推动农业、工业和商业的发展。随后，民国政府在此基础上进一步推动了职业教育的发展。1912 年，民国教育部颁布了《实业学校令》，明确规定实业学校的设立和管理办法，为乡村职业教育的发展提供了政策支持。内容上，清末民初的乡村职业教育主要集中在农业教育和手工业教育两个领域。农业教育方面，设立农业学堂教授现代农业技术和管理方法。例如，1906 年成立的京师大学堂农科，就是我国最早的农业高等教育机构之一。手工业教育方面，设立工艺学堂教授纺织、陶瓷、木工等传统手工业技能。清末民初的乡村职业教育虽然取得了一定的成效，但由于当时社会经济条件落后，教育资源和经费严重不足，许多学堂难以维持正常运转。传统观念的束缚使得许多农民对职业教育持怀疑态度，认为读书无用，更愿意让子女从事农业生产。此外，师资力量薄弱、教材缺乏等问题也制约了职业教育的发展。尽管如此，这一时期的乡村职业教育为后来的发展奠定了基础，培养了一批具有现代意识和技能的人才。

新中国成立后的乡村职业教育初步发展（1949—1978 年）。新中国成立后，乡村职业教育开始初步建立。这一时期，国家高度重视农村经济的发展和农民素质的提高，乡村职业教育成为推动农村社会进步的重要手段。政策上，1951年，政务院发布了《关于改革学制的决定》，将职业教育纳入国家教育体系，并规定各地要设立农业中学和技工学校。1955 年制定的第一个五年计划中明确提出，要培养农业技术干部和管理干部。1958 年，中共中央发布了《关于教育工作的指示》，强调职业教育的重要性，提出要"两条腿走路"，即普通教育与职业教育并举，以满足国家经济建设对各类人才的需求。内容上，这一时期集中在农业技术教育和农村实用技术培训两个领域。农业技术教育方面，设立耕读小学、农业中学和农业技术学校教授现代农业技术和管理方法。这些学校非常注重实践操作，培养了大量具有实用技能的农业人才。农村实用技术培训方面，开展形式多样的培训活动，如农业技术推广站、农民夜校等，向农民传授种植、养殖、农机使用等实用技术。这些培训活动不仅提高了农民的技能水平，还促进了农业生产力的提升。"文革"期间，乡村职业教育系统遭到破坏，职业教育暂时栖身于"开门办学"等特殊形式。

改革开放后乡村职业教育的快速发展（1978—2000 年）。这一时期，国家经济体制的转型和农村经济的蓬勃发展，为乡村职业教育提供了广阔的发展空间和机遇。政策上，1978 年，改革开放推动了乡村职业教育的发展。党的十一届三中全会明确提出要大力发展教育事业，提高全民族的科学文化水平，国家开始重视职业教育在农业现代化中的作用。1983 年，中央一号文件指出农村职业教育在农业现代化建设中的重要性，并提出扩大农村职业学校规模。1985 年，中共中央发布了《关于教育体制改革的决定》，强调要调整教育结构，大力发展职业教育，特别是农村职业教育。1991 年，国务院发布了《关于大力发展职业技术教育的决定》，进一步明确了职业教育的重要地位，提出要建立多层次、多形式的职业教育体系，以满足经济社会发展对各类人才的需求。内容上，呈现出多样化和实用化的特点。首先，各地纷纷设立职业中学和技工学校，开设农业技术、机械加工、电子技术、服装设计等专业，培养具有实用技能的人才。其次，农村实用技术培训得到了进一步加强，除了培训活动，随着乡镇企业的发展，乡村职业教育还注重培养企业管理、市场营销等方面的人才，为农村经济的多元化发展提供了有力支持。

21世纪以来乡村职业教育的全面振兴（2001年至今）。这一时期，乡村职业教育在政策、内容和实施效果等方面都取得了显著进展。政策上，2002年，国务院发布了《关于大力推进职业教育改革与发展的决定》，明确提出要大力发展职业教育，特别是农村职业教育，以满足经济社会发展对高素质劳动者和技能型人才的需求。2003年，《中共中央关于完善社会主义市场经济体制若干问题的决定》颁布，明确了农村职业教育服务"三农"的定位。此后，"转移培训""就业培训""新型农民培育"等成为社会热点。2005年，国务院又发布《关于大力发展职业教育的决定》，提出要建立现代职业教育体系。2014年，国务院发布《关于加快发展现代职业教育的决定》，推动职业教育与普通教育的协调发展，加大财政投入、优化教育资源配置、加强师资队伍建设等，为乡村职业教育的发展提供了有力保障。进入新时代，内容上，乡村职业教育更加注重与乡村振兴战略的结合，强调职业教育在培养新型职业农民、促进农村经济发展中的作用，注重培养信息技术、电子商务等方面的人才，为农村经济的数字化转型提供有力支持。

4. 乡村职业教育的类型

目前，职业教育的主要类型有：政府统筹型、学校辐射型、厂矿单位中心型、"学校—家庭—社会"三结合型、"学校—学校"联合体的教育园区型、政府机构与社区合作办学型、以社会为主体的学校实体型等。其中，适合乡村职业教育的职业教育类型是政府统筹型和学校辐射型。

（1）政府统筹型

政府统筹型是以地区为中心，通过政府协调、社会参与、双向服务的形式举办职业教育。在这种类型中，以政府为主体，由政府机构出面牵头，行政力量为主导，其具体的组织形态是教育委员会，通过其下设的办事机构——教育办公室具体负责实施，既具有沟通协调指导的一面，同时具有行政指挥的一面。这种模式具有权威性高、统筹性强、覆盖面广的特点，但要求地方乡镇政府对乡村职业教育有充分认识并重视，还需有必要的投入支持，而且这种模式下学校的主体性不强，学校只能在行政的统筹下举办。包括以下几种：

乡镇成人教育学校和各种教育培训机构。通过开设各种乡镇成人教育学校和各种教育培训机构，对农民进行技能培训，使农民逐渐走上致富之路。山西省紧紧围绕"提高农民综合素质，提升农民生产技能，助推农业农村发展"的目标，逐步建立常态化的新型职业农民培育制度。2014年开展农民教育培训工作以来，各级农业农村部门围绕全面支撑粮食安全和重要农产品稳定供给，统筹推进农业经理人、农村创新创业者、乡村治理及农村社会事业发展带头人和种养加能手等六大类开展培训，为推进乡村全面振兴提供了有力人才保障。还在全国率先制定发布20个农民生产技能评价地方标准，建立了涵盖农作物种植品种和畜禽养殖品种的技能评价标准体系。截至目前，全省累计培育各类高素质农民92.5万人，高素质农民培育绩效考核持续排在全国优秀行列。经培训的学员活跃在农业生产经营各领域，成为各地发展现代农业的生力军，从事大田种植的收益高于普通农户10%，从事养殖业和设施农业的收益高于普通农户10%—30%。

社区教育中心。随着经济的发展，越来越多的用工企业开始对农民工的学历、专业技能提出要求，为提升我国农村劳动力素质状况，2003年《国务院关于进一步加强农村教育工作的决定》（以下简称《决定》）要求：以农民培训为重点开展农村成人教育，促进农业增效、农民增收。普遍开展农村实用技术培训，每年培训农民超过1亿人次；积极实施农村劳动力转移培训，每年培训2000万人次以上，使他们初步掌握在城镇和非农产业就业必需的技能，并获得相应的职业资格或培训证书。《决定》颁布以来，各级政府结合自身实际情况，积极出台地方性措施，建设社区教育中心，提升农民职业技能。例如，江苏省盐城市大丰区西团镇社区教育中心灵活采用"请进来"与"走出去"相结合、"上联"与"下挂"相结合、"长班"与"短班"相结合、"技能"与"学历"提升相结合等模式，在农村劳动力转移培训方面取得了突出成效。近几年共开展各种技能培训8000多人次，发放新型职业农民证书1428本，特种作业操作证1583张，587人取得成人中专毕业证书，1865人获得技能等级证书（其中高级工证书85张）。

（2）学校辐射型

学校辐射型是以学校为中心，由学校辐射延伸到农村基层各个单位，联系各方面的社会力量办学的一种类型。这种模式以学校为主体，通过横向结合、协同参与，组成教育组织网络，属于开放式教育社会化中介服务组织，这种类型能较大地发挥学校的主动性，按照区域需求来开展，政府主要起指导、帮助作用，而一般不直接参与教育环节。这种类型更加适合乡村职业教育起步阶段。

农村社区学习中心项目。该项目是学校辐射型模式的一个范例。它是联合国教科文组织亚太地区教育局1998年提出并实施的项目，包括中国、印度、泰国等二十多个国家参与了项目的研究工作。其旨在通过项目的实施，促进农村摆脱贫困、发展生产、改善环境、提高农村人口生活质量、实现农村经济社会可持续发展。与我国传统的农村成人文化技术学校不同，"农村社区学习中心"有着全新的理念。它面对农村的所有成员，为每个成员提供学习的机会，并尊重学习者的学习选择；它是一所开放的学校，辖区所有单位和设施都是学习中心的可利用的资源；它相信每个人都有学习和提高自己生存质量的能力，自觉主动地参与到公共社会生活中去，并有尊严地生活。在联合国教科文组织的指导下，经过几年的努力，项目实施取得了显著的成绩。

千万农民素质提升工程。由于历史的原因，农村地区人口的社会关系仍然多以血缘、亲缘为纽带，大多有着相同或相近的行为习惯、思维方式、心理特征和价值观念，因此各地纷纷开展开展高素质农民"十百千万"素质素养提升工程，盘活现有农业教育资源，汇集农业农村系统、涉农院校、科研院所、社会团体及新型农业经营主体，坚持不懈地抓好农民的教育和农民综合素质的提升，对农民进行包括文化科学知识、政治思想道德、职业技能的专业训练。例如，浙江省实施"千万农民素质提升工程"，2019 年全年培训农民 56 万人次、培训农村实用人才 13 万人、高素质农民 2.4 万人、基层农技人员知识更新 5000人，高职扩招共录取农民和高素质农民 3625 人。一大批新型农民诞生之日，才是农村小康、农村现代化实现之时。划拨专项资金，建设"网络学院"等信息平台、开设"新农民培训班"、农村实用人才管理及培训系统等，打造高素质农民培育新载体新平台，推进农民综合素养提升。

二、乡村公共文化制度

乡村文化是相对于城市文化而言的，是一种以生活居住在乡村地区的农民为主体的文化。从广义角度来看，乡村文化是在长期的生产实践和生活实践以及乡村发展过程中，由乡村居民所创造形成的物质财富和精神财富的总和，包括物质文化、制度文化、思想文化和行为文化等。从狭义角度来看，乡村文化是指在一定的社会经济条件下在乡村所形成和创造的精神领域财富，这里包括农民在长期农耕实践中所形成的文化素质、思想认知、价值观念、风俗习惯、社会心理和生活方式等，它表达的是农民的认知水平和乡村的文明程度。梁漱溟曾指出："中国文化以乡村为本，以乡村为中，所以中国文化的根就是乡村。"

乡村文化与城市文化有着明显的区别。城市文化制度通常更加多元化和开放，受到现代文化和外来文化的深刻影响；而乡村文化则更加注重传统和本土文化的传承，具有较强的地域性和稳定性。此外，乡村文化通常与农业生产和农村生活密切相关，其文化规范和价值观念往往反映了乡村社会的生产方式和生活方式。例如，乡村文化制度中的节庆活动和风俗习惯往往与农事活动密切相关，反映了乡村社会对自然和季节变化的依赖和尊重。

乡村公共文化制度是指在乡村地区，保障乡村居民能够享受文化服务、参与文化活动、传承和创新乡村文化的一系列制度安排，进而提升乡村居民的文化生活质量，增强乡村社会凝聚力，推动乡村振兴。乡村公共文化制度不仅是乡村社会秩序的重要保障，也是乡村社会成员身份认同和文化传承的重要载体。

（一）乡村公共文化制度的历史沿革

1. 国家主导与政治化阶段（1949—1977）

在传统中国乡村社会中，乡村文化以农耕经济为基础，个体世代定居于特定土地之上，形成了相对封闭和独立的文化体系。乡村文化领域由寺庙、晒场、戏台等空间以及祭祀典礼、人脉联系等制度共同构建，成为连接乡村纵向代系和横向个体之间认同感、归属感的文化纽带。新中国成立后，乡村公共文化制度逐步建立，并纳入国家主导的体系。在这一阶段，乡村公共文化主要服务于政治意识形态建设。国家通过乡镇文化站、农村有线广播、电影下乡、文艺演出下乡等手段，推动乡村公共文化的普及。例如，1949 年至 1957 年，全国县级广播站从 11 座增加到 1698 座，成为当时农村重要的信息传播渠道。然而，这一时期也出现了乡村公共文化的异化，如冲击传统乡村文化，"破四旧"运动导致大量信仰习俗和文物古迹遭到破坏，乡村文化空间如土地庙、山神庙、宗族祠堂等逐渐衰落。

2. 全面恢复阶段（1978—1986）

十一届三中全会的召开，重新确立了"解放思想、实事求是"的思想路线，为乡村公共文化制度建设指明了新的路向。1979 年 9 月，叶剑英《在庆祝中华人民共和国成立三十周年大会上的讲话》中指出："我们要建设高度物质文明的同时，提高全民族的教育科学文化水平和健康水平，树立崇高的革命理想和革命道德风尚，发展高尚的丰富多彩的文化生活。"邓小平进一步解释："所谓精神文明，不但是指教育、科学、文化，而且是指共产主义思想、理想、信念、道德、纪律、革命的立场和原则，人与人同志式的关系，等等。"这就为新时期乡村公共文化制度建设明确了前进的方向。1982 年 10 月召开的全国农村思想政治工作会议，号召农民群众成为有理想、有道德、有文化、有纪律的新农民，全社会要着力营造乡村公共文化制度建设的良好氛围。11 月，《关于第六个五年计划的报告》提出了县县有图书馆、文化馆与乡乡有文化站的建设目标。这一时期，乡村公共文化制度建设出现的一些新变化，表现为：第一，新中国成立后拍摄的一批优秀影片在乡村开始放映，如《早春二月》《一江春水向东流》等影片给长期受样板戏教育的乡村民众提供了享受多样文化的自由；第二，一些传统文学艺术形式在乡村得以广泛传播，如地方戏曲的复苏，给乡村文化生活带来了新的气息。而晚上挤在有电视的人家观看电视剧，更是成了农民一种新的文化时尚；第三，乡村中的一些文化艺术人才自发组建团队，开展文娱活动。有的地方戏剧人才则公开到一些村庄演出，受到广泛欢迎；第四，科学春风吹进乡村，科学种田得到了农民的认可，知识重新受到重视。改革开放初期，乡村公共文化制度建设为农民提供的文化服务尽管还不丰富，但文化变革的萌芽却让乡村文化呈现新的气象。

3. 深入探索阶段（1986—1996）

20 世纪 80 年代中期以后，由于乡村各项改革的逐渐深化，集体文化设施被挤占或挪作他用，乡村基本的文化服务能力急遽减弱，集体性文化活动逐渐减少。为此，1986 年 9 月，十二届六中全会通过《关于社会主义精神文明建设指导方针的决议》提出："在社会主义时期，物质文明为精神文明建设的发展提供物质条件和实践经验，精神文明又为物质文明发展提供精神动力和智力支持，为它的正确发展方向提供有力思想保证。"1987 年 1 月，中央明确提出："我们要因势利导，加强四项基本原则教育，用社会主义思想占领农村阵地。"用精神文明建设来引导乡村文化发展的方向，为乡村社会的改革事业提供精神引领。随着改革开放的深化和农民获得感的增强，到 20 世纪 80 年代后期，广大农民对中国特色社会主义有了进一步的认识，部分沿海地区的农民转变思想观念，自觉走上发展商品经济的道路。同时，乡村社会沉寂下来的传统文化开始复苏，一些地方的宗族文化、民间技艺、地方戏曲等开始繁荣。进入 20 世纪 90 年代，一些封建迷信等社会陋习蔓延开来，乡村精神文明建设受到了干扰，制约着农民文化的发展。于是，中央开始全面部署，各省、自治区、直辖市在乡村集中进行了社会主义思想教育活动，引导农民自觉抵制封建主义残余与资产阶级腐朽思想的侵蚀，破除封建迷信，克服社会陋习，树立乡村文明新风。到 20 世纪 90 年代中期，乡村社会的文化阵地得到巩固，农民的科学意识、法律意识、健康意识进一步增强，乡村中腐朽落后的文化得到一定程度遏制，符合中国特色社会主义精神文明建设要求的乡规民约逐渐形成，乡村公共文化制度建设在不断探索中出现新局面。

4. 全面部署阶段（1996—2005）

随着市场经济的发展，乡村文化中出现了拜金主义、享乐主义、个人主义，封建迷信活动与黄赌毒等不良生活方式也不断显现。1996 年 10 月十四届六中全会通过的《关于加强社会主义精神文明建设若干重要问题的决议》、1998 年 10 月十五届三中全会通过的《关于农业和农村工作若干重大问题的决定》以及 11

月文化部颁布的《关于进一步加强农村文化建设的意见》等系列政策文件，对丰富农民文化生活、提高农民思想道德素质与科学文化素质、促进乡村公共文化制度建设做出了完整部署。首先，乡村文化设施建设快速推进。按照国家《文化事业发展"九五"计划和 2010 年远景目标纲要》要求，各地把"两馆一站一室"建设列入经济与社会发展总体规划，推动了"万村书库"建设，帮助乡村建立了图书室，为乡村基层社会构建了文化工作网络和文化活动阵地；其次，文化下乡不断深化。1996 年 12 月，中宣部等十部委联合下发《关于开展文化科技卫生"三下乡"活动的通知》，将图书报刊、电影电视、送戏下乡作为开展群众性文化下乡活动的主要内容与形式。各地各部门制定了各自的文化下乡计划，鼓励文化单位与文艺工作者把为农民服务作为重要任务，努力解决农民文化需求问题。各市县文化馆、群艺馆、图书馆纷纷深入乡村，为农民送书、送文化科技知识；再次，开展丰富多彩的文化活动。文化建设的根本目的是丰富人民的文化生活、满足人民日益增长的文化需求、促进社会主义精神文明建设。许多乡镇还利用节假日与乡村集市开展文化活动，进一步满足乡村民众对文化的迫切需求；最后，乡村文化队伍建设初具规模。乡村文化工作者长期扎根乡村社会，与广大农民具有天然的融合性，是乡村公共文化制度建设的重要力量。

4. 快速发展阶段（2005—2012）

2005 年 10 月，十六届五中全会通过《关于制定国民经济和社会发展第十一个五年规划的建议》，提出了"生产发展、生活宽裕、乡风文明、村容整洁、管理民主"的要求，强调了乡村民众是建设社会主义新农村的主体。因此，培育有文化、懂技术、会经营的新型农民成为当时的紧迫任务。11 月，中央办公厅、国务院办公厅颁布《关于进一步加强农村文化建设的意见》，正视乡村公共文化制度建设体制不顺、机制不活、服务供给不足、城乡文化发展水平差距较大等现实问题，对乡村公共文化制度建设做出了顶层设计。2011 年 12 月，中共中央、国务院印发的《中国农村扶贫开发纲要（2011—2020 年）》提出，到 2020 年，全面实现广播电视户户通，自然村基本实现通宽带，行政村基本建成文化活动室。至此，乡村公共文化制度建设由县与乡为重心，转向以村庄为重心，由送文化走向种文化，更加注重对农民个体文化发展的关注，乡村公共文化制度建设日益走向成熟。体现在：第一，城乡文化协调发展局面形成。在《国家"十一五"时期文化发展规划纲要》中，把抓好基层文化建设、加大力度改善乡村公共文化基础设施条件、保障农民基本文化权益作为重点。在《国家"十二五"时期文化改革发展规划纲要》中，进一步把城乡文化一体化发展作为重要任务，努力增加乡村文化服务总量，缩小城乡文化发展差距，乡村文化事业在城乡统筹大格局下不断发展；第二，乡村公共文化制度建设工程不断推进。从"十一五"开始，国家实施了一系列针对乡村公共文化制度建设的重点工程，包括乡镇综合文化站建设、农村数字电影放映、广播电视"村村通"、农民体育健身、农家书屋等；第三，乡村文化事业蓬勃发展。社会主义新农村建设进入新阶段后，国家认识到乡村公共文化制度建设的重要性，积极探索乡村文化发展的新途径。如贵阳等地建设"农民文化家园"，将村级图书室、文化活动室、广播电视、电影放映、远程教育、文体小广场、小戏台、宣传栏、农家书屋多种文化资源与设施聚合起来，建设集思想教育、科技培训、文体活动、休闲娱乐于一体的综合性、开放性村级文化服务体系；第四，乡村特色文化兴起。国家在加强乡村公共文化制度建设的同时，广大民众发挥乡村独特资源优势，发展乡村特色文化，创办了适合自身需要的文化形式与内容。如吉林农民创办的自娱自乐的农村文化大院，以村文化活动室、农家书屋、农村党员远程教育服务点为依托，以扭秧歌、文艺表演、体育健身活动为载体，宣传党的方针政策，传播实用技术。乡村基本公共文化服务体系的构建，为乡村公共文化制度建设的持续发展提供了重要的物质基础。

5. 高质量发展阶段（2012年至今）

党的十八大以后，中国特色社会主义发展进入了新时代，乡村公共文化制度建设坚持"以人民为中心"的理念，更加注重乡村民众的文化需求，乡村公共文化制度建设开始走向深化，进入高质量发展阶段。党的十八大报告指出："加快完善城乡一体化体制机制，着力在城乡规划、基础设施、公共服务等方面推进一体化，促进城乡要素平等交换和公共资源均衡配置，形成以工促农、以城带乡、工农互惠、城乡一体的新型工农、城乡关系。"在这一精神的指导下，县域范围内文化资源实现了联动共享，有效探索了县级图书馆、文化馆实行总分馆制度，为解决乡村文化资源匮乏提供了方案。2014年，十八届三中全会通过《关于全面深化改革若干重大问题的决定》，要求加快构建现代公共文化服务体系，促进基本公共文化服务标准化、均等化。针对乡村公共文化薄弱的现状，将构建现代公共文化服务的根本目标确定为：保障基本，促进公平。统筹城乡和区域文化均等化发展，加快形成覆盖城乡、便捷高效、保基本、促公平的现代公共文化服务体系。2015年1月颁布的《关于加快构建现代公共文化服务体系的意见》与《国家基本公共文化服务指导标准（2015—2020年）》，从总体要求、发展动力、产品和服务供给、具体运行管理、保障机制等方面做了明确规划，进一步加强了乡村公共文化产品与服务的供给。2015年5月，国务院办公厅转发文化部、财政部、新闻出版广电总局、体育总局《关于做好政府向社会力量购买公共文化服务工作的意见》，明确要求将购买公共文化服务资金列入各级政府财政预算，逐步加大现有财政资金向社会力量购买公共文化服务的投入力度。2016年9月，文化部发布《关于推进县级文化馆、图书馆总分馆制建设的指导意见（征求意见稿）》，要求具备条件的县级图书馆、文化馆建立总分馆制，分馆把高质量公共文化服务拓展到乡村，没有纳入分馆建制的设立基层服务点，作为总分馆服务的延伸与补充，从而实现了县域内公共文化设施的有效联通与全覆盖，建立起了相互借力的公共文化服务网络。重庆市大渡口区率先实施文化馆"一个总馆+多个分馆+若干服务点"模式，在全国范围内具有示范引领的作用。2017年5月，国家印发《"十三五"时期文化发展改革规划纲要》，全面部署了文化小康建设的各项任务，有助于乡村公共文化制度建设与精准扶贫的结合。2017年3月，我国文化领域第一部具有"四梁八柱"性质的重要法律《公共文化服务保障法》正式实施，为明确政府责任，保障人民群众基本文化权益提供了法律依据。党的十九大提出的乡村振兴战略，成为新时代中国共产党破解"三农"发展难题的又一重要举措，乡风文明的内在要求将文化建设置于乡村振兴战略实施的重要位置。《乡村振兴战略规划（2018—2022年）》的颁布，对于繁荣与发展新时代乡村文化做出了制度安排，乡村公共文化制度建设走向进一步深化的新时期。

（二）乡村公共文化制度的内容

依据宪法规定，本书将乡村公共文化制度分为思想道德建设制度、文化生态保护制度、文化服务供给制度、文化人才建设制度。

1. 思想道德建设制度

思想道德建设制度是指在乡村社会中，通过一系列规范、机制和活动，旨在提升村民思想道德素质、促进乡村社会和谐发展的系统性安排。它包括乡村社会的道德规范、价值观念、行为准则、教育体系和文化活动等多个方面，是乡村社会成员共同遵守和维护的思想道德体系。思想道德建设在文化建设中具有极端重要的作用，其根本目的在于增强人们对主流价值与社会制度的认同。改革开放以来，面对乡村社会的发展变化，秉承与时俱进的优良品质，国家始终将思想道德建设置于乡村公共文化制度建设的首要位置。

（1）道德教育。2008年10月，十七届三中全会明确了乡镇思想文化阵地建设的重要性，强调必须用丰富多彩、健康向上的精神文化占领乡村文化阵地，为农民提供健康的精神食粮，乡村思想政治建设迎来了新的发展。各地通过文明家庭、文明村镇创建等活动，向广大农民宣传党的方针、政策，提高了农民的政治觉悟。在乡村思想道德教育过程中，致力于培育和践行社会主义核心价值观，积极开展爱国主义、集体主义和社会主义教育；开展法治教育，弘扬社会主义法治理念；开展大家和小家的关系教育，促进村民减少个人主义行为，主动弘扬集体主义精神。以精准扶贫、美丽乡村、乡村振兴为契机，在助推乡村经济社会发展、生活面貌改善的同时，培植乡村发展的精神动力，让农民在获得感增强中坚定了对新时代中国特色社会主义思想的认同。特别是社会主义核心价值观在乡村的培育，一定程度上增加了主流价值对广大乡村民众思想和行为的统摄力。

2001年中央印发《公民道德建设实施纲要》中指出，社会主义道德建设要以社会公德、职业道德和家庭美德为着力点和落脚点，党的十七大报告中又将个人品德建设和前三个领域一起确立为道德建设的重要内容。社会公德是全体公民应该遵循的基本准则，是社会文明进步的表现，在乡村开展社会公德教育，从人际关系教育、公共资源保护和环境保护教育三方面展开。职业道德是职业活动中必须遵循的行为规范，体现着服务和奉献的精神，在乡村开展职业道德教育主要从爱岗敬业和互帮互助等方面展开。家庭美德是家庭成员之间的基本规范，关系着个人成长和社会稳定，在乡村开展家庭美德建设主要从夫妻平等、尊老爱幼和邻里团结等方面展开。个人品德是社会成员个人的道德行为，决定着个人的价值取向，也是其他三个领域的前提和基础，在乡村开展个人品德建设主要从文明礼仪和个性修养等方面展开。通过村民思想道德建设和公民道德建设的有机结合，乡村社会在提升村民思想道德素质的同时，也推动了公民道德建设的全面发展，为乡村社会的和谐与进步奠定了坚实的道德基础。

（2）诚信建设。诚信建设也是思想道德建设的重要内容，加强诚信建设可以强化村民的集体意识和主人翁意识等，促使村民积极参与村集体事务、自觉维护集体荣誉和乡村发展成果，对于推进和美乡风建设、移风易俗建设有积极促进作用。在乡村推进诚信建设主要从做人方面做起，教育村民做人办事要表里如一，要信守承诺，勇于承担责任和义务。同时在职业规范中加强诚信建设，教育村民在从事生产和经营过程中诚实守信，严把生产质量关，始终把健康和安全放在第一位，绝不坑蒙拐骗；教育乡村基层管理干部在管理过程中更要诚实守信，不欺下，不瞒上，不断增强守法意识、规则意识和责任意识。

（3）移风易俗。移风易俗就是要在乡村改变落后愚昧的风俗习惯，培育良好的社会风气，这是乡村公共文化制度建设的重要内容，也是乡村良好生活秩序和健康生活方式的保障。开展移风易俗活动，积极遏制乡村各种陈规陋习，在乡村广泛开展精神文明创建活动，大力发展科学文化教育，提高村民的科学文化素养。一方面遏制乡村各种陈规陋习。乡村发展过程中有很多不良习俗，而且有些习俗一直存在甚至还在不断发展变化，这些不良习俗的存在有碍乡村的健康发展。如遏制重男轻女的思想，培养平等的性别观念，教育民众也要给予女孩足够的关爱和支持；遏制大操大办的旧习俗，引导民众要改变浪费现象和攀比心理，建立红白理事会去规范婚丧事宜，把习俗改革纳入村规民约中；积极遏制赌博和封建迷信，加强科普宣传和文化教育，丰富乡村文化活动，引导村民参与健康文明的生活方式。另一方面，开展科普教育活动。开展科普教育提高村民的科技素养。科技水平的高低决定了现代农业的发展水平，也决定了村民的思想境界和辨别是非的能力。加强无神论的宣传教育，大力抵制封建迷信活动。

2. 文化生态保护制度

文化生态保护制度是指以非物质文化遗产为核心，对具有重要价值和鲜明特色的文化形态及其生存环境进行整体性保护的制度安排。文化生态保护制度是乡村公共文化的根和魂，对传承和弘扬中华优秀传统文化意义重大，是乡村公共文化的发展动力。文化生态保护制度，包括乡村传统文化传承制度和特色文化振兴制度。

（1）传统文化传承制度。传统文化传承制度是指，为实现传统文化的可持续发展，增强乡村文化自信，通过政策支持、法律保障、社会参与、教育普及、产业发展等多方面措施，系统性地保护、传承和创新发展乡村传统文化的制度安排。包括传统农耕文化的保护与传承和传统思想文化的保护与传承。

传统农耕文化的保护与传承。我国农耕文明源远流长、博大精深。中华民族在几千年的劳动实践中，遵循天人合一之道，孕育出"应时、取宜、守则、和谐"的农耕智慧，创造了稻鱼、梯田、草原游牧、农林牧复合等类型丰富的农业系统，与之相伴生的是，青田鱼灯舞、侗族大歌、哈尼四季生产调等多彩民俗，以及耕读传家、自强不息、守望相助的民间文化。保护优秀农耕文化，要统筹谋划，充分发挥政府的主导作用，调动全体村民的积极性，挖掘社会力量的积极性，协调各方投入传统文化的保护工作中。以保护传统自然村落为例，不仅要保护历史文化遗存、历史街区等物质载体，也要传承风土人情、生活习俗、传统技艺等文化生态。保护传承，会使古村落内的原住民既有居住活动场所，又有生产生活技能，能实现传统文化的延续和古村落文明的传承。保护古树、古木、古存遗迹这些文物就是保存历史，以生态文明为载体，弘扬绿水青山就是金山银山的理念。以产业为基础和载体，弘扬区域特色产业文化，保护地理标志品牌。

传统思想文化的保护与传承。乡村文化中保留了许多优秀的传统思想文化。不断挖掘和整理这些传统思想，不仅对提高村民素质和民风建设有促进作用，而且对当代乡村振兴也有积极促进作用。如天人合一的农耕文化，是传统乡村文化的精髓内容，体现的人与自然的和谐相处，体现了乡村的悠闲和淳朴。传统村规民约，虽为历史沉淀，约定俗成，并没有形成制度性和法律性的条文，但它在当代乡村社会依然会发挥积极作用。如家风思想和孝的文化，不但是传统文化的精髓，也是乡村公共文化制度建设的重要内容，好的家风会推动民风和乡风建设。优秀文化思想都是千百年来在乡村社会传承发展的文化成果，对于推动新时代的乡村公共文化制度建设，提高民众素质和淳化村民心灵等都有着重要作用。

（2）特色文化振兴制度

特色文化振兴制度是指通过政策引导、资源整合、产业融合等手段，系统性地保护、传承和创新发展乡村特色文化，推动乡村文化资源转化为经济和社会效益的制度安排，通过文化赋能乡村振兴，促进乡村文化繁荣、经济发展和社会和谐。乡村特色文化不仅需要采取措施严格保护，还要采用现代手段，积极地提炼、宣传和推广，并在这一过程中不断赋予其新的内涵和展示形式。首先，传统节日振兴。中国传统节日蕴含了丰富的文化内涵，推进中国传统节日振兴，办好传统庙会、中国农民丰收节，增强乡村文化影响力。其次，非物质文化遗产保护。弘扬中华优秀传统文化，加强传统村落、文物和非物质文化遗产的保护与利用。乡村文物古迹是传统文化的见证，不仅可以从中了解古人的奋斗历程，还可以从中体会到古人的思想和理念，更可以让现代人随时享受传统文化大餐。传统村落是历史的见证和文化的传承，从中可以感受到村落的秩序、宁静、淳朴和悠闲，这才是乡村的真正价值。乡村的灌溉工程遗迹、传统建筑、少数民族村寨和地方戏曲等的保护、传承和宣传推广，不仅是重要的文化遗产，也是乡村公共文化制度的重要组成部分。第三，文化产业赋能。加强乡村文旅融合，实施文化产业赋能乡村振兴计划，推动乡村文旅深度融合，提升乡村旅游质量效益。加快数字赋能，推广数字技术在乡村文化产业中的应用，推动传统文化创新与传播。

3. 文化服务供给制度

文化服务供给制度是指在乡村地区规划和建设一系列公共文化产品和服务，以满足村民文化需求、提升乡村文化水平和促进乡村文化繁荣的制度安排。包括图书馆、文化站、博物馆、影剧院、体育场馆、文化活动中心等多种类型的惠民工程设施建设以及文化下乡等综合性文化服务的开展。乡村文化服务供给通常与乡村社会的生产方式和生活方式密切相关，其设施类型、功能设计、活动策划反映了乡村社会的文化需求和发展方向。例如，乡村公共文化设施建设中的文化活动中心往往不仅提供文化娱乐功能，还兼具教育培训、社区服务等多种功能，以满足村民的多样化需求。

（1）乡镇文化站建设。新中国成立后，国家将接收的民众教育馆改建成人民文化馆，文化馆、文化站建设在全国铺开。1954年，我国第一部《宪法》规定文化馆的性质为文化事业机构，乡镇文化站则为其下派机关，工作听从上级安排，其主要目标是通过文艺形式进行政治宣传与教育，满足人们的政治需求。从1959年开始，尤其是1966年至1976年间，乡镇文化站呈现出波浪式曲折发展的轨迹。直至1981年颁布了《关于关心人民群众文化生活的指示》，明确了"乡乡有文化站"的乡村文化制度建设目标。到1982年，乡镇文化站从改革开放初的3264个恢复到32780个，乡村基层文化事业的作用重新得以发挥。但随着压力型体制的形成，以经济发展为重点内容的考核指标，弱化了文化价值的考量，乡镇文化站被虚设和边缘化。2005年，十六届五中全会从战略层面首次提出构建公共文化服务体系。2011年，国家出台《关于推进全国美术馆、公共图书馆、文化馆（站）免费开放工作的意见》，进一步明确"三馆一站"是政府举办的公益性文化事业单位，是保障人民群众基本文化权益的重要阵地。至此，乡镇文化站正式作为公益性事业单位免费向社会提供公共文化服务，乡乡有文化站成了乡村文化制度建设的一项重要制度安排。在改革开放以来的历史进程中，乡镇文化站是乡村文化制度建设的主要领导机构，在推动乡村文化制度建设方面发挥了重要作用。

国家专门针对乡镇文化站的政策法规、部门规章较为密集，如1984年《国务院办公厅转发文化部关于当前农村文化站问题的请示的通知》、1992年《文化站管理办法》、2003年《公共文化体育设施条例》、2007年《全国"十一五"乡镇综合文化站建设规划》、2012年《国家"十二五"时期文化改革发展规划纲要》、2015年《关于推进基层综合性文化服务中心建设的指导意见》、2017年《国家"十三五"时期文化发展改革规划纲要》等，这些政策体系的构建为乡镇文化站"以钱养事"改革提供了保障，极大地提高了工作人员的自主性与文化服务的有效性，也在文化站供给公共文化服务市场化方面进行了新的探索。改革开放过程中，各地乡镇文化站建设体现出了综合性、集约性、标准化、个性化的特点。如安徽重点推进"农民文化乐园"建设；内蒙古在353个嘎查村实现文化广场、文化活动室、小戏台全覆盖；河南省百县万村第一批文化活动广场的建设标准最低不少于1000平方米，文化活动室至少90平方米；重庆市江北区鱼嘴镇建成了集 7000 平方米文化广场、2202 平方米办公用房、2010 平方米活动用房为一体的综合文化服务中心，具有多功能展厅、音响厅、图书阅览室等数十个功能室，藏书达 9091 册图书，演出服装 80 套，计算机 11 台。山东、江苏等部分乡镇文化站，则成建制地更名为"文化中心""文体服务中心"或"文化服务中心"等，来满足乡村民众的文化需求。截至 2023 年底，全国共有 40236 个乡镇综合文化站。截至 2022 年年底，共有从业人员 14 余万人，其中专业技术人才 108952 人。全国各级财政对乡镇综合文化站的经费投入力度也大幅增加，2022 年，全国各级财政对乡镇综合文化站的财政拨款达到 191 亿元，全国乡镇（街道）文化站共组织文艺活动近 129 万次；举办训练班 49 万次；培训人次 2725 万人次。2023 年，全国社区综合性文化服务中心超过 57 万个，基本实现了全覆盖。

（2）农家书屋建设。农家书屋是为满足乡村民众文化需求，建立在行政村且存有一定数量报刊图书、音像制品并由农民自主管理、自我服务的乡村公益性文化场所，是乡村文化事业建设的主阵地，具有继承、汇聚、融合、交流知识与传播信息、娱乐休闲的功能，集知识、信息、培训、服务、休闲于一体，对培养新型农民能够发挥十分重要的作用。

2005 年年底，甘肃省率先在全国建立了 15 个农家书屋。2007 年，农家书屋工程在前期试点的基础上开始在全国全面推开，按照每个农家书屋配置 2 万元标准，中央财政对中西部地区分别补助 50% 与 80%，对东部地区采取奖励措施予以支持。从 2007 年到 2012 年，中央共安排 59 亿元在全国建成了 60 多万个标准书屋，每个书屋平均拥有图书 1565 册，基本上实现了农家书屋村村有，提前三年完成了农家书屋的硬件建设。2012 年 3 月，残疾人联合会与新闻出版总署联合下发《关于选聘农村贫困残疾人担任农家书屋管理员的通知》，在农家书屋管理员的配置上做了探索。为进一步提升农家书屋发展水平，2014 年 1 月 10 日国家发布《2013—2014 年农家书屋重点出版物推荐目录》的通知，要求每个农家书屋每年补充图书不少于 60 种，进一步规范了政府图书采购与农家书屋补充资金监督，有效保障了农民的文化权利，农民人均图书拥有量逐渐从 0.13 册上升到 1.25 册。2015 年 5 月，国务院办公厅出台《关于做好政府向社会力量购买公共文化服务工作意见的通知》，确定"自下而上、以需定供"互动式、菜单式服务方式是农家书屋提供有效需求的主要形式。2016 年 2 月，新闻出版广电总局出台《2016 年农家书屋重点出版物的通知》，对优化农家书屋服务体系管理提供了重要政策支持。2017 年 3 月《公共文化服务保障法》的正式生效与 2017 年 11 月《公共图书馆法》的通过，为农家书屋的繁荣发展奠定了重要的法治基础。同时，从 2010 年开始，农家书屋数字化建设开始探索。文化部在当年出台的《公共电子阅览室建设试点工作方案》规定，乡镇一级公共电子阅览室的配置为：软件建设带宽不低于 1MB，电视接口包括 CCTV1 等 20 套以上节目；硬件包括 1 台 PC 服务器、10 台终端计算机、1 台平板电视、1 套音箱、1 台投影机、1 台打印机、1 套 DVD 播放器以及若干应用软件。按照这一标准，2011 年评出了 28 个公共文化服务示范项目与 28 个服务示范区。

（3）文化下乡。文化下乡是指通过多种渠道和方式，将文化资源和服务输送到农村地区，以丰富农民的精神文化生活，提升农村文化水平，促进农村精神文明建设。文化下乡是"文化、科技、卫生"三下乡活动的重要组成部分。改革开放初期，新中国成立后拍摄的一批优秀影片开始在乡村放映，乡村民间艺人也自发组建团队开展各种文娱活动。而仅凭乡村内部的力量来发展乡村文化，动力有限。"文化下乡"成为促进乡村文化发展、保证文化均等性的一项重要国家战略。1993 年，文化部成立了文化扶贫委员会，组织实施了"手拉手"工程、"万村书库"工程、为农村儿童送戏工程、电视扶贫工程、报刊下乡工程等。1996 年，中宣部、文化部、卫生部等 10 部委下发《关于开展文化科技卫生"三下乡"活动的通知》，其中"文化下乡"主要包括图书、报刊下乡，送戏下乡，电影、电视下乡。此后，国家每年都会出台相关政策来扶持"三下乡"活动，关注重点从具体活动转向体制机制建设，有关部门先后组织了"老区特区心连心艺术团""京九文化列车""南昆文化列车"等一批"文化下乡"慰问演出活动。1998 年开始，国家计委、广播电影电视总局、文化部联合发起跨世纪农村电影放映"2131"工程，即在 21 世纪初基本实现全国农村一村一月放映一场电影。为解决广播电视覆盖"盲村"群众听广播、看电视问题，国家广电总局也启动了"广播电视村村通"工程，国家通过卫星、有线、无线等多种技术手段建设广播电视综合覆盖网。2011 年 10 月，十七届六中全会通过《关于深化文化体制改革推动社会主义文化大发展大繁荣若干重大问题的决定》，明确指出要深入开展全民阅读、全民健身活动，推动文化科技卫生"三下乡"、科教文体法律卫生"四进社区"、"送欢乐下基层"等活动经常化，支持演艺团体深入基层和乡村演出。2018 年以来，通过"文化进万家"、"文化迎春艺术为民"、"送欢乐下基层"、"心连心"、农村电影放映、全民阅读、新春送书等活动，把优秀的文化产品与服务送给了乡村群众。

4. 文化人才建设制度

乡村文化人才建设制度是指通过政策支持、培养机制、保障措施等多方面手段，系统性地培养、引进和激励乡村文化人才，以提升乡村文化服务水平、传承乡村优秀传统文化、推动乡村文化产业发展的制度体系。

在通往乡村文化制度建设"最后一公里"的过程中，一些村文化站大多由村干部兼任，没有报酬，存在工作积极性差等现象。乡村文化站建设普遍存在缺乏专职管理人员，专业人才少、文艺骨干素质偏低，缺少长效培训机制，且待遇不能保障，工作积极性不高等问题。据中国 2020 年统计年鉴资料显示，截至 2019 年底，在全国乡镇文化站 33530 个，从业人员 109630，在编人员 63141人，占比 57.6%，每个乡镇文化站人均 3.3 人。目前仍有 42.4% 人员临时聘任，负责与管理乡镇文化站的日常工作。乡村综合文化站专职人员配置更是面临诸多问题。乡村公共文化建设存在"一无人力，二无财力，三无权力，四无活力"现象。乡村出现"农家书屋"有书无人看，书籍单一，公共文化设施利用率不高或闲置等问题。立足乡村文化制度建设的实际，乡村文化人才建设制度至关重要。完善群众文艺扶持机制，鼓励农村地区自办文化；培育挖掘乡土文化本土人才，支持乡村文化能人。

为解决这一问题，国家和地方政府通过制定《"十四五"农业农村人才队伍建设发展规划》《关于加快推进乡村人才振兴的意见》等政策文件，为乡村文化人才建设提供制度保障。通过实施各类人才回流计划和基层服务项目，引导城市人才、返乡人员、退役军人、退休专家等投身乡村文化建设。一为定岗定责制度。地方政府成立由分管文化领导牵头的乡村文化服务领导小组，建立市、县、乡、村联动的乡村公共文化制度建设机制，制定农村公共文化服务标准及实施细则。对于每一个岗位进行岗位职责描述，做到清晰可行。如"五室一队一中心"的具体建设标准，做到专人负责，专兼配合，物尽其用。二为职业保障制度。在政策机制上保障从事乡村公共文化建设的专职人才，工作有目标、有待遇、有发展、有成就，志愿立足乡村，全身心投入文化乐民、文化富民、文化育民、文化强民的事业中。三为人才储备制度。建立乡村文化志愿者人才储备库，将专业文艺工作者、业余文艺爱好者等纳入人才储备队伍。文化和旅游部关于印发《"十四五"公共文化服务体系建设规划》的通知，提出要挖掘选拔一批有热情、有才华的优秀文艺人才，通过加强艺术培训，建立作品研讨提升机制，搭建演出展示平台等措施，造就一大批本土化的群众文化创作和活动"带头人"。四为人才选拔激励制度。制度化建立规范的从事公共文化事业人员的选拔、使用、培训、考核机制，形成具有公平公正的年度乡村公共文化制度建设事业系列先进评选办法与奖励机制。激励村民参与乡村公共文化制度建设的措施，为不同才艺、才干的能工巧匠搭建平台，成就人生。

三、乡村公共卫生制度

乡村公共卫生制度是指以保障乡村居民健康为目标，通过政府主导、社会参与，在乡村地区建立和实施的基本公共卫生服务、疾病预防控制、医疗保健等服务的制度体系。其核心是实现乡村地区公共卫生服务的均等化，提升乡村居民的健康水平，缩小城乡健康差距。

（一）乡村公共卫生制度的历史沿革

1. 起步阶段（1949—1956 年）

新中国成立初期，乡村公共卫生工作主要集中在卫生服务体系建设和疫病防治两个方面。当时，农村缺医少药，传染病流行严重，卫生机构和人员极度匮乏。为解决这些问题，政府确定了"面向工农兵、预防为主、团结中西医、卫生工作与群众运动相结合"的卫生工作方针：（1）建立卫生防疫站。1950年，卫生部发布《关于 1950 年医政工作指示》，开始在农村大规模建立卫生防疫站，提供基本医疗服务和公共卫生服务。这些防疫站为后来的三级卫生保健体系奠定了基础。（2）开展爱国卫生运动。1952 年，全国范围内开展爱国卫生运动，重点防治鼠疫、霍乱等传染病。各地开展了大规模的疫苗接种和疫情监测工作，有效控制了传染病的流行。例如，1950 年代，全国开展了大规模的牛痘疫苗接种，有效控制了天花的传播。（3）初步建立农村医疗体系。1951 年，国家提出逐步建立区卫生所，实现县有卫生院、区有卫生所、乡有卫生委员、村有卫生员。在经济发展水平较低和医疗卫生资源匮乏的条件下，政府整合既有资源建设县医院、建立联合诊所和村级保健站的三级医疗卫生体系。1955 年，山西省高平县米山乡创建了全国第一个农村合作医疗组织，建立合作医疗试点。

2. 发展阶段（1956—1978 年）

社会主义建设时期，农村公共卫生体系逐步发展完善，形成了具有中国特色的农村医疗卫生制度。（1）初步形成三级医疗预防保健网。20 世纪五六十年代，全国各县成立县医院，公社成立卫生院，村设卫生室，构成了农村三级医疗卫生体系。随着农村合作化运动的发展，逐步形成了县、乡、村三级医疗预防保健网。这一网络为农村居民提供了基本的医疗和公共卫生服务。到 20 世纪70 年代，农村三级医疗预防保健网和合作医疗制度得到普及，有效控制了地方病和传染病。（2）建立农村合作医疗制度。1966 年，第一个农村合作医疗试点在湖北长阳县乐园公社杜家村大队成立。农民每人每年交 1 元合作医疗费，大队再从集体公益金中人均提留 5 角钱作为合作医疗基金，群众看病吃药基本免费。这一模式在全国推广，90%的农村居民受益。（3）建立赤脚医生制度。1965年，上海川沙县江镇公社开办了第一个赤脚医生培训班。赤脚医生是半农半医的乡村医生，经过短期培训后为村民提供基础医疗服务。他们坚持"预防为主"原则，走村串户，做好疫苗接种工作，防治各种传染病。这一制度创新性地解决了农村缺医少药的问题和灵活就医问题。

3. 调整转型阶段（1978—2003 年）

改革开放后，农村公共卫生体系面临新的挑战和机遇。（1）合作医疗制度转型。1978 年，家庭联产承包责任制的推行对合作医疗制度造成冲击。合作医疗制度逐渐解体，赤脚医生开始以联合办医、个人承包等形式开业，农村缺医少药的状况再次出现。（2）建立乡村医生制度。1981 年，国务院发布《关于合理解决"赤脚医生"补助问题的报告》，提出对考核合格的赤脚医生发放"乡村医生"证书，并给予相应待遇。这一政策稳定了农村基层卫生队伍。（3）开展公共卫生服务的市场化探索。公共卫生机构开始向企业化管理模式转变，服务的福利性降低。农村卫生事业的投入减少，三级医疗预防保健网受到冲击。（4）探索新型农村合作医疗制度。为解决公共卫生市场化探索带来的冲击，1994 年，国家开始探索新型农村合作医疗制度。这一制度在传统合作医疗的基础上进行了改进，提高了保障水平和服务质量。1995 年，国家开始重视公共卫生服务的恢复和强化。中央财政投入资金用于健康教育、疾病预防等项目，推动了农村公共卫生服务的恢复和发展。

4. 全面深化期（2003—2016 年）

进入 21 世纪，我国乡村公共卫生制度迎来了全面深化改革的阶段。2002年，国务院发布《关于进一步加强农村卫生工作的决定》，明确提出要大力发展农村卫生事业，特别是乡村公共卫生制度，以满足农村经济社会发展对卫生服务的需求。2005 年，国务院发布《关于深化农村卫生改革的指导意见》，进一步强调农村卫生工作的重要地位，提出要建立现代农村卫生服务体系，推动农村卫生与城市卫生的协调发展。2010 年，国务院发布《国家中长期卫生改革和发展规划纲要（2010—2020 年）》，加大财政投入、优化卫生资源配置、加强卫生人才队伍建设等，为乡村公共卫生制度的发展提供了有力保障。这一时期，（1）完善疾病预防控制体系。2003 年 SARS 疫情后，公共卫生被提到国家安全层面。国家加大了对疾病预防控制体系的投入，完善了四级疾病预防控制体系。（2）实施基本公共卫生服务项目。2009 年，国家开始实施基本公共卫生服务项目。2009—2018 年，城乡人均基本公共卫生服务经费补助标准从 15 元逐步提升到 55 元，服务项目从 10 大类扩展至 14 大类，覆盖城乡居民生命全过程，重点向农村地区倾斜。这些项目有效提升了农村居民的健康水平。

5. 全面振兴时期（2016 年至今）

2016 年，《"健康中国 2030"规划纲要》提出推进基本公共卫生服务均等化。国家通过政策支持和资金投入，加强乡村医生队伍建设，提升乡村公共卫生服务水平。2017 年，党的十九大报告中提出乡村振兴战略。2018 年中央一号文件，即《中共中央 国务院关于实施乡村振兴战略的意见》，对实施乡村振兴战略进行了全面部署。新时代背景下，乡村公共卫生体系成为乡村振兴的重要支撑。国家出台了一系列政策，推动乡村公共卫生服务的均等化和可持续发展。这一时期，乡村公共卫生制度实现四项转变：即社区卫生服务站（中心）服务功能从单一型医疗服务向疾病预防、健康促进、基本医疗和社区康复转变；服务对象从为患者服务向为群体（家庭、社区）服务转变；人才培养和岗位培训从临床医学向全科医学服务转变；工作方式从在站（中心）内坐堂向走出站（中心），为社区、家庭服务转变。2003 年，我国试点新型农村合作医疗制度；2010 年，新农合基本覆盖全国农村居民；2017 年，各级财政对新农合的人均补助标准达到 450 元；2018 年，城乡居民基本医疗保险制度建立完成。2022 年，我国共设 34000 个乡镇卫生院，床位 151 万张。全国共设 58.3 万个村卫生室），乡村医生和卫生员数供给 66.45 万人。

（二）乡村公共卫生制度的特征

乡村公共卫生制度具有鲜明的地域性、综合性和可持续性等特征。这些特征不仅体现了乡村公共卫生制度的独特性，也为其在乡村社会中的重要作用提供了理论依据。

（1）地域性。乡村公共卫生制度的地域性特征体现在其制度设计和实施的地域适应性。由于我国乡村地区经济发展水平、资源禀赋和文化传统存在显著差异，乡村公共卫生制度必须根据当地的具体情况进行设计和实施。例如，在偏远山区，乡村公共卫生制度可能更侧重于基本医疗服务的覆盖和疾病预防控制的加强；而在经济发达地区，则可能更注重健康教育和健康促进的推广。这种地域性特征使得乡村公共卫生制度能够更好地满足当地村民的健康需求，提高卫生服务的针对性和有效性。

（2）综合性。乡村公共卫生制度不仅包括基本医疗服务，还涵盖了疾病预防控制、健康教育与促进、环境卫生管理等多个方面。这种综合性特征使得乡村公共卫生制度能够全面应对乡村社会的健康问题，提供全方位的卫生服务。

例如，乡村公共卫生制度中的卫生服务体系建设不仅提供基本医疗服务，还通过疾病预防控制和健康教育活动，全面提升村民的健康水平和生活质量。

（3）可持续性。乡村公共卫生制度的可持续发展离不开政策支持、资源保障和村民参与。乡村公共卫生制度通过建立健全的政策体系和资源保障机制，确保卫生服务的持续供给和质量提升。例如，通过政府投入和社会筹资，乡村公共卫生制度能够获得稳定的资金支持，保障卫生服务的可持续发展。此外，乡村公共卫生制度还通过加强村民参与和社区动员，增强村民的健康意识和自我保健能力，促进卫生服务的可持续利用。

（三）乡村公共卫生制度的内容

依据公共产品理论，农村医疗卫生服务分为三个层次：一是具有纯公共产品特性的公共卫生服务，涵盖计划免疫、传染病防控、妇幼保健、环境卫生、食品安全以及健康教育等；二是具备准公共产品特征的基本医疗服务，例如传染病与地方病的治疗、常见病与慢性病的防治；三是呈现私人产品属性的非基本医疗服务，私人保健、特种病房、特约特护、美容整形等。我国乡村公共卫生制度的内容包括卫生服务体系建设、疾病预防控制和卫生健康教育三个方面。

1. 卫生服务体系建设

包括乡村卫生室、乡镇卫生院和县级医院等各级卫生机构的建设和完善，旨在提供基本医疗服务和公共卫生服务。在我国农村三级医疗卫生服务机构建设中，以县级医院为引领，乡镇卫生院为支撑，村卫生室为拓展，整合村级卫生资源，将村卫生室纳入医保定点，统一开展医药招标、药品配送以及业务培训，提升医疗服务质量，达成"小病在社区，大病到医院"的目标，有效防范疾病风险。"小病在社区，大病到医院"，有效抵御疾病风险。乡村卫生服务体系建设不仅注重硬件设施的改善，还强调卫生人才的培养和卫生服务质量的提升。针对乡村医生队伍业务能力不够高，专职医生比重不高、收入待遇低，对医科大学毕业生缺乏吸引力等问题，制定和实施医疗卫生大中专毕业生到基层计划，支持乡镇卫生院和村卫生室派遣医务人员到上级公共卫生机构进行实训；加强全科医生培养，简化本科及以上学历医学毕业生或经住院医师规范化培训合格的全科医生招聘程序；乡镇卫生院优先聘用符合条件的村医，盘活基层卫生机构现有编制资源；提高乡村医生待遇水平，制定常态化的乡村医生优惠政策；实施县区内乡村医生合理流动，并加大对偏远地区乡村医生的补助力度。

2. 疾病预防控制

包括传染病防控、慢性病管理和突发公共卫生事件应急处理等多个方面。乡村疾病预防控制工作通过建立健全的监测和预警系统，及时发现和控制疾病的传播。通过开展疫苗接种和健康筛查，乡村公共卫生制度能够有效预防和控制传染病的流行；通过加强慢性病管理和健康教育，乡村公共卫生制度能够提高村民的健康水平和生活质量；通过建立农村公共卫生三级网络机制，加强突发公共卫生事件应急处理。2019年以来，依托县级疾病预防控制中心，完善县域重大疫情防控救治体系，健全农村公共卫生重大风险研判、评估、决策、防控协同机制，实现上下级信息贯通、同级信息共享。推进乡镇卫生院标准化建设，规范统一乡镇卫生院的工作流程、考评机制、监管办法等，形成有据可依、有规可循的规范化、制度化的良性竞争机制。强化村卫生室在乡村公共卫生体系中的基础作用，全面铺开纵向业务合作，充分发挥上级机构对村卫生室的帮带作用，构建村卫生室可发展、可造血的内生动力机制。稳步推进紧密型县域医疗卫生共同体建设，提高县域医疗卫生资源配置和使用效率，提升基层医疗卫生服务能力，推动构建分级诊疗、合理诊治和有序就医新秩序。

3. 卫生健康教育

开展健康知识宣传、健康行为指导和健康生活方式推广等活动，提高村民的健康意识和自我保健能力。乡村健康教育与促进工作不仅注重知识的传播，还强调行为的改变和习惯的养成。基础设施建设上，改善人居环境，建立健全乡村公共卫生管理长效体制和公共设施运营维护机制，分类推进农村"厕所革命"；加强厕所粪污治理，开展消毒灭源工作；全面实施农村生活垃圾治理，分类清理农村生活垃圾、建筑垃圾、漂浮垃圾和工业固废垃圾；梯次推进农村生活污水治理，开展农村黑臭水体整治。教育宣传上，开展健康讲座和健康咨询，向村民普及环境卫生健康知识，提高健康素养；推广健康生活方式和健康行为，促进村民的身心健康和提升生活质量。

（四）乡村公共卫生服务特殊制度

与城市公共卫生服务相比，乡村公共卫生服务具有较强的地域性和针对性，更加强调服务的可及性。因此，逐渐形成了乡村公共卫生服务的特殊制度。

1. 乡村医生制度

乡村医生是指在乡村地区提供基本医疗服务和公共卫生服务的医务人员，他们是乡村卫生服务体系的重要组成部分。乡村医生制度通过培养和引进乡村医生，确保乡村地区有足够的卫生人才提供基本医疗服务。例如，通过开展乡村医生培训和引进高素质卫生人才，乡村医生制度能够提供更加专业和高效的医疗服务，满足村民的基本健康需求。

2. 巡回医疗制度

巡回医疗是指医务人员定期或不定期地到乡村地区提供医疗服务的制度。巡回医疗制度通过组织医务人员到偏远乡村地区开展医疗服务，解决乡村地区卫生资源不足的问题。例如，通过开展巡回医疗活动，巡回医疗制度能够为偏远乡村地区的村民提供基本医疗服务和健康检查。

3. 乡村卫生应急制度

乡村卫生应急是指在乡村地区发生突发公共卫生事件时，迅速组织卫生资源进行应急处理的制度。乡村卫生应急制度通过建立健全的应急机制和预案，确保在突发公共卫生事件发生时能够迅速响应和处理。例如，通过开展应急演练和培训，乡村卫生应急制度能够提高乡村地区的卫生应急能力，有效应对突发公共卫生事件。

五、乡村公共法律服务制度

乡村公共法律服务制度是指由政府主导、社会参与，面向农村居民提供的法律服务，旨在保障农民群众及农村各类组织的基本权利与合法权益，维护农村社会公平正义与和谐稳定的制度体系。乡村公共法律服务的服务对象涵盖具有法律服务需求的农民群众与农村各类组织。服务供给方式既包括政府直接面向农村提供，也包括政府通过向市场和社会力量购买的方式间接提供，还包括其他主体提供农村公益性法律服务。

乡村公共法律服务具有以下特征：（1）公益性与营利性双重属性。乡村公共法律服务具有公共普惠性，不以营利为目的，旨在保障农民群众的基本权利。同时，部分服务可能涉及一定的营利性，但总体上以公益性为主。（2）涉农性与乡土性。服务内容紧密结合农村实际情况，具有明显的涉农特点，同时需要考虑农村的风土人情和乡风民俗。（3）区域性和差异性。服务内容和形式丰富多样，因地区而异，且不同层次的农村居民可能有不同的法律需求。不同地区的乡村公共法律服务在资源分配、服务质量和供给方式上存在差异。

（一）乡村公共法律服务的产生和发展

改革开放前，我国农村社会以传统农业为主，纠纷解决主要依赖民间调解，国家法律在农村的介入较少。农村法律服务几乎空白，农民的法律意识薄弱，法律需求尚未显现。纠纷以乡规民约、宗族调解为主，国家法律的作用有限。

改革开放后，农村经济体制改革和市场化进程加快，农民的生产生活与法律的联系日益紧密，农村法律服务需求逐渐显现。为弥补律师事务所在农村的不足，农村法律服务所应运而生，并逐渐成为农村法律服务的主要力量，提供法律咨询、文书代写等服务。随着新农村建设和法治乡村建设的推进，农村法律服务需求快速增长。在此后的相当长的一段时间内，公共法律服务在农村的主要形式是以乡镇法律服务所、司法所等为主体的"送法下乡"。然而，徒善不足以为政，徒法不足以自行。对于农村群众而言，仅仅"知晓法律是什么"并不能完全解决他们在生产生活中所面临的一系列现实问题，如何运用法律化解矛盾纠纷，维护合法权益逐渐成为乡村公共法律服务提出的基本要求。

2011年江苏省在全国率先提出构建覆盖城乡的公共法律服务体系，随后浙江省在《关于推进城乡基本公共法律服务体系建设的指导意见》中也明确将基层特别是农村作为建立基本公共法律服务体系、促进基本公共法律服务均等化的重点。经过地方的创新实践，2014年司法部发布《关于推进公共法律服务体系建设的意见》，从国家层面正式提出要构建覆盖城乡的公共法律服务体系。同年，党的十八届四中全会对城乡公共法律服务进行了整体部署安排。2017年国务院《"十三五"推进基本公共服务均等化规划》和司法部《关于推进公共法律服务平台建设的意见》相继出台，明确提出到2018年底基本实现村（居）法律顾问全覆盖，为农村居民提供普惠性、公益性、可选择的公共法律服务。中共中央办公厅、国务院办公厅于2019年7月印发实施《关于加快推进公共法律服务体系建设的意见》，提出到2022年基本形成覆盖城乡、便捷高效、均等普惠的现代公共法律服务体系。2020年3月，中央全面依法治国委员会《关于加强法治乡村建设的意见》提出，完善乡村公共法律服务，为乡村提供普惠优质高效的公共法律服务。一系列规范性文件的出台体现出党中央、国务院对乡村公共法律服务体系建设的高度重视，也为其提供了坚强有力的政治保证。

2020年是公共法律服务迈入地方立法的元年，《山东省公共法律服务条例》《黑龙江省人大常委会关于加强公共法律服务体系建设的决定》《湖北省公共法律服务条例》先后通过。随后，公共法律服务进入地方立法的快速发展阶段。2021年8月厦门市人大常委会通过《厦门经济特区公共法律服务条例》；2022年1月上海市政府公布《上海市公共法律服务办法》；3月广州市政府出台《广州市公共法律服务促进办法》；9月江苏省人大常委会会通过《江苏省公共法律服务条例》；2023年2月广东省中山市政府公布《中山市公共法律服务促进和保障办法》。

截至2022年年底，全国共建成村级公共法律服务实体平台54.9万个，基本实现乡村公共法律服务网络全覆盖。2023年8月，司法部和农业农村部联合印发《关于常态化开展"乡村振兴法治同行"活动的通知》，从深入推进覆盖城乡的公共法律服务网络建设、大力推进乡村矛盾纠纷预防化解、持续推进乡村法律服务多元化发展、全面提升乡村法律援助质效和扎实推进法治乡村建设等方面做出部署安排。乡村振兴战略的实施和全面依法治国的推进，为乡村公共法律服务的发展提供了强大动力。

（二）乡村公共法律服务的主体

乡村公共法律服务的主体是乡村公共法律服务的提供者，包括乡镇司法所、基层法律服务所、法律援助机构、人民调解组织等特定司法组织及其法律工作者，以及其他提供农村公益性法律服务的市场和社会力量。

1. 乡镇司法所

乡镇司法所是基层司法行政机关的最末端单位，承担着法治宣传、人民调解、社区矫正、安置帮教、法律服务等职责，是乡村公共法律服务体系的核心枢纽。其具体职责包括：法律宣传，定期组织普法活动，向村民普及《民法典》《土地管理法》等与农村生活密切相关的法律知识；纠纷调解，参与土地承包、婚姻家庭、邻里矛盾等常见纠纷的调解，提供法律意见；社区矫正，对农村社区矫正对象进行监督管理，帮助其融入社会；法律援助初审，协助村民申请法律援助，核实经济困难证明等材料。全国乡镇基本实现司法所全覆盖，是乡村法律服务的"第一窗口"。乡镇司法所直接隶属于县（区）司法局，具有行政权威性和公益性特征。

2. 基层法律服务所

基层法律服务所是经司法行政部门批准设立的公益性法律服务机构，扎根乡镇，为村民提供低成本、便捷化的法律服务。其服务内容包括：法律咨询，解答婚姻继承、劳务纠纷、土地流转等问题；文书代写，协助起草合同、起诉状、遗嘱等法律文件；诉讼代理，代理简单的民事案件，收费标准低于律师事务所。基层法律服务所多为熟悉当地社情民意的"法律明白人"，沟通成本低，且对经济困难群体可减免费用，具有价格低廉和确保服务可及性的特征。

3. 法律援助机构

法律援助机构是政府设立的公益性组织，为经济困难或特殊案件当事人提供免费法律服务，保障弱势群体的诉权。其服务内容涉及诉讼类案件，包括刑事案件，为可能被判处无期徒刑、死刑的被告人提供辩护；民事案件，如农民工讨薪、工伤赔偿、妇女儿童权益保护等。法律援助机构的设立，是为确保"法律面前人人平等"，防止因经济原因丧失维权机会的兜底保障。法律援助服务为无偿提供，因而村民需提交经济困难证明（如低保户、建档立卡贫困户等），特殊群体（残疾人、未成年人等）除外。针对农民工异地维权需求，还建立了法律援助异地协作机制。

4. 人民调解组织

人民调解委员会是依法设立的群众性自治组织，通过非诉讼方式化解矛盾纠纷，是乡村社会稳定的"减压阀"。其形式包括由村干部、乡贤、法律顾问等组成的村级调委会和由交通事故、医疗纠纷等专业调解组织组成的行业性调委会。人民调解组织，定期走访村民，发现潜在矛盾隐患。经调解达成的调解协议后可依据《人民调解法》申请司法确认，赋予其强制执行力。人民调解不收取任何费用，程序灵活高效。调解形式可以结合乡规民约、风俗习惯，大大提升调解成功率，可实现"小事不出村、矛盾不上交"的矛盾纠纷溯源治理。

5. 其他社会力量

包括律师事务所承担的驻村律师制度，通过"一村一法律顾问"项目，律师定期驻村提供法律咨询，以及针对农村电商、土地征收等新兴领域提供专业化服务。由法学院师生为村民提供免费咨询的高校法律诊所制度，通过学生实践，采用情景剧、短视频等通俗形式普及法律知识，并且培养涉农的基层法律人才。由公益基金会等社会组织提供的法律赋能活动，中国法律援助基金会，资助偏远地区法律服务项目等。

（四）乡村公共法律服务的服务内容

乡村公共法律服务制度的服务内容涵盖法制宣传教育与法治文化建设、法律援助、基本法律服务（如公益性法律顾问、法律咨询、辩护、代理、公证）、矛盾与纠纷调解等乡村场域可能涉及的所有法律问题。

1. 法制宣传教育与法治文化建设

（1）法律知识普及。通过法律讲座、宣传手册、新媒体平台等多种形式，向农村居民普及法律知识，提高其法律意识。例如，一些地区利用农村广播、微信公众号等新媒体平台，定期推送法律知识和典型案例，方便农民群众随时随地学习法律。重点普及与农村居民生活密切相关的法律法规，如土地承包法、婚姻法、继承法等，帮助农民了解自身权益。（2）法治文化建设。开展法治文化活动，举办法治文艺演出、法治电影放映等活动，以生动有趣的方式传播法律知识。营造法治氛围，通过建设法治文化广场、法治宣传栏、法治文化长廊等，营造浓厚的法治文化氛围。例如，一些乡村在公共场所设置法治文化墙，展示法律知识和法治故事，让农民在日常生活中潜移默化地接受法治教育。

2. 法律援助

（1）经济困难群体援助。重点人群保障，为农村高龄、失能、失独、空巢老人，留守儿童、事实无人抚养儿童，留守妇女和重度残疾人等经济困难群体提供法律援助。例如，内蒙古包头市司法局通过"三重三抓"工作机制，为农牧民工提供法律援助，切实保障他们的合法权益。简化申请程序，为经济困难群体提供便捷的法律援助服务。（2）特定事项援助。将工伤事故、食品药品安全事故、生态破坏损害赔偿等纳入法律援助事项范围。例如，陕西省新修订的《法律援助条例》扩大了法律援助的范围，确保更多农村居民能够获得法律援助。

3. 基本法律服务

（1）法律顾问服务。为农村居民提供公益性法律顾问服务，解答法律咨询，提供法律意见。例如，通过"一村一法律顾问"制度，律师定期到村提供法律服务，帮助村民解决法律问题。（2）公益法律服务。参加公益活动，通过现场咨询、电话咨询、网络咨询等多种方式为农村居民提供服务。（3）法律咨询。由专业律师、法律服务工作者组成专业团队，通过实体平台、热线平台、网络平台等多种方式，为农村居民提供便捷的法律咨询服务。例如，一些地区建立了公共法律服务工作站，为村民提供面对面的法律咨询。（4）法律代理与辩护。为农村居民提供法律代理和辩护服务，帮助其维护合法权益。例如，在涉及土地纠纷、婚姻家庭纠纷等案件中，法律援助机构为经济困难的农民提供免费的法律代理服务。

4. 纠纷调解

人民调解。通过人民调解组织，运用调解方式化解农村居民之间的矛盾纠纷。加强人民调解员队伍建设，提高调解员的专业素质和调解能力。（2）多元化纠纷解决机制。推广多元化的纠纷解决机制，如仲裁、行政复议等，为农村居民提供更多的纠纷解决途径；建立多元化的纠纷解决平台，整合人民调解、行政调解、司法调解等多种资源，为农村居民提供一站式纠纷解决服务。

5. 公证服务

（1）基本公证服务。为农村居民提供公证服务，如遗嘱公证、继承公证等，保障其合法权益。例如，公证机构通过下乡服务、上门服务等方式，为农村居民提供便捷的公证服务。（2）特殊公证服务。通过现场办理、预约办理、线上办理等多种形式，满足农村居民的不同需求。

6. 司法鉴定

为农村居民提供司法鉴定服务，如医疗事故鉴定、工程质量鉴定等，帮助其解决涉及专业技术的法律问题。例如，一些地区通过在基层司法所建立公共法律服务室，为农村居民提供便捷的司法鉴定服务。

7. 定制化服务

随着网络虚拟经济的蓬勃发展，乡村公共法律服务面临着更高的要求，其中多元化供给和精准化服务的重要性愈发凸显。为了更好地满足农村居民的法律需求，应当充分利用互联网技术，积极推广远程法律咨询、视频调解等创新服务模式，有效弥补地域差距带来的不便。同时，鼓励社会力量广泛参与，构建以政府为主导、社会协同共治的多元化服务供给模式。此外，针对农村新产业、新业态（如电商、乡村旅游等）的快速发展，应提供更具针对性和定制化的法律服务，为乡村经济的高质量发展保驾护航。

第五节 乡村环境保护制度

一、乡村环境保护制度概述

伴随我国乡村社会经济的发展，乡村环境制度也在逐步完善。按照渐进式制度变迁的发展逻辑，我国乡村环境保护制度经历了起步阶段、探索阶段、发展阶段、稳定阶段和日益成熟阶段，相应时间节点和制度内容演进如下。

（一）起步阶段（1978—1988 年）

随着改革开放政策正式实施，乡村地区积极"包产到户、包干到户"变革，乡村生产力得到极大释放，村民生产积极性得到增强。1984 年中共十二届三中全会通过的《中共中央关于经济体制改革的决定》，将国家社会治理重点由乡村调整至城市，乡村各项优势资源用于支持城市社会发展，相应城乡环境治理"重城市、轻乡村"意味明显。因此，尽管 1982—1986 年连续五年中央一号文件提到乡村建设和乡村发展，大都聚焦如何提升乡村经济、提升经济效益、强化乡村经济对城市发展的支持，几乎很少涉及环境整治和保护层面问题。同时段发展时期，《中华人民共和国环境保护法》（试行）、《大气污染防治法》《水污染防治法》等主要涉及环境治理的相关法律制度也充斥着城市中心主义，忽视乡村环境治理问题。因未能充分认识环境保护对于乡村建设乃至国家社会经济发展的重要作用，相关环境治理和保护实际举措并未取得实际进展。

（二）探索阶段（1989—1999 年）

随着改革开放的深入发展，党的十四大明确提出建立和发展社会主义市场经济，要求加快城镇建设步伐，重点发展乡镇企业。城乡发展差距进一步拉大，发展不均衡问题凸显，乡村劳动力、土地、资本等发展成果作为支撑迅速涌向城市。该阶段，1993 年，国务院发布《村庄和集镇规划建设管理条例》、1997年原建设部发布《1997 年村镇建设工作要点》和《村镇规划编制办法》等政策文件，涉及乡村环境整治和环境保护内容，主要集中在乡村土地开发利用中有关"四荒"问题以及乡镇企业发展污染防控问题。相比较而言，该阶段开始意识到乡村治理中出现的环境问题，生态保护意识萌发，相关制度条例针对乡村经济发展中出现的污染防治现象初步出台原则性规定，但仍然以指导性原则为主、缺少实际操作性，也很难在乡村治理转型具体实践中予以整治。

（三）发展阶段（2000—2011 年）

该阶段，社会主义新农村建设取得新成就，城市化发展再上新的台阶，发展路径和发展理念出现转变，城乡一体化提上日程，乡村社会治理也随之出现质的飞跃。《国民经济和社会发展第十一个五年规划纲要的决议》和《中共中央、国务院关于推进社会主义新农村建设的若干意见》作为指导乡村建设和乡村发展的主导性、纲领性文件，开始尝试探索乡村环境保护有关可行性路径。2002 年，环境保护部与原建设部联合印发《小城镇环境规划编制导则》，以及《关于村庄整治工作的指导意见》中也明确指出要将改善乡村最基本的生产生活条件、优化乡村人居环境放在重要位置。在此基础上，"新农村建设"登上历史舞台。"工业反哺农业、城市支持农村"的指导要求下，乡村环境整治工作有了实质性工作推进，国家范围内地区人居环境整治取得一定进展，打造了一批生态环境治理典型示范样本，成为新农村建设生态环境保护的领头羊。总的看来，该阶段乡村环境保护相关政策制度数量突飞猛进地增加，各地市也积极响应出台相关实施规则，但是缺乏统筹布局、政策站位高度不足。

（四）稳定阶段（2012—2018 年）

随着中国特色社会主义五位一体总布局的提出，生态文明建设逐步提上国家社会发展的议程，乡村环境治理有了切实可依的制度。2012 年党的十八大正式提出"美丽中国"战略，2013 年中央一号文件深化落实这一战略；2015 年中央一号文件继续强调"中国要美，农村必须美"，出台《美丽乡村建设指南》；2017 年党的十九大提出中国特色社会主义道路乡村振兴发展，必须将美丽乡村建设放在重要的战略位置。此外，该阶段还出台了诸如《土壤污染防治行动计划》《农用地土壤环境管理办法（试行）》等细分领域内规范性文件。在制度政策指引下，2013 年住建部（原建设部）明确给出了村庄人居环境整治的相关规划，对整治内容、要求、过程、监管、成效等提出要求。开展建设美丽宜居小镇、美丽宜居村庄示范工作，公布 190 个美丽宜居小镇，565 个美丽宜居村庄。2014 年国务院建立乡村人居环境统计和评价机制，此后住建部每年都要开展全国范围内的乡村人居环境相关调查。该阶段不再局限于传统意义上的善后修复治理，而是将预防也纳入乡村环境治理之中。政策内容以土地资源开发利用方式和运行效率、生态污染防治与修复、可持续生产等内容为主要特色，乡村环境治理相关制度保障更为完善。然而值得注意的是，该阶段法规政策文件强调生态建设的重要性，但仍然以较高层次国家中央级别立法为主，高位阶立法多部门共进存在一定程度上的执行难度，可能会出现执行过程中交叉执行、执行混乱的情况。

二、乡村环境保护制度的主要内容

（一）生态保护和补偿制度

生态保护和补偿制度是我国生态文明建设的重要组成部分，也是维持乡村生态可持续供给和改善乡村环境的首要之义。党的十八大以来，乡村生态保护和补偿建设全方位强化，逐步建立起政府主导、市场运作、多元参与的系统运作机制。具体来说，乡村生态保护和补偿制度主要涉及补偿领域、补偿内容、补偿方式、资金保障和监管等内容。在补偿内容和领域方面，推行重点领域和重点区域补偿，重点领域指的是具有较强生态系统服务功能且生态退化较为严重的领域，如森林、草原、湿地、河湖等，明确不同领域补偿和监测标准，强化生态环境保护技术研发与应用；重点区域是指在设立有生态安全屏障区、生物多样性保护区、重要水源地等，全面推行区域保护规划，加强特定区域生态监测、保护与修复工作。在补偿内容方面，面向不同区域实行不同的环境保护举措，以农用地休养为例推进休养生息制度。农用地休养主要涉及土地的休耕和保养，对于部分土壤肥力不足、长期污染严重的农用地，坚持长期退耕还林、退耕还草、退耕还湖等政策，努力提升该区域农用地的土壤地力，提高土地资源利用效益；对于尚且具有一定耕种条件和地力程度的农用地，有计划、有步骤地退实行循环休耕，保持农用地可持续利用水平。在补偿方式方面，主要采用的是财政支持的方式，可分为纵向补偿和横向补偿。纵向补偿是中央通过财政转移支付、金融支持、政策优惠等方式，面向基层政府保护和修复乡村生态环境的行为实施经济补偿；横向补偿是平行行政区域之间因特定原因产生关联，如同一流域上下游之间、环境保护区与生态受益区之间等，依据生态受益情况自行建立起的经济补偿关系。在资金保障和监管方面，既有来自各级政府部门的财政投入，提供相应的乡村生态保护和补偿资金，也有通过多样化融资获得的来自市场力量和社会资本的资金支持，如生态保护和补偿金融绿色债券、生态保险等，同时也要接受政府和社会相应的资金监管。《环境保护法》明确强化政府监督管理职责，指出市场企业应积极承担起主体责任，对相关环境违法行为做出具体规定。

（二）农业面源污染防治制度

国家高度重视农业面源污染防治，《环境保护法》《农业法》《水污染防治法》以及《民法典》生态环境专章，对农业面源污染行为和防治举措做出了相关规定，后出台《农业面源污染防治管理规定》进行专项整治。规定明确指出，农业面源污染主要是指"农业生产活动中，因为化肥、农药、农膜、养殖业废弃物、作物秸秆等农业生产资料和农业废弃物的不合理使用、处置，导致水体、土壤、大气等环境介质受到污染的现象"。农业面源污染防治工作实行政府主导、部门协同、社会参与的工作机制。县级以上地方人民政府农业主管部门负责本行政区域内农业污染防治的监督管理，环境保护主管部门负责农业面源污染防治的环境监测、污染源调查和环境影响评价等工作。规定指出，农业面源污染防治措施主要涉及以下内容：县级以上地方人民政府制定农业面源污染防治规划，明确农业面源污染防治的目标、任务、重点区域和措施；推广测土配方施肥技术，引导农民合理使用化肥，减少化肥施用量，提高化肥使用率；推广生物防治、物理防治等绿色防控技术，引导农民科学使用农药，减少农药使用量，提高农药利用率；推广使用可降解农膜，引导农民合理使用农膜，减少农膜残留量；推进养殖业废弃物资源化利用，引导农民合理处置养殖业废弃物，减少养殖业废弃物对环境的影响；推进作物秸秆综合利用，引导农民合理处置作物秸秆，减少作物秸秆对环境的影响；加强农业灌溉水质管理，防治农业灌溉水质污染。

（三）土地综合治理和生态修复制度

高质量发展要求提高乡村地区自然资源利用效率，将自然资源转化为乡村地区的发展优势，因此加强土地综合治理和生态修复是切实维护乡村居民福祉、推进乡村生态文明建设和打造美丽乡村的必然要求。乡村地区土地综合治理和生态修复制度主要包括以下内容：首先，深度落实退耕还林、退耕还牧、退耕还草等系列生态修复，精准确定退还绿化的行动范围和实施质量，重点推进"三北"、长江重点防护区建设，逐步扩大退还范围和质量。其次，综合山地、水域、林地、湖泊、沙地等多系统全方位治理，统筹推进乡村生态能力恢复。按照不同地区的地理位置和发展需求，逐步加强各种自然资源用地的保护力度，推动实施动植物保护工程，加强对于自然资源利用和开发的强度，优化土地综合治理的运营监管、过程评估和风险防控。如有区别地推进矿产资源集中开发地区、海岸地区、荒漠邻接地区，开展相关资源和气象保障服务，支持有经济发展条件的相关地区积极探索适合当地的综合治理和生态修复模式、发展生态修复建设试点。第三，加强对于天然林、公益林、草原、湖泊、天然绿洲等重点地域的生态保护，全面划定和落实生态修复责任制度，进一步细化不同类别地域环境污染管控或绿色生产经营制度。提高技术发展对生态保护的支撑力度，规范生态保护和资源利用标准，健全生态监管相关制度体制机制。第四，重点追踪乡村河湖、湿地生态系统发展，关注乡村河湖水系污染和生态修复，加强河塘蓄水能力，推进小流域生态改善建设工作。第五，加强乡村综合整治重大行动推进工作，推进农用地、低效地、污染地、历史损毁地等遗留污染性土地的整改工作，加快重有色金属矿区所在地环境整治工作和废弃土地修复。第六，加强生物多样性保护工作，尤其是加强乡村地区物种监测评估与保护管理，提高自然资源的利用效率，维护乡村地区生态系统的稳定和平衡。

（四）人居环境整治制度

1. 乡村改厕制度

乡村厕所革命是一项系统艰巨的民生工程，是为彻底改善乡村居民生活方式和提升乡村居民生活质量的重要举措。既是迫于乡村居民生活实际改进与探索的一种倒逼机制，也是实现广大村民美好生活向往、推进乡村全面进步的有益尝试。目前关于厕所革命的制度举措主要集中在两部分内容：推动改厕数量实现乡村地区完全覆盖和实现改厕时效服务于实际使用。一方面，乡村改厕数量上，在"存量"和"增量"两端齐头并进，加快提升乡村厕所建设数量和覆盖范围。在乡村居民既有厕所基础上，纵深推进有效改厕，协调其与乡村生活用水供给的统筹，将改厕后污水处理与乡村存容貌涉及的污水治理同步推进。依托政府权威力量，根据不同地区现实情况和实施难度，有步骤、有计划地提升老少边穷地区及其他困难地区乡村厕所覆盖率，积极引导村民主动参与到厕所革命中来。2009年，全国爱卫会办公室印发《农村改厕管理办法（试行）》，就农村改厕工作管理职责、技术培训、健康教育、产品安全、验收管理等做出具体规定。《中共中央 国务院关于做好2022年全面推进乡村振兴重点工作的意见》和《"十四五"推进农业农村现代化规划》重点强调了农村改厕问题，要求"从农民实际需求出发推进农村改厕，具备条件的地方可推广水冲卫生厕所，统筹做好供水保障和污水处理；不具备条件的可建设卫生旱厕"，"因地制宜推进农村厕所革命"，尤其是要做好后续污水处理这一关键环节，朝向资源化利用有序推进。

2. 生活垃圾整治制度

生活垃圾处理是乡村环境治理的重要组成部分，现阶段相关生活垃圾处理推行的是"村收集、镇中转、县处置"方式，将垃圾处理过程分为前端、终端和末端，初步形成乡村生活垃圾处理运行机制和处理体系。当前，大部分乡村地区已经设置了垃圾集中点，乡镇、村级相关回收网点初具规模，但整体生活垃圾处理水平还需全面提升。乡村生活垃圾整治制度主要包括以下内容：建立健全乡村生活垃圾处理由乡镇到村级各级别规划建设编制体系，加快乡村生活垃圾处理运营环节规范化、系统化、科学化管理。完善现有乡村生活垃圾处理模式，引入市场化力量积极探索多元化垃圾处理机制，尤其是要加强社会资金参与力度。细化乡村生活垃圾处理分类，将分类纳入考量范围，结合村规民约加强对乡村居民的行为规范引导，积极调动乡村居民参与的积极性和主动性。建立健全乡村生活垃圾处理全过程全环节的监督管理，形成常态化、规范化、长效化监管考核机制，提高日常运营管理水平。在此基础上，积极探索乡村生活垃圾再回收利用资源的有效方式，通过优化政策扶持、环节对接、清运配套等发展可持续性垃圾处理再生机制，缓解政府设备供给、运营管理相关财政投入压力，全方位提升基层环境治理水平。

3. 生活污水处理制度

乡村生活污水处理也是当前乡村生态建设和绿色生产发展的短板所在，是实现乡村振兴和乡村现代化建设、建设生态宜居乡村的重要制度支撑。乡村生活污水处理制度要求遵循因地制宜、分类管理、逐步推进的原则，将其与农村改厕、生活垃圾处理并入常态化乡村居民人居环境改善整体体系之中，整体统筹、全面推进乡村环境整治工作。尤其是要注重结合乡村各地区先天自然资源条件、人口集聚密度、人口素质以及经济发展水平，制定适合不同地理位置、不同地形地区的生活污水治理制度。如南方地区充分利用当地水资源丰富的优势条件，积极探索储水工程配套生态修复模式，治理乡村生活污水污染的同时又能极大地节约治理成本。人口较为集中的乡村地区，全面推进乡村生活污水处理生态网络建设，积极推进统一化、规范化建设。鉴于乡村地区的地理位置，距离城市较近或者城乡接合部的乡村地区，可以考虑城乡生活污水处理的合并统筹，适当延伸城市居民生活污水处理系统设备和服务。在偏远山区，积极推进建立健全"一池三改"政策体系，加强生态敏感区水资源保护与居民生活区用水需求之间的协调。

第六章

当代中国乡村治理现代化

第一节　当前中国乡村治理现代化内涵

一、乡村治理体系

1. 乡村治理体系的概念

（1）体系。体系一词，主要是指该系统组成要素众多，要素之间互为补充、互相推进，按照一定逻辑和条理形成特定整体。治理体系本质上是一个全新的政治理念，是一系列维持、规范和推进社会发展的制度综合。俞可平研究强调，治理体系从主体、性质、权力来源、运行向度、作用范围等方面区分于传统意义上的统治系统，有效的治理体系涉及治理主体、治理机制和治理效果三大部分，整体运行呈现有机、协调、动态和整体特征，并且能够充分诠释谁治理、如何治理、治理得怎样等基本问题。

（2）乡村治理体系。自2000年为爆发点以来，有关乡村治理体系研究文献出现井喷式增长。在中国知网（CNKI）期刊全文数据库，近五年全文与"乡村治理体系"内容相关联论文共发表近一万四千条，其中尤以案例解读、时代反思、体系构建、组织形态实现路径等研究颇多。关于乡村治理现代化的探讨成为理论和实践发展的必然要求。郝永强和张新文研究指出，乡村治理体系是指治理主体、制度、文化三维复合作用下的治理样态，在三治融合的基础上运用数字技术、正式与非正式制度、情感资源、社会资本等提升乡村治理效能，推动多重治理要素的协同联动，构筑乡村治理行动网络，满足乡村社会多样化治理需求的融合治理。徐琴认为乡村治理体系具有较强的实践指向，以实现与国家社会治理的有效衔接为最终目标，特定时空下治理空间、治理主体、治理事务、治理规则等构成要素组成的治理系统。张君弟等认为乡村治理体系是一种基层协商治理体系，围绕政府、市场、社会、村民之间的关系强化基层管理体制，实现协商治理，保障乡村居民基本的生产生活需求。薛泽星和萧子扬研究指出，我国乡村治理体系近10年研究文献猛涨，研究热点聚焦在党建引领、村民小组、新乡贤、村民自治、乡政村治、三治、治理能力等聚类结果，所涉及的研究层次更为立体饱满。敖翔认为乡村治理体系是以体为中心、以系为边缘的基层治理结构，包含一个由乡村治理共同价值观、战略规划、责任使命等组成的中心，以及横向同级协同、纵向上下分工、共同构建起政府负责、公众参与、法治保障、科技支撑、民主协商、社会协同的新时代乡村治理格局。

综上所述，本书认为乡村治理体系是指在乡村特定空间地域范围内，乡村治理共同体为解决乡村融合发展、激活乡村内部发展活力、实现乡村振兴战略目标，所融合建构起的治理组织体系、治理制度规范、治理理念目标、治理运行系统、治理评价和保障等系统集合。

（3）乡村治理体系现代化

乡村治理体系现代化，是乡村治理体系内部要素相互之间不断整合、不断更新、不断重塑的结果。乡村治理体系聚焦乡村聚落空间形态这一物质载体，主要包括治理主体、治理理念、治理内容、治理机制和治理结果，五大部分相互支撑建构成相对稳定的制度系统。乡村治理体系作为维持和推动国家社会治理稳定运行的重要基石，以协调国家和乡村居民之间的关系为根本，致力于实现不同发展阶段的国家治理目标。没有乡村治理体系的现代化建设，中国式现代化建设和有效治理就无从落脚。

2. 乡村治理体系的发展历程

梳理乡村治理体系发展历程，是探讨乡村治理体系现代化的首要之义。毛泽东最早在新中国成立初期就提出了农业现代化问题，成为四化建设的雏形，后来1964年《政府工作报告》正式确定表述为"全面实现农业、工业、国防和科学技术的现代化"。该阶段，乡村治理体系的建构更多作为服务与支持中央集权建设的重要工具，尚不具备自我发展与革新的特征。改革开放以来，党中央高度重视现代治理转型工作，四化建设进一步得以深化落实，乡村治理体系也开始慢慢摆脱让权放利、支撑城市发展的单一角色。党的十八届三中全会立足时代发展和国家发展高位，明确提出"全面深化改革的总目标是推进国家治理体系和治理能力现代化"，现代化首次在上层建筑最高层次展开探索性建设。

　　党的十九大报告明确提出，扎实完善基层工作，"健全自治、法治、德治相结合的乡村治理体系"，重点关注党建引领、科技支撑、法律保障等制度支持。其中，村庄治理体系的建构尤为重要，要进一步健全村民代表大会、村民理事会、监事会等自治载体，以主体为依托形成全方位系统监督。2017年，党的十九大所提的三治体系首次就乡村治理体系中乡村居民最关心、治理工作最凸显的内在矛盾，探索性提出均衡和协调乡村治理体系内部各要素关系的制度建设。

　　2018年中央一号文件，提出建立健全现代乡村治理体系，要求进一步明确现代化发展目标，优化党委、政府、社会、公众主体角色责任和制度保障。2019年6月，中共中央办公厅和国务院办公厅印发《关于加强和改进乡村治理的指导意见》，意见明确要求"建立健全党委领导、政府负责、社会协同、公众参与、法治保障、科技支撑的现代乡村社会治理体制"，提出"到2035年，乡村公共服务、公共管理、公共安全保障水平显著提高，党组织领导的自治、法治、德治相结合的乡村治理体系更加完善，乡村社会治理有效、充满活力、和谐有序，乡村治理体系和治理能力基本实现现代化"，夯实乡村基层治理成为固本之策。这一指导意见就新时代新形势下的中国乡村治理提供了发展方向，规划了发展路线，明确了阶段目标和时间节点，自此中国乡村治理体系现代化建设开始与乡村振兴等国家战略共进共生。

　　2022年，党的二十大报告首次强调"全面建设社会主义现代化国家，最艰巨最繁重的任务仍然在农村"，也首次提出"加快建设农业强国"的宏伟目标，"扎实推动乡村产业、人才、文化、生态、组织振兴"。国家层面对如何推进乡村全振兴有了更加明确的发展方向，"五振兴"既是社会发展新形势下推进乡村治理的新思路，为乡村治理体系现代化建设明确了发展新重心，也是全方位改善国家与乡村居民关系质量、由表及里提升乡村居民幸福感的重大调整。2023年，中央一号文件明确强调"健全党组织领导的乡村治理体系"，重点关注基层党组织在乡村治理过程中治理功能的发挥，坚持党建先行引领，优化基层治理体系建设，"突出大抓基层的鲜明导向，强化县级党委抓乡促村责任，深入推进抓党建促乡村振兴"。文件再次明确将乡村治理体系规范在党建引领的系统框架下，是新时代新形势下加强党的全面领导的重要表现。同时，进一步凸显了乡村村民自治的重要作用，也将数字化等时代化治理工具纳入实用考量范围，强化了乡村治理体系的科学性、民主性、系统性、合理性。

二、乡村治理能力

1. 乡村治理能力的概念

能力，更多侧重于执行特定事务或制度规范的执行力。治理能力，则是基于制度规范实现对特定领域范围内政治、经济、文化、社会事务管理的能力，包括但不限于政治发展、经济改革、治党治军、文化建设、生态改善等，成为治理概念衍生的又一国家社会治理分析范式。乡村治理能力是依托乡村治理体系的机制设计而存在的，为充分发挥乡村治理体系效能，必然同乡村自然条件、时空配置、资源禀赋、共同体属性、经济发展、行动者素质等关联密切。

2. 乡村治理能力的内容

乡村治理能力建设的相关探讨，首先是关于治理目标和理念，整体服务于乡村振兴战略和国家现代化建设，将不同历史阶段基层治理发展需求、要素差异和相对稳定等差异化影响考虑在内，强调相对均衡状态下持续平稳推进实现乡村发展目标。其次是关于治理主体，除传统意义上的政府、市场、社会为主的宏观多元主体识别，在微观层次上应强化治理人才培养。具备复合学科背景、治理智慧的实践型治理人才，才能充分识别、挖掘和调动乡村治理资源推动乡村发展，全方位提升乡村治理体系落地性。再者是关于治理事务内容，辐射乡村治理政治、经济、文化、社会、生态等各领域，关注那些乡村居民最为关注、发展最为迫切的重要问题，尤其是偏离乡村治理的重难点。第四是关于治理机制，既充分尊重基层村民自治的治理实践，也要有效发挥国家社会权力结构的制度优势。第五是关于治理结果评价，关注目标实现和结果偏离程度，尤其是要保障乡村治理体系的执行与落地。

3. 乡村治理能力的组成

乡村治理能力是指国家权力保障体系下，以政府、市场和社会为代表的多元主体在执行既有的乡村治理体系过程中，充分运用政治、经济、文化、社会、生态等相关乡村治理工具调动资源，合理嵌入乡村治理各领域、开展治理事务管理的能力。本书借鉴王鸿铭关于国家治理能力"宏观体制—中观制度—微观政策"的理论分析范式，将乡村治理能力分为体制吸纳能力、制度整合能力，主要涉及政策执行与回应能力。具体来说，体制吸纳能力是指国家社会权力结构的分化，尊重乡村治理既有对于乡土氏族族群权力的儒化，也有对于精英群体的吸纳与培育，打破权力封闭的同时保持乡村治理的高度韧性；制度整合能力、标准制定、机制创新、中介信息传递、目标价值实现等内容；政策执行与回应能力是指具体执行和落实乡村治理体系过程中制度规则的实现，如资源要素配置与调节、实现策略、市场监测、风险防控、合作协商等。至此，治理能力已经发展成为影响乡村治理的独立变量。

三、乡村治理现代化

1. 现代化的概念

现代化，通常用于阐释现代国家建设的发展目标，已经成为当前各国不可抗拒的必然趋势，不同国家和地区现代化发展水平有所不同。当前关于西方式现代化建设相关探讨，系统阐述了西方发达国家实现资本积累和经济发展的一般性过程，是以资本为中心的具有典型西方中心意味的多元化民主转型范式。基于后发展中国家历史和实践，以国家对社会事务的有效治理为中心的中国式现代化建设，成为极具东方特色的"中国方案"。

2. 乡村治理现代化的必要性

探讨中国乡村治理现代化成为时代发展的必然。乡村治理现代化是中国式现代化在基层的真实展现，主要涉及乡村治理体系现代化和治理能力现代化，符合中国式现代化建设的发展趋势和根本要求。一方面，乡村治理现代化具有鲜明的中国特色，是当前中国乡村振兴战略的重要内容，也是实现乡村发展的主要目标。乡村治理的重心在于多元协同，乡村党政机构、经济主体、社会力量、居民等主体自主参与，推动乡村经济发展，改善居民生活质量，优化公共服务和生态环境，致力于实现乡村社会和谐有序健康发展。另一方面，乡村治理现代化意味着从传统到现代的转型，主体参与从一元到多元，手段工具从强制性管制到服务性引导，协商过程从上位压制的权威人治转变为民主协商为主，发展目标从维稳和支持城市建设转变为促进乡村政治、经济、文化、社会、生态全方位良性治理。

3. 乡村治理现代化的主要内容

乡村治理现代化具体包括乡村治理体系现代化和乡村治理能力现代化。一方面，乡村治理体系现代化主要涉及党建领导机制、农村基本经营体制、创新发展机制、公共文化产品和服务供给机制、居民诉求表达与反馈回应机制、三治融合机制、民主议事协商机制、社会组织培育机制、共建共管共享机制、生态保护和补偿体制等，旨在通过一系列制度体制保障建立整体协同、多元配合、互动补充、公开公正的现代化农村发展布局。另一方面，乡村治理能力现代化主要涉及多元治理主体的能力，包括乡村居民的民主参与能力、乡村干部领导的政务治理能力、乡村社会各领域组成的系统有机体治理能力。乡村治理现代化是以乡村发展和乡村建设为重心的治理转型改革，关注社会治理整体绩效，将城乡一体化视角下城乡协同一体化发展作为核心目标，提升乡村治理效能，促进乡村发展再上新的台阶。2019 年《关于加强和改进乡村治理的指导意见》中明确提出，"到 2035 年，乡村治理体系和治理能力基本实现现代化"。推动乡村治理体系和治理能力现代化建设，成为深化乡村全振兴战略、打造中国式现代化建设样本的必然要求。

四、乡村治理现代化的核心理念

乡村治理现代化的核心理念是坚持以人民为中心。坚持以人民为中心，是我党党性和人民性的真切体现，旗帜鲜明地表明了我党治国理政的根本政治立场、初心和使命，也是贯穿习近平新时代中国特色社会主义思想的红线所在。乡村治理的目标在于保障和实现民生发展，维护乡村社会稳定，最终达到善治。以人民为中心，体现了全心全意为人民服务的根本宗旨，精准回答了"我是谁，为了谁，依靠谁"的问题，进一步明确了乡村治理的发展定位，也为推动实现乡村治理现代化指明了方向。

（一）现实发展需求

1. 解决民生短板

乡村振兴，最为重要的是解决民生短板的问题。以人民为中心的治理理念，是乡村治理发展实现价值引领的迫切需求。以解决乡村居民日益增长的生产生活需求和城乡一体化发展不均衡不充分不彻底之间的矛盾为抓手，优先重点解决乡村居民生产生活中最突出、最紧急、最迫切的问题，全面统筹政治、经济、文化、社会、生态五位一体建设的关联和协同。转变基层政府治理模式，谨防基层干部打破底线、扩大外延、一味沉迷于运动式改革，最根本的是转变价值理念，坚持以人民为中心的治理理念。

2. 优化发展理念

不少地区推进乡村建设已经充分认识到发展这一硬道理，明确经济发展对乡村振兴整体战略提升的重要性，但是"物本化"的片面理解和单一发展观念淡化了对民众诉求的关注，过度追求经济增长和任期绩效容易与民众需求点满足产生偏移，造成乡村居民对于政府的信任危机。如为加快地方用地建设，盲目推进征地进度和加速土地出让，强制性介入市场征用过程，淡化民众诉求甚至可能会引发恶性事件。当前中国乡村治理的"压力性体制"尚未产生根本性转变，地方性量化政绩指标以及相关体制惯性、政策举措，强化了地方官员的自利性转换意愿，极易与切实满足乡村居民的现实发展利益产生内在矛盾，导致出现低水平的乡村治理内卷困境。随着全面改革的深化发展，城乡居民生活水平和生活质量有了较大改善，但是相比较而言，乡村居民还是处于明显弱势地位，发展较为滞后，迫切需要优化发展理念。

3. 因地制宜推进乡村治理

以人民为中心的治理理念，并非要求基层干部对于自由民主纯粹的抽象意义理解，更多的是将中国式现代化核心理念予以贯彻落实。破除"唯上不唯实"的形式表现，转化为乡村治理实践的价值取向，因地制宜推进乡村治理的新发展和新转型。实现国家社会治理现代化发展转型，更为艰巨、紧迫和关键的是补齐乡村居民实际发展利益的短板。坚持以人民为中心的治理理念，就是坚持乡村居民的主导作用，将"三农"及其相关问题放在优先发展的地位，积极回应乡村居民对于美好生活的现实向往，补齐农业农村发展短板的实践需求。

（二）现代化目标的根本要求

1. 释放内生动力

以人民为中心的治理理念，是实现乡村治理现代化目标的根本要求。以人民为中心的治理理念，是对传统"物本化"发展观的反思与改进，目的在于通过矫正乡村治理的发展重点与治理实践过程中的偏离行为，改善党政机构、经济组织、社会力量、乡村居民等多元主体治理行为，推动各主体之间、主体与制度之间良性互动，充分释放乡村治理与乡村发展的可持续性内生动力。

2. 实现可持续发展

乡村治理理念的现代化，就是要破除全能主义、激励异化、自利特权等实践困境，不再局限于经济增长目标而是追求更加长远可持续的发展，关注乡村社会治理各主体、各领域、各内容、各环节之间的协同发展与良性循环。其中，强调人的能动作用，不仅强调各级政府治理能力的优化与完善，引导其他市场和社会主体民主参与，更重要的是深化乡村居民对于乡村治理的参与程度，彻底改变其被动参与或形式参与的现状，扭转乡村居民弱势群体地位，实现乡村治理内容与民众需求的有效满足。

3. 维护集体共同利益

坚持以人民为中心，是将"增进人民福祉"这一根本目标实现具象化，将维护乡村社会根本利益、促进乡村居民共同利益实现作为乡村治理现代化转型的发展目标和中心任务。以自治增强活力，是坚持以人民为中心的治理理念的核心体现。将满足和实现乡村居民权益作为推动乡村治理现代化的根本价值方向，贯彻"发展依靠人民""为人民谋幸福"的目标原则。通过现代化制度建构，赋予乡村居民参与管理各类乡村公共事务的自治权利，培育真正具有公共精神的乡村居民群体，充分发挥乡村居民在自治体系中的潜在活力和主体作用。发展乡村经济以改善乡村发展生态，升级农产品生产质量以促进乡村居民增收，优化乡村社会生态环境以提高乡村人居环境质量，促进公共产品供给与服务以改善民生发展等。乡村系列发展举措的背后，是对人民主体地位的尊重与践行，是中国特色乡村治理现代化的根本所在。

（三）现代化实践路径的必然选择

1. 开辟中国特色发展路径的要求

以人民为中心的治理理念，是实现乡村治理现代化路径选择的必然要求。经典意义上的西方现代化发展模式，虽然一定程度上也能被后发展中国家复刻，但是全盘西化也会重复当前西方国家高度负荷、难以维持的制度成本，出现集中贫困、赤贫均化等现象。中国式乡村治理现代化建设，要求具备系统性、民主性、公平性、制度规范性，也要求基于现实治理情境增加包容性和可持续性。

2. 落实为谁发展、怎样发展的要求

中国式现代化背景下的乡村治理，要以乡村居民需求为中心的价值侧重，解决促进乡村振兴是为什么人而发展的问题。同时，也要对持续改革创新的接纳与包容，关联客观发展对象特征，解决要依靠谁实现什么样的乡村前景建设问题。以乡村居民主体力量为支撑是实现乡村治理下现代化的必然选择，乡村居民治理意愿和治理行为的能动性很大程度决定乡村治理转型是否能获得成功。因此，乡村治理的动力不能仅仅局限于自上而下对于党政部门权责的划分与落实，更重要的是挖掘乡村治理的内生动力，将依靠民众、发展民众、动员民众作为治理工作推进的重心所在。

3. 实现协同发展的要求

贯彻以人民为中心的治理理念，就是要打破封闭的乡村治理主体结构，剔除各种现实共谋利益圈，将治理重心侧重于基层社会和民众，畅通乡村居民主体地位作用渠道。同时，立足乡村居民满意度立场谋求乡村社会现代化发展，将"脱贫""小康""生活得更好"等作为评判乡村治理工作的重要标准，也是坚持以人民为中心的治理理念的具体体现。将乡村居民的需求和意见纳入各类治理决策中，将乡村居民群体智慧和乡土社会力量融入共同组织建设之中，有效降低乡村治理成本和提升乡村治理效能，这是实现基层社会"善治"的必由之路。只有将乡村居民主体地位和根本利益的实现作为改革举措的重心，确保乡村居民能够共享国家社会发展成果，才是乡村治理现代化真正正确的道路。正如习近平总书记在十二届全国人大一次会议上所强调的："生活在我们伟大祖国和伟大时代的中国人民，共同享有人生出彩的机会，共同享有梦想成真的机会，共同享有同祖国和时代一起成长与进步的机会。有梦想，有机会，有奋斗，一切美好的东西都能创造出来。"

第二节　中国乡村治理现代化的发展逻辑

一、利益协调与共融是乡村治理现代化的根本前提

实现乡村治理现代化，最为根本的是解决好利益的实现与满足问题。"人们奋斗争取的一切，都同他们的利益有关。"对于各方利益的识别、调整、整合以及相关利益藩篱的破除，成为乡村治理现代化的根本前提。正确处理乡村治理现代化涉及的相关利益关系，精准维护基层治理公共利益，保持各方利益相对均衡，才能从根本上重塑乡村治理的激励机构，为乡村发展转型提供源源不断的内生动力。

1. 利益协调与共融的概念

具体来说，利益协调与共融主要包含三个层次。

（1）地位保障。围绕实现乡村居民的正当利益，首先要将人的存在和发展置于乡村治理现代化至关重要的地位。将保护乡村居民利益作为乡村治理的优先选项，而不再是一味追求事后补偿与处理。值得注意的是，对乡村居民群体正当利益的优先保护，并不是否定推动社会全面进步、涉及绝大多数民众利益的国家社会利益，而是立足整体和长远视角更加强调国家利益中的人民性，关注乡村治理现实中乡村居民的现实需求。这就要求加强基层服务型政府建设，为民众理解国家利益表达和公共责任履行提供传递通道，促进国家利益和个人利益的融合与发展。乡村公共服务和公共产品的供给，是国家获取民众支持和信任的重要方式，如教育、医疗、治安等，以人的需求满足为中介将国家利益和个人利益相结合。只有充分保障乡村居民群体的主导地位，尊重和保护居民个体的正当权益，充分释放乡村居民的主动性、能动性和创造性，才能更大程度激发中国式乡村治理现代化的发展效能。如在征地过程中，我国对待土地问题更多倾向于审慎态度，坚持将乡村居民发展需要优先置于经济大局之前，既为乡村居民安心融入城市生活和工作提供优质选择，又充分考量其可能退回乡村社会的可能性路径，为应对重大自然灾害、经济变动等应急事件准备回旋空间。

（2）效用保障。协调政府与市场的关系，实现两者之间的互动协调，发挥政府价值和市场价值的最大效用。政府重在公共性价值，通过制定治理行为规范和落实政策执行，保障乡村治理系统和治理过程的良性循环；市场重在效率性价值，尊重各种市场主体的竞争性和创新性行为，旨在实现各类资源的有效整合和效率配置。协调政府和市场两者之间的关系，就是要清晰认识不同主体的根本性质和作用领域，既要注重发挥两大主体天然的内在优势，更要注意避免出现不同主体利益追求异化的问题。一方面是政府异化，基层政府核心在于价值和制度规范架构，一旦将政府等同于营利性组织，以经济增长和财政收入为核心，公司化倾向会致使本来拥有公权力的政府组织出现干预市场运行的异化现象。一般来说，基层政府将经济指标增长作为治理核心指标，其在各指标中占比最大。基于对土地、财政的权威优势，政府往往控制市场交易互动和交易内容，导致市场发展成为实现政府政绩的附属，基层政府也陷入各种市场利益冲突、出现权威治理危机。另一方面是市场异化，市场核心价值在于通过各种竞争性活动满足乡村居民生产生活需求，充分尊重乡村居民的产品偏好与预期。一旦市场不再以纯粹经济效益为支撑，而是强调以满足政府需求、强化政治色彩为发展指引，侧重于依托政府求资源、要政策、拉关系，忽视真实市场需求和资源优化配置，容易导致基层乡土社会市场要素走样式混乱、农业种养盲目、民众利益受损等。政府与市场双向扭曲导致公共利益混乱交织，政府宏观规划作用与市场自我成长不相协调，与当前我国乡村治理现代化建设的价值取向和目标选择相悖。乡村治理现代化过程应围绕人本中心主义理念，实现政府和市场利益分配与获取制度化，确保政府作为要符合民意提供公共产品、市场行事要保证公平竞争满足民众需求，整体提升乡村居民群体福祉，降低乡土社会交易运行成本，提高乡村治理资源运行效率，实现乡村治理规范有序推进。

（3）融合保障。协调城市和乡村发展的关系，城乡之间应是互为依存、共生共进的关系，既要看到城市发展为乡村治理提供的资源支持，更要关注城乡深层利益和价值取向的内在融合发展。乡村社会是一个由自然条件、经济要素、政治要素、社会要素、人口要素等组合而成的复杂社会系统，加之地方文化和传统文化的深层影响，作为相对独立的发展体有自身的发展诉求。2018 年中共中央、国务院印发《乡村振兴战略规划（2018—2022年）》，明确指出："乡村是具有自然、社会、经济特征的地域综合体，兼具生产、生活、生态、文化等多重功能，与城镇互促互进、共生共存，共同构成人类活动的主要空间。"实现乡村治理现代化，需要正视城市和乡村发展之间的关系，厘清城市与乡村两者之间的利益分配、调整和实施，既要坚持整体思维，系统布局实现城市和乡村的深度融合发展，又要看到城乡不同发展需求背后的发展逻辑，改变传统意义上对城市发展利益的偏向，将资本和资源集聚向乡村发展推进。

以一、二、三产业的发展为例，当前我国乡村社会以第一产业发展为主，城市以二、三产业发展为主。考量到第一产业农业相对更依赖于自然条件和天然资源优势，市场主体之间竞争实力悬殊，市场消费需求相对缺乏应有的弹性力度，市场投资规模分散，且农业种养留给作为种植户、养殖户的乡村居民盈利空间非常有限。加之近些年城市化进程加快以及社会经济发展不稳定，乡村社会"空心化""老龄化""边缘化"等现象加剧，因此依托第一产业的乡土社会相对发展弱势。而以二、三产业为主导的城市，借助乡村人才和资源的支持集聚了大量发展资本。城乡发展不平衡的背后是利益导向的作用，提高乡村治理现代化水平首先要提高农业发展水平、提升农业发展价值、推动农业生产多功能转换，让农业成为有奔头的产业，切实增加农业领域创新创业机会和提升乡村居民农业生产收益。推动城乡发展均衡配置，引导资金、人才等重要资源流向乡村，通过乡村旅游、非遗文化、生态打造等深度挖掘乡村产业价值，将城市外在支持与乡村内生发展有机结合，推进乡村治理现代化进程。

二、权利关系是乡村治理现代化的核心要素

乡村治理现代化首先是治理主体的根本性变革，不再局限于单纯扩展参与乡村治理的主体类型和主体范围，而是强调占主导地位的权利关系应是转型发展的核心要义。贯彻落实以人民为主体的治理理念，就是要充分肯定乡村居民群体的主体地位，明确乡村居民在乡村治理现代化进程中的积极作用，保障和实现农村居民的实际权利。亚洲首位诺贝尔经济学得主经济学家阿玛蒂亚森明确提出贫困研究的可行能力理论，指出能力的贫困才是真正的贫困。诸多群体贫困甚至世袭性贫困的产生，更多的是权利丧失导致的发展困境，是对该群体实现某些特定功能实际能力的剥夺。

1. 权利关系的概念

对于乡村治理而言，要正确认识乡村居民现实权利的残缺、乡土社会的发育不充分、乡村居民与政府关系的不均衡等客观现实，重视乡村社会内生秩序的建构，保障乡村居民权益的同时也是在更好地提升乡村自治效能。

具体来说，乡村居民权利主要包括政治权利、经济权利、社会发展权利、生态安全权利等，其中政治权利是指乡村居民有实际参与乡村治理过程的权利如基层民主选举，发表个体或群体见解影响治理决策，形式和内容层面双重维护自治主体地位等；经济权利更多侧重于乡村居民具有维护自身合法正当财产的权利，包括土地、房屋、农副产品、农业发展器具等，依靠诚实合法劳动获取满足和维持自身或家庭发展的财产收益；社会发展权利强调乡村居民群体性需求，特定指向与乡村居民居家生活密切相关的公共服务供给，直接关联乡村居民群体生活质量，如教育、医疗、体育、养老等；生态安全权利，强调乡村居民群体同城市居民一样享有共同美好生活的权利，不仅是指享受经济发展成果，还包括改善居住生态环境质量，而非一味以牺牲环境为代价换取物质生活改善。

2. 权利关系的保障与实现

（1）优化实现方式。当前我国乡村治理现代化推进过程中，权利关系保障主要采用的是政府主导、社会参与的方式。这一方式能够依托国家和政府的力量，带动大规模、大体量建设资源和规划项目走进乡土社会，能够最短时间内导入外部支持要素，改善乡村社会基础设施和公共服务现状。此时乡村居民处于相对被动的接受状态，回应是仅仅能做出的选择。长期推行之后，乡村居民群体容易产生极强的依赖心理，依靠国家解决问题和提供生产机会。一旦国家改革举措无法继续快速提升效果或达到预期，乡村居民与国家之间的关系就容易产生矛盾冲突，甚至出现极端对立情况。实现乡村治理现代化，要求不再将乡村居民置于被动扶持地位，而是发挥乡村居民群体能动性和创造性，限制基层政府过度积极作用于乡村治理过程，引导乡村居民自主参与有序治理。对于乡村居民权利的全方位保障，既要有乡村治理价值理念的转变，还要配套城乡发展均衡配置的治理思路和治理举措，推动城乡基础设施、城乡公共服务、城乡后勤保障等内容，强化城乡融合协同发展，缩小城乡居民生活差距。

（1）培育内生动力。乡村治理现代化过程中权利关系的处理应关注乡土社会以血缘和世系为基础的宗族力量和具有一定经济实力的资本力量。一方面，这些势力本身就在乡村治理过程中具有相当程度的政治或经济影响,凭借氏族传承和资本优势占据一部分乡村治理权利。作为乡村居民的群体代表,能够部分左右乡土社会选举、协商、议事、管理等自治制度的运行,将乡村治理权利实现分割模块化。另一方面,宗族或资本势力并不能完全代表乡村居民群体利益,甚至要求乡村居民个体利益让位所谓的群体利益,影响乡村居民实际权利的切实落实,也为乡土社会稳定有序运行埋下了不安定因素。这就要求基层政府推进乡村治理现代化过程中,要有意识地约束和规范传统乡规民约效用、发展培养青年精英人才和新乡贤,引导村民科学合理地激发群体内在的治理智慧和治理动力,实现乡村治理内生秩序重塑。

（2）发展多元主体。多元治理主体如政府、市场、社会等在内的权利保障与能力实现也应成为乡村治理现代化建设的题中应有之义。在乡村治理具体情境中,乡村居民是构成乡土社会市场、社会组织、经济组织（如合作社、经销社、服务社）等治理主体的主要力量。即便有国家力量的介入和城市人才资本的支持,但落实到乡村治理场景也需要与乡村居民的土地、人力、农产品生产等相结合,离不开乡村居民能力的发挥。以乡村居民权利为核心,依托居民参与重塑乡村治理内生发展秩序,才能真正加快乡村社会市场发育和社会组织培育速度,提升乡村治理现代化水平。

三、创新活力是乡村治理现代化的内在要求

1. 创新活力的概念

创新活力聚焦乡村治理动力机制,强调依托人民主体力量基础上提高乡村生产运作效率、推进乡村治理创新、助力乡村共同富裕。党的二十大报告明确指出,"建立健全共治共享的社会治理制度,提升社会治理效能",为乡村治理现代化建设指明了战略目标。创新活力要求破除一切阻碍乡村治理现代化的传统僵化、呆板机械、机械复制等因素,充分调动乡村居民群体参与乡村治理和乡村决策的能动性,有效释放乡土社会的潜在治理价值。习近平总书记强调:"发展集体经济实力是促进农村经济发展的推动力;集体经济实力是乡村精神文明建设的坚强后盾。"① 因此,实现乡村治理现代化的创新发展首要任务在于释放乡村治理现代化建设的活跃性思维,持续促进新型集体经济"资源变资产、

---

① 康姣姣, 吴方卫. 加快发展新型农村集体经济 ［EB/OL］. 中国共产党新闻网, 2025-01-21.

资金变股金、农民变股东"，赋能乡村治理现代化路径创新，保障乡村居民必要利益和获得感。通过乡村资源有效聚合和统筹协同进行全局性和发展性产业管理，积极引入市场灵活要素以激励乡村居民群体主动参与、能动作为，为乡村建设提供更为坚实的物质保障。

2. 激发创新活力

（1）发挥制度优势。创新活力的激发，根本在于充分释放基层自治制度的制度优势。基层自治制度作为我国乡村治理现代化转型建设的基本性制度，区别于传统意义上的宗族规则、乡规民约、乡绅伦理等权力结构，是适应当前我国乡村治理实际国情和现实需求的现代化民主自治。基层自治制度首先是保障乡村居民群体民主平等参与乡村治理，就乡村生产、生活、生态等问题提出意见、表达诉求和决策，以规范性和制度化形式落实乡村居民的自治权利，激发乡土社会自主性活力。只有充分发挥基层自治的制度效力，畅通乡村居民意见表达诉求，才能从根本上规避爆发性和运动性群体事件。在此基础上，乡村自治要求政府转变角色，实行柔性管理参与具体事务，保障和促进多元主体治理能力的提升。多元主体运用政治、经济、法律以及其他必要治理工具介入治理过程，能够有效降低基层民主参与成本，提高乡村治理系统的运行效率，建立起全面系统的民主协商和民主监督机制。

（2）强化多元主体协调。创新活力的释放，还依赖于政府、市场、社会等主体之间协调统筹。首先，对于政府而言，激发内部发展活力助力乡村治理现代化建设，主要体现为保障基层合法性运作，以提高行政效率为前提，积极疏通、整合并有效回应乡村居民民意表达，强化乡村居民对政府的信任和支持；健全乡村治理行政管理方面的政策机制，合理有效地吸纳乡村居民群体的参与；正视乡村治理过程中出现的困难和挑战，建立健全开放民主的利益整合机制，引导乡村居民有序发展的基础上尽可能降低乡村治理的社会成本。其次，对于市场而言，激发活力意味着充分调动市场主体的积极性，主要体现为乡村社会各类治理资源的有效配置、乡村市场要素的自由流通、乡村市场主体的技能培训、农业生产与发展产权保护、乡村市场化改革等，通过活跃要素市场建设实现对乡村居民生产生活需求的满足。再者，对于社会而言，激活活力意味着鼓励社会力量的介入，党建引领下准确区分内生型社会组织和外生型社会组织，依托内生型社会组织如妇联、合作社等，深度引领乡村居民群体实现自我管理、自我服务和自我发展；引导外生型社会组织如科教文卫领域相关组织，有序介入乡村居民生产生活，强化社会力量在乡土社会的认可度和支持度。

综上所述，只有充分激活政府、市场、社会多元主体活力，才能有效建构创新活力的乡村治理共同体，实现"人人有责、人人尽责、人人享有"的长远发展目标。具体而言，各方主体创新活力释放要遵循以下三个基本原则：首先是持续提升乡村社会生产力发展水平，不影响其他主体正当权益的基础上，聚焦经济利益的实现；其次是对创造性要素的包容性，包含对各主体自由度和创造性的尊重，鼓励乡村治理过程中各类资源创造性应用和流动；再者是要求主体有序参与乡村治理现代化转型，保持各主体公正有序地在相应治理领域展开合理竞争，充分激发各主体治理效能，整体提升乡村治理效率。

四、制度落实是乡村治理现代化的主要保障

1. 制度落实的现实需求

制度建构及其运行是实现乡村治理现代化转型的重要基础，能够有效引领治理价值选择、政府效能发挥、多元主体参与、发展活力释放、科技赋能嵌入等，为乡村治理变革提供规范化发展路径。就我国当前乡村治理发展而言，乡村治理现代化转型最大的问题不是制度建构性缺位，而是制度执行缺乏应有的效力，无法在实际治理过程中真正有效地实现制度落地。部分地区在实际推进乡村治理现代化转型过程中，由于治理目标的偏离出现"有选择、有挑拣"地落实制度政策现象，致使制度功能发挥不完全、制度约束力不足、制度指导结果失利等，极大削减了乡村治理现代化转型制度保障的效力。对于基础性制度安排，一旦制度功能缺失，容易造成基层社会的动荡与失序。与此同时，部分地区或基层政府领导人还存在着浓厚的浪漫主义冲动，如脱离现实、凭空想象、无视当下、寄望未来、抑制理性、激扬情绪、旨在创新、不重制度、轻食效果、重视观感等。这种极具激进意味的异化思想严重背离乡村治理现代化建设的善治目标，制度落实发展成为虚无之物。因此，制度落实作为克制乡村浪漫主义运动式管理的关键一环，是实现推进乡村治理现代化的主要保障。

2. 制度落实的实现与保障

（1）把握阶段性特征。制度落实要准确把握乡村治理现代化建设制度建构的目标及其阶段性特征。尽管我国长久以来实施城乡分治的管理模式，由此产生了城乡二元结构，但是步入现代化建设新征程，推动乡村治理改革不能再将城乡融合发展割裂，而是应该打破城乡发展的刻板区隔，以城乡协调为前提将城市建设和乡村改革置于统一的整体性战略之中，推动乡村社会实现现代化治

理转型。正如《乡村振兴战略规划》所指出的："要在全面建设社会主义现代化国家新征程时期，重点加快城乡融合发展制度设计和政策创新，推动城乡公共资源均衡配置和基本公共服务均等化。"乡村社会不再是处于被统筹地位，而是新发展理念下的城乡平等治理。

（2）清晰定位发展逻辑。制度落实要清晰梳理国家和社会二元角色及其之间在实际乡村治理变革中的定位，寻求国家和社会两者关系的平衡逻辑，凸显乡村居民的自治地位。既要看到国家力量的嵌入与支持，依托权威能够有效规范乡村治理基本运作轨道和管理乡土社会的发展秩序，也要看到社会力量的潜在价值和深层力量，乡土社会中乡村居民自治的惯性优势和强大韧性能够发展成为守护乡村发展、推动乡村变革的持续性内生动力。

（3）梳理发展层次结构。制度落实要充分理解乡村治理变革中制度落实的层级结构和发展进路，包括央地层次、市县层次、宏微观层次等。一般而言，国家是以制度政策为依托，通过一号文件等文献内容规定乡村治理现代化的总论点和总布局；各省是以规范性文件细化中央精神，结合地方实情制定不同的治理目标；各地市则主要强调省市政策文件的衔接，将省级文件具体为切实可行的发展举措；乡村层级更多的是强调制度落实，将制度执行贯彻到乡村居民日常生产生活之中，实行常规意义上的日常治理。乡村层级的制度落实既是乡村居民共享参与国家制度建构的有效渠道，乡村居民可以充分表达自身发展诉求，也成为乡村居民彰显自身绝对主体地位的有力佐证。

五、优先发展与差异建设并存是乡村治理现代化的重要特征

1. 优先发展与差异建设的概念

在乡村治理现代化转型建设过程中，不可避免地存在优先发展与差异建设的问题。目前学术界和实践工作者已经清晰认识到城乡发展区域差异，但对乡村社会正在发生的分化差异问题尚未引起重视，不同地区乡村社会治理效果差异明显。贺雪峰通过实践调研总结了当前我国乡村社会的两种主要类型，类型内容阐释如下："一种是农村劳动力人口流出、留在农村的农民仍然从事传统农业的中西部农村地区，这些地区的农村虽然与传统封闭型农村已有差异，却仍然保持了传统农村的主要特征。另外一种是农村劳动人口流入、村庄工业化程度很高，农民收入主要来自二、三产业的东部沿海发达地区的农村，这些农村已经成为沿海城市带的一部分，从农民收入、就业到农村社会结构、生活方式、居住方式等方面都与传统农村有极大差异，某种意义上已经接近城市或就是城

市的组成部分。"① 两种不同类型的乡村社会，基层居民自治和多元主体发育程度不一，提供了差异化的乡村治理基础。

2. 优先发展与差异建设的实现路径

在我国中东西部区域发展差异背景下，不同地区乡村治理所面临的治理目标、治理情境以及经济支撑、产业结构、政策环境、资源供给等治理基础均有所不同，由此乡村治理现代化建设必然呈现优先发展与差异建设并存的态势。

（1）把握治理目标的差异性。乡村治理各主体尤其是基层政府对于乡村发展和乡村现代化建设目标的理解不尽相同，尊重不同地区治理目标的差异性对于乡村治理现代化转型发展来说至关重要。《乡村振兴战略规划》明确指出，要"科学把握我国乡村区域差异"，区别设置"东部沿海地区、人口净流入城市的郊区、集体经济实力强以及其他具备条件的乡村""中小城市和小城镇周边以及广大平原、丘陵地区的乡村""革命老区、民族地区、边疆地区、集中连片特困地区的乡村"不同类别以及乡村社会迈入现代化发展的时间节点，有差别、有计划、有步骤地实现我国乡村治理现代化建设。脱离地区发展现实基础，一味将东部沿海地区或资源优势地区当作发展样本，甚至沉迷复制照搬西方发达国家经验，必然会在实际治理过程中迷失方向导致失败。治理目标的差异性要求深层分析不同地区发展现实条件，充分考量当地乡村治理建设的资源优势和政策支持，允许不同地区依据自身发展需求制定符合乡村居民需求和现实发展需求的治理目标，塑造真正意义上"不可复制的新乡村"。

（2）立足区域性治理基础。治理基础的差异性，最为明显的特征是不同地区产业结构和土地、人力要素的区别。因此，在乡村治理变革中，在产业结构方面，准确把握该地区一、二、三产业分化发展的明显差异，以同一产业发展水平差距为依据制定改革发展方案；在土地要素方面，充分认识到乡村社会土地供应和土地效益呈现的两极分化，避免一味增减挂钩反而弱化政策支持机制；在人力要素方面，精准把握不同地区乡村社会人口构成的明显差异，分群体分层次应对发达地区乡村社会的以代际分工为基础的人口流动涌入，以及部分地区较为突出的空心化、老龄化、边缘化等人口流失现象；清晰认识到乡村社会人口结构分化差异明显，采取政策措施积极均衡乡村治理现代化转型发展的人才储备。

（3）运用差异化治理工具。我国已经有非常扎实的基层自治发展基础，但

---

① 贺雪峰. 乡村治理现代化：村庄与体制［J］. 求索，2017（10）：7.

是目前关于乡村自治模式和类型研究仍然局限于个案研究或样板研究,范式类型很少具有全国范围内的普适性,也少有研究能够系统梳理我国乡村治理分布状况。这并非单纯是学术界研究或实践调查的缺失,本身就包含着我国丰富疆土范围内多元乡村治理模式发展的问题。乡村地理区域、交通状况、社区形态结构、居民消费量、财务管理状况、村民自治水平等存在区域差异,随之而来的是乡村治理手段和方式需要因地制宜。结合不同地区所处发展时期和面临的发展问题,有选择地适用政治、经济、社会、文化、生态等治理手段和方式,落地不同地区的乡村治理场景,实现小小乡村大大的复合建设,真正落实乡村社会治理的体面居住和效率生产指标。

第三节 中国乡村治理现代化的主要内容

一、治理体制现代化

治理机制现代化作为乡村治理变革的重要基础,主要涉及乡村治理统筹协调工作机制,落实乡村建设和乡村发展相关实施举措。《中共中央、国务院关于实施乡村全面振兴战略的意见》明确提出:"必须把夯实基层基础作为固本之策,建立健全党委领导、政府负责、社会协同、公众参与、法治保障的现代化乡村治理体制,坚持自治、法治、德治保障的现代化乡村治理体系,坚持法治、德治相结合,确保乡村社会充满活力、和谐有序。"从根本上说,治理机制现代化就是坚持以乡村基层社会党建体系建构为核心,充分把握好推动乡村治理变革、夯实执政根基这一重要抓手,发挥好基层党组织主心骨和强心剂作用,汇聚广大村民内生优势、蓄积乡村治理发展力量。在此基础上,积极推进基层民主自治制度落实,尊重乡村居民村治组织的地位和作用,积极发挥乡村居民以及由乡村居民占主导的农业合作社、集体经济组织、特定社会组织在乡村治理中的重要作用,推动乡村治理现代化各领域工作任务落实。通过优化和发展多层次、网络化乡村治理结构,以党建引领为基础建立健全上下联通、左右协同、纵横交融的多元互动机制,推动多元主体有序多元互动,全方位高效提升乡村基层治理效能。

二、乡村基层组织现代化

乡村治理现代化维度涉及产业发展、人才培育、文化建设、生态保护、组织建设五大维度，与之相对应的资源保障包含组织、人才和投入等层面。乡村基层组织是实现乡村治理现代的重要保障，也是建立健全乡村治理现代化治理体系的关键支撑。当前我国乡村治理变革推进过程中，乡村基层组织建设涉及乡村自治主体、乡村基层政府、乡村市场主体、乡村社会力量等。实现乡村治理现代化，需要干事担当的基层政府、积极有为的村委干部、主动参与的广大村民，这些也是实现乡村基层组织现代化的根本要求。

作为乡村基层社会结构的核心要素，乡村基层组织建设直接关系到乡村社会的衰败与复兴。村组织建设是我党在乡村社会开展工作的基层组织载体，当前实行的是村党委书记"一肩挑"日常事务和经济发展，要求包含村党委书记在内的党员干部加强责任担当、服务意识和公共关怀。在此基础上，积极打造乡村基层自治组织与其他经济组织、社会组织之间协同配合的"一核两翼"结构，充分引进外在发展的先进资本、挖掘当地优势资源条件，优化和推进新型乡村基层组织结构体系建设。其中，乡村集体经济组织对于实现乡村产业振兴和推动构建乡村利益共同体至关重要，利益联结与效益提升有助于强化广大村民对于乡村社会的归属感；健全村民自治组织运行机制，优化内部治理结构和权责边界，将村民自治的行政划分与天然村组相结合，确保基层自治真正嵌入乡村现代化治理转型，进一步夯实乡村振兴的组织基础；有重点、有步骤地引导内生性社会组织发展，充分发挥传统乡土社会组织关系网络优势，关联乡里乡亲以及其他互惠合作网络深度激活乡村社会团结发展要素。

三、乡村治理法治化

乡村治理法治化是乡村治理现代治理变革背景下落实依法治国战略的重要体现，也是推动乡村高质量发展的重要支撑。党的二十届三中全会《中共中央关于进一步全面深化改革 推进中国式现代化的决定》明确指出，"法治是中国式现代化的重要保障"，"健全党组织领导的自治、法治、德治相结合的城乡基层治理体系，完善共建共治共享的社会治理制度"。法治现代化是乡村基层治理的基本方式，要求乡村工作各领域依托法治引领制度机制、运行规则、权责体系等规范治理，为保障乡村现代化治理体系的有序运转提供坚实保障。

乡村法治的本质在于，以法律制度建设为核心，将管理法规和村规民约相结合，充分调动和运用当地治理资源进行乡村公共事务规范化、制度化管理。推进乡村法治现代化建设，应将国家战略与地方实际相结合，以国家目标为基础、以地方特色为定位，重点聚焦乡村治理关键核心领域以及乡村居民最为关切、最为紧迫、最为重要的环节，如乡村金融、村民权益、教育医疗等，全面完善各领域法律制度体系建设。同时，对于乡村基层社会村规民约在内的各种"软法"实行选择性吸收、认可和利用，积极发挥国家基础法律制度规范的促进作用，以社会主义核心价值观为指导扬弃各地极具地方特色的软法体系，合理打造硬主导、软协调、软硬结合的乡村基层现代化法治治理体系。

四、乡村公共服务现代化

公共服务供给直接关系到乡村居民权利实现，体现国家保障和改善民生的顶层设计，也是实现乡村高质量发展的根本要求。作为乡村治理现代化的重要内容，乡村公共服务供给主要涉及公共教育服务、公共医疗服务、就业培训、特殊群体社会保障、文化建设等领域，以及与之有关的交通道路、通讯通信、水电设施、垃圾污水处理等公共服务基础设施建设。

当前数智时代背景下，推进我国乡村治理现代化要侧重关注乡村公共服务治理智慧化，加大科技支撑的辐射范围和支撑力度，尤其是要重点发展与乡村公共服务供给相关的关键核心技术，切实改进乡村公共服务治理的有效调控和统筹管理。城乡协同融合发展背景下秉持目标和实施双重推进原则，以乡村居民需求为核心补齐乡村公共服务短板，推动乡村公共服务软硬件设施共建共用共享，健全乡村公共服务基础设施和资源配置机制体制建设。具体来说，推进乡村公共服务便民服务能力、医养保障能力、数字文化服务能力、教育培训能力、法治服务能力等核心领域效能提升，全面落实智慧广播电视服务体系工程、信息公开服务管理工程、大数据治理资源管理平台、宜居宜业试点工程、公共服务供给标准化工程等重大工程项目，根据各地发展现实状况推动乡村公共服务建设取得显著发展效果，逐步实现乡村公共服务治理数字化、现代化目标。

第四节　中国乡村治理现代化发展的挑战与应对

一、中国乡村治理现代化建设面临的问题与挑战

（一）治理理念缺失，基层党组织领导力不足

1. 居民参与乡村建设积极性不足

良善的治理，并非完美的重现与复制，更多的是"适宜的治理"，具有较强的适宜性。乡村治理理念应是时代发展背景下，结合当地发展条件、资源优势、人文结构等做出的发展性价值指向，既要能够充分体现经典治理模式的先进之处，也要能够真正嵌入各地发展实际。正是这种包容性和差异性，才使得乡村治理保持活力和创新，不断取长补短、推陈出新。然而，当前我国乡村治理现代化建设实践中，片面追求治理"形似"而忽视当地乡村居民实际生产生活需求的机械式复制照搬屡屡出现，严重挫伤了乡村居民参与乡村建设的积极性，偏离了现代化乡村振兴的发展目标。

2. 乡村建设人才力量不均衡

尽管当前我国已充分认识到城乡二元发展的代价，致力于全力推进城乡协调发展融合，但不得不承认，城乡二元结构的坚实壁垒尚未消除，资源差异相对较大。其中，对于乡村治理现代化建设急需的人才力量始终不足。乡村大量中青年人才精英持续流入城市，治理人才数量流失加之基层本身相对待遇偏低，物质激励不足，导致部分地区村政干部呈现出代际年龄跨度大、老龄化严重、治理动机偏移等现象。乡村社会公共事务处理与相关政策制度执行，成为基层党政干部的流水化作业，缺少责任感、热情度和事业心加持的选任机制加剧乡村整体党建功能削弱、组织作用不足、创新发展动能受损。在此背景下，许多乡村党政干部缺少专业治理知识和治理技术，仅凭借传统认知与实践经验从事乡政村治工作，相比较而言更倾向于奉行权威管制的上行下效模式。

3. 乡土宗族人情色彩浓厚

依托乡土社会传统势力如宗亲、氏族、资本势力推行相关政策举措，利益相关群体"熟人""人情"色彩浓厚，存在较为严重的治理效能缺失问题。乡村治理现代化制度落实的"最后一公里"难以实现，治理呈现出更多的行政化、碎片化、边缘化态势。部分村镇干部习惯于扮演乖巧听话的下属角色，一味充

当传话筒,将基层政府规划统筹的项目任务传达下去,缺乏基本的整合与消化吸收。简单地将任务清单布置下去,很少展现出多样化治理手段和治理技术,导致实际执行过程中文件精神晦涩难懂,相关支持与服务资源配置不精准,工作对象划分不细致,因此很难满足当地乡村居民的实际生产、生活、生态发展需求,也很难达成所谓的预期效果,造成了乡村治理资源浪费、乡村发展效率折损和乡村治理效能缺失,乡村治理现代化变革进程大为受限。如此缺少凝聚力、执行力、组织力和协调力的一线领导干部,很难成为助力我国乡村治理现代化转型的有效力量。

(二) 治理格局尚未有效形成,治理内生动力缺失

多元共治是推动乡村治理变革的内在要求,也是实现乡村现代化建设效能的重要基础。统筹推进多元共治格局,优化乡村治理主体角色责任,才能塑造有序、良性的乡村运行秩序。就目前我国乡村治理改革实践而言,多元化主体治理效用和治理能力尚未完全挖掘,多元治理格局还需进一步完善。

1. 政府职能发挥不健全

部分地区基层政府仍然存在"缺位""越位"等失职现象,依赖传统行政权威对乡村社会进行管控,一味推行职能下沉单向输出政策旨意、实行行政包办。行政动员要求村两委会给予高度配合,极易形成乡村治理的行政惯性。任务导向过重强化了乡村公共事务的职能分工与推进,下级通过扩充和延伸上级职能任务实现乡村治理全域覆盖。这种统合型治理制度很大程度上忽视了当地乡村地区发展诉求,极难调动村委会和乡村居民的能动作用,同时也极大地挤压了其他可能的市场和社会主体治理空间。此外,随着乡村全振兴的推动和乡村治理变革的发展,越来越多的村政干部被纳入政府常态管理队伍。村政干部拥有专职职位,队伍建设呈现更多职业化特征,原有的单向涉农人员逐步转变为有文化、有素质、有专业、有技术的专业人才。专职管理下的村政干部在乡村环境整治、社会公共服务供给等治理领域接受上级政府常态化管理,由此村两委会需要不断完成上级分配指派的工作任务,对乡村居民的关注与互动沦为末流,其异化为行政附属机构的可能性进一步加强。

2. 市场和社会介入力量不足

市场和社会力量的有效介入不足,外源性动力的支持作用微弱。以农村基础设施的供给与服务为例,尽管党和国家不断强化乡村基础设施建设支出,加大对乡村基础设施的项目引入力度,但从目前现实状况来看,乡村基础设施建设仍然处于相对落后状态。乡村街道交通、生活饮用水、路灯照明、供电设施、垃圾处理等并不能满足乡村居民生产生活需求，随用随取很难得以实现，乡村社会市场要素的流动和常态化服务供给质量堪忧。在此基础上，乡村经济相关产业发展优势难以充分利用，某些地区自然资源和历史文化条件也很难深度挖掘。一味依赖政府提供公共服务，缺少市场要素的自由流动，要素投入长期失衡，很难实现乡村社会市场供给需求结构的有效匹配和优化配置。因此，党政领导下有序引入市场和部分社会力量，充分释放乡村社会生产要素的发展潜能，提高全要素生产率具有重要意义。在乡村治理现代化实际建设过程中，乡村高质量发展和创新活力的系列要求也越来越多地需要引入更多的市场和社会主体，充分调动乡村治理五大领域发展活力。然而，乡村社会组织的培育也不是一蹴而就的过程，除东部发达地区之外，大部分地区乡村社会组织发育并不完善，具有较强的行政色彩和政策导向，习惯于依托党政部门实现资源积累和举措指引，很难独立有效地实现乡村资源统筹整合。

3. 内生动力挖掘不充分

乡村治理现代化建设的内生动力更多来源于乡村居民本身，以基层自治制度为依托行使民主管理的权力，推进"自我教育、自我监管、自我服务"的自治实践。然而，对于乡村居民而言，治理能力的提升并非一日之功，当前我国乡村居民作为自治主体尚处于"弱治理"状态。一方面，受我国上千年文化影响，传统封闭式管理模式以及乡土社会特有的传统乡规民约和大家长制下的宗族规矩仍然在发挥重要影响，"等靠要"传统思维、封建思想、不良陋习也尚未完全清除。面对现代治理秩序与传统治理秩序更新迭代，乡村居民群体很难短时间根据自身角色定位转变提升自治能力。另一方面，现实发展的需求使得乡村居民作为自治主体，参与乡村集体事务管理以及相关决策不足，政治参与感和获得感相对薄弱。在当前社会发展时代冲击与乡村社会治理资源较为短缺的矛盾对立中，乡村集体经济发展基础薄弱，稳定有序的产业格局难以形成，单纯依靠政府行政扶持很难有效改善家庭自身物质和精神生活水平。为满足生存和发展需求不得不被动卷入城市流动大潮，也使得乡村治理天然缺失了部分优秀人才的参与。

同时，受传统小农经济影响，部分乡村居民发展视野相对局限，政治觉悟普遍不高。当真正参与党政部门涉及乡村治理各领域建设问题议案商榷时，很难清晰准确有效地表达自身发展的现实需求。即便协商议事中出现乡村居民群体的有效参与，也容易因认知或专业知识缺失被"反客为主"，只能作为乡村公共事务和服务供给的被动接受方，而非能够短时间内发展成为乡村社会事务协商决策的制定者。

（三）制度建构缺位，治理机制保障不足

1. 制度建构不完善

在我国乡村治理现代化建设实践中，部分领域仍存在制度建构尚不完善情况。制度缺位无法有效维持乡村治理各主体各领域效能的发挥，容易导致出现主体参与权责不清、职责模糊、程序混乱等情况，严重制约着乡村治理改革的有序开展。同时，在乡村治理现代化建设具体推进过程中，保障乡村居民切实利益、切实维护制度运行的合理性和有效性，需要专职人才队伍的推进。就目前而言，乡村治理变革中专职人才队伍仍然部分存在制度意识不足、制度执行落实欠缺等问题，可能会诱发执行异化现象，影响乡村发展实际效能。而专职队伍一旦与村政干部完全重叠，可能会出现流于工具化形式，导致权力滥用甚至滋生腐败现象，忽视乡村居民诉求，损害乡村居民切身利益，破坏乡村社会的和谐稳定。

2. 配套机制不健全

制度建构效能发挥更多依赖于制度落实、执行与保障，中国特色农业现代化制度建设扎根现实国情发展需求，必须坚定不移地逐步推进。然而，这并不意味着同某些地区一样，一味固执奉行政策万能原则。忽视对乡村治理现实发展需求中"痛点"的理解，容易出现配套机制体制缺失、法律依据和相关规范性操作不健全等现象。值得注意的是，没有任何一种制度是天然完美和绝对不变的。时代发展条件的变更，要求基础性制度要适应新情境、新阶段的变化，正确处理好基本制度、运营机制与保障机制之间的关系，秉持传承创新的态度不断赋予现有制度更多的发展活力和生命力。除基本制度之外，乡村治理制度保障程度差异也容易发展成为影响乡村振兴和乡村建设的重要障碍因素，制度性保障型供给不足容易导致村政部门行动乏力，也容易打击乡村居民积极回应和参与乡村治理的热情，失去对基层政府和村两委的必要信任和信心。

二、乡村治理现代化建设的具体推进策略

（一）夯实党组织的核心领导作用

1. 基层党组织的核心领导作用

（1）地位和作用。基层党组织是乡村治理现代化的战斗堡垒，对于优化基层组织体系、改善村级治理方式和提升村级事务治理效果具有重要意义。2023年中央一号文件明确指出要"健全党组织领导的乡村治理体系"，坚持将党的领

导置于乡村治理体系统筹规划的基础地位。乡村基层党组织既是推动乡村振兴战略、促进乡村治理改革的领导先锋，也是组织包括乡村居民在内的群众力量汇聚的核心所在，为乡村治理现代化提供了坚实的组织保障。依托融通式党组织积极发挥党组织动员群众、服务群众的积极作用，打造国家社会治理的深度联动和纵向互通，优化乡村治理体系和治理格局。乡村发展实践充分表明，乡村治理实现现代化，基层党组织必须强。对于基层党组织而言，在乡村治理现代化中治理效能的发挥必须坚持两个基本的价值目标：一是衔接国家和社会的有效治理，发挥基层党组织的组织力，统筹调配乡村治理各治理要素。国家重大发展政策如乡村振兴、精准扶贫、生态建设等协同支持下，确保国家政策在乡村社会的有效实施，共同服务于社会经济发展和和谐稳定。

二是深化乡村基层民主治理。基层党组织依托群众、发动群众、组织群众积极开展村民自治，优化以基层党组织为核心、以村民自治组织为主体、集体经济组织和其他合作组织为联结的乡村治理基层组织体系。由此，改善以基层政府、基层党组织好、基层自治组织、市场经济组织、社会组织等多元主体为核心的基层场域环境，协同实现各行动者之间的合作共治。

（2）嵌入乡村治理的方式。基层党组织往往通过制定和颁布相应的路线方针政策，确定各级政府治理的核心关键任务，实现对整体社会的全面指导。一方面，中国共产党本身就具有成熟的群众路线，坚持从群众中来到群众中去，积极吸收乡村居民诉求表达，及时有效回应并服务于乡村居民，强化农村基层党组织的组织引领功能，积极打造乡村治理共同体；另一方面，中国共产党在乡村治理转型建设实践中嵌入不同类别的治理主体，保持对各社会主体的有机领导，致力于实现与各主体之间的融合发展，进而对基层乡村社会居民组织产生潜移默化的影响。具体而言，基层党组织嵌入乡村治理的方式是多维度、深层次的，主要包括以下四种：政治嵌入是指基层党组织贯彻落实国家重大方针政策，以政治引领和决策参与的方式，保证乡村治理改革方向和内容推进符合党的方针政策，并且能够得到有效落实。结构嵌入是指基层党组织融合到乡村治理组织架构之中，实现与乡村内部治理结构的双向联动，如"村党支部+党小组+党员中心户+群众"的四级联动机制。认知嵌入是指基层党组织积极开展宣传教育，增强乡村居民自治参与意识，强化多元主体对于实现乡村治理现代化的理解与认知。文化嵌入是指传承中华传统优秀文化的基础上，充分挖掘乡村社会优秀文化，如村规民约、家训家风、非遗文化等，积极引导村集体发展旅游文化相关产业，为乡村治理现代化增添新活力。通过以上嵌入方式，基层党组织积极发挥核心领导作用，更加有效地引领和推进乡村社会现代化发展进程。

2. 深化基层党组织的领导实践

坚持党组织的核心领导作用，就是要高度重视乡村治理实践中乡村基层党组织的效用，引导其能够作为"领头羊"和"排头雁"持续夯实基层党组织战斗堡垒。只有切实提升基层党组织的现代化治理能力，才能有效发展乡村政治稳定格局和巩固现实执政基础。

（1）深化治理责任。深度优化乡村社会民主议事决策机制，引导村两委有序推进和落实协商议事制度和相关公开条例。密切关注与乡村居民生产生活高度相关的重大问题，凡是与乡村居民关联密切的重要事项必须经由集体代表协商讨论，报批基层乡镇党委组织和基层政府进行系统考量和深度评估，规定时间内及时有序公开相关决议和事项处理结果，畅通乡村居民信息传递和表达通道。

（2）提升组织功能。要系统提升基层党组织参与乡村治理和实施决策的能力，尤其是在基层自治人才选任阶段，能够切实将乡土社会中具有一定经济实力、专业技术、实践经验、责任心和使命感的优秀人才选拔到基层党组织当中，全面提高基层党政人才队伍建设质量。坚决落实村两委中村委会主任和党支部书记的切实责任，明确两者之间的角色分工和权责边界，减少不必要的工作损耗以及因为程序、权责配置引起的不必要矛盾，从根本上汇合发展动力。

（3）优化治理机制。建构层级清晰、权责清晰、边界清晰的县乡党委参与乡村发展的责任机制，引导党委班子成员主动加入乡村振兴建设队伍之中，积极发挥党政干部的先进示范和引领作用。构建村级党委组织对乡村治理各领域组织工作的指导体系，积极主动扭转上级政府单向的行政职务转移现象，建立起村党委组织督促整改乡村社会治理的工作现实。

（二）坚持民生需求为先

1. 深化民生发展理念

坚持以民生为先，将补齐乡村居民生产、生活、生态发展需求短板作为实现乡村治理现代化转型的关键工作任务。衡量乡村治理体系和治理能力现代化的成效如何，最为核心、最为关键之处在于乡村居民对乡村建设成效是否满意，是否真正得到切实利益和好处，实实在在解决了乡村居民现实生活中最为紧迫、最为重要、最为关切的相关事务。正是这些"急难愁盼"问题的解决程度和解决过程，直接体现了乡村现代化建设中社会公平、正义、权利等一系列问题的落实，也体现了国家和政府对乡村居民的重视和权益保障。当然，随着我国乃至世界范围内社会经济发展形势的演进与变化，乡村居民对于美好生活的需求、对于乡村现代化建设的要求不断优化提升，利益诉求多元化趋势强化，也逐渐呈现出明显的区域差异化特征。同时，乡村居民不再是传统意义的小农群体，而在融入社会发展过程中具备了更高的教育水平、更强的专业知识和更高的群体素养，职业农民群体特征和群体表现日益突出，并且在现代化农业生产经营中开始发挥重要作用。

2. 优化公共服务供给方式

结合各种发展形势和发展条件，要求现代化建设过程中必须转变传统权威式乡村管制模式。结合当前乡村居民群体特征改变治理模式以及公共服务供给模式，顺应时代发展加快现代化治理模式转变，以乡村居民需求为导向加强公共服务产品与机制体制改革。一方面，丰富乡村公共产品供给内容和种类，包括农业生产经营培训、法律服务与咨询、电商平台与相关培训、交通物流发展等综合事务，引导乡村居民切实参与乡村公共服务的供给、享有、治理与建设，拓展乡村居民生产生活内容边界。另一方面，改进和提升乡村人居生活质量，优化整治乡村生态环境，将生态保护放在优先位置，引导文化和自然资源的合理开发和融合。全面深化乡村基础设施建设，深度调控基础设施项目供给与服务质量，引导多元资金投入乡村基础设施建设，尤其是事关乡村居民日常生活的水电、交通、绿化工程等内容。改善乡村人居环境整治，破解乡村居民现实生活中美好生活需求和可持续发展的难题，提升乡村居民的生活质量、乡村归属感和幸福指数。

（三）加强乡村人才引进与培育

1. 加强乡村干部队伍建设

推进乡村现代化建设，关键在于人才队伍的建设。习近平总书记明确指出："人才振兴是乡村振兴的基础，要创新乡村人才工作体制机制，充分激发乡村现有人才活力，把更多城市人才引进乡村创新创业。"[1] 中央一号文件《关于实施乡村振兴战略的意见》强调，推进乡村治理变革转型要将人才资本开发放在首要位置，全方面打通各类优秀社会人才智力下乡、技术下乡、管理下乡，聚类更多创新人才力量引领乡村现代化建设。如何切实打造一支真正能懂农业生产、会抓农业经营、热爱乡村工作、爱护乡村居民的基层干部队伍，尤其是加强村党支部书记后备人才队伍建设，选派优秀骨干干部全力投入乡村现代化建设工作中。

2. 强化乡村本土人才培养

积极创造条件引导和党员企业家、热爱乡村事业的社会人士、回乡创业退

---

① 习近平主持中共中央政治局第八次集体学习并讲话 [EB/OL]. 中国政府网，2018-09-22.

伍军人、经营能手、大学生等多元群体，走进基层社会，投入乡村现代化建设。注重精神激励和物质激励两手抓，在乡村现代化建设一线梯级培养真正能干事创业的优秀人才。全面深化落实人才引进的各类财政税收、金融支持、科技创新等相关政策，畅通不同类别人才资本投入、项目支持、角色担任、物资捐赠、法律服务等建设渠道，加快培育乡村现代化建设创业创新带头人，丰富乡村发展和乡村治理改革的多层次人才支撑。

3. 加强对乡村居民的培养

中共中央、国务院印发《乡村振兴战略规划（2018—2022 年）》号召全方位提升乡村居民从业结构和整体素养，通过灵活性、弹性方式创新高素质乡村居民的培育，有效推进乡村居民教育水平提升。重点扶持特色高水平高职学校和专业建设，面向乡村居民推进职业教育和成人教育建设，引导乡村居民依托自身优势资源自主创业创新，激发乡村现代化的内生发展动力。

（四）优化相关机制体制建设

1. 深化城乡融合发展

乡村治理现代化的首要之义是乡村治理体系的现代化，体系机制建设既是价值意向选择的体现，也是对治理举措的有形结构支撑。加快中国特色乡村治理体制机制建设，要立足城乡战略一体化布局，充分认识到城乡关系下新型城镇化建设与乡村现代化治理的协同推进，切实将传统支持城市发展政策转变为城乡融合发展政策。深度挖掘城乡一体融合的各发展要素，既要培育乡村建设内部动力，也要注重城市发展外部带动作用，加快建设城乡融合协同"一体两翼"的新发展格局。具体来说，城乡一体化融合机制体制包含城乡战略布局一体化机制、城乡空间开发一体化机制、城乡资源配置一体化机制、城乡互补融合机制等。《中华人民共和国城乡规划法》明确规定："城乡规划是以促进城乡经济社会全面协调可持续发展为根本任务、促进土地科学使用为基础、促进人居环境根本改善为目的，涵盖城乡居民点的空间布局规划。"统筹城乡发展战略，建立城乡融合一体化机制，才能从根本上解决城乡要素流动、市场共建、资源配置等重要关键问题。推进城乡融合一体化机制建设，要在总体考量城乡发展目标的基础上，准确定位城乡发展方向，切实优化相关规划编制工作。以实现城乡共融为前提加快乡村地区公共服务供给制度运作，尽可能规避运动式治理的产生。

2. 完善三治融合治理

从自治、法治、德治方面积极探索实现乡村治理体系建设，统筹协调政府、市场、社会之间协同关系，实现乡村治理决策工作体制整体化、系统化和规范化。其中，村民自治是保障乡村居民权利实现的基础性制度，也是村民当家做主主导治理地位的重要体现。推进乡村现代化建设，要充分调动乡村居民的主人翁意识，激发乡村居民的公共精神和参与意识，包括独立人格、批判意识、责任意识、参与意识等，畅通制度化民主协商渠道，强化乡村居民对公共事务的关怀精神与诉求表达。尤其要注重培养乡村治理组织带头人和经济致富带头人，发挥基层党员的先锋引领示范作用，逐步带领广大村民扩大公共事务参与范围和参与深度，切实实现乡村治理赋权于民、保障民众诉求。

结合乡村地区发展条件和实际特点，依托村民大会和代表会议加强村规民约规范化建设，有选择地利用乡村宗族势力落实相关公共事务，深化落实和规范乡村基层小微权利清单。加强乡村治理秩序规范化建设，尊重乡村基层社会伦理和文化传承，通过道德和文化的作用潜移默化地推进乡风文明建设，全方位推进乡村公共文化服务体系建设。

（五）增加乡村建设的财政投入

1. 坚持乡村治理方向

与国家发展需求、乡村振兴战略和乡村居民需求相适应的财政投入，是实现乡村治理现代化转型变革的根本保障。《乡村振兴战略规划（2018—2022年）》强调，"明确和深化各级政府'三农'投入责任，公共财政更大力度向'三农'倾斜"。《关于实施乡村振兴战略的实施意见》中明确指出："要健全投入保障制度，创新投融资机制，加快形成财政优先保障、金融重点倾斜、社会积极参与的多元投入格局，确保投入力度不断增强、总量持续增加。"准确把握与乡村治理变革要求和当地发展需求相适应的乡村金融发展目标，以市场化运作为基本导向，以政府支持为保障，充分发挥市场、政府和社会在乡村现代化建设中的积极作用，将更多更有效的建设资源聚类到乡村经济发展中最关键、最重要和最迫切的领域中。

2. 拓宽乡村财政融资渠道

有计划、有步骤地推进构建多层次、多样化乡村建设资金支持体系，发展多元财政投入主体。《贯彻落实实施乡村振兴战略的意见》也积极肯定了财政投入的积极作用，提出"要坚持绩效导向、加强管理，将财政资金的分配和使用管理与支持乡村振兴工作的实际成效密切结合起来，与提升农民的获得感、幸福感、安全感紧密结合起来"。加强对涉农企业的政策扶持力度，积极支持符合上市和挂牌条件的企业申请并开辟绿色通道；创新乡村建设融资工具，引导商业银行积极对接乡村建设各类经营主体发布专项融资项目，鼓励优质非金融企业面向乡村发展进行债务融资，强化乡村建设相关保险保障和监管评估。

3. 健全乡村金融支农组织建设

国家开发银行和中国农业银行作为开发性、政策性金融机构，也要加强其对乡村经济的中长期信贷支持，尤其是要在乡村产业发展的薄弱环节加大资金投入。中国储蓄银行则应进一步做好乡村现代化建设中各类相对弱势主体的资金投入，具体包括小散农户、中小涉农企业、贫困群体等，重点落实普惠金融支持。第四，加强金融服务相关基础设施建设。全面深化乡村社会移动支付普及建设，规范乡村居民银行卡支取服务，引导金融服务深入乡村居民生产资料、生活产品、生态享有等领域实现全覆盖。积极构建政府、银行、村庄、居民等多层次主体参与的金融信用体系，建立健全乡村居民电子经济状况建档，加强对乡村经济发展概况的全方位监管，切实维护乡村居民金融权益。

（六）强化科技赋能增权

1. 治理技术工具性嵌入

扩大科技在乡村建设和乡村发展中的支撑性作用，尤其是要加强数字技术在环境融入过程中的工具性嵌入，促进乡村产业变革升级和乡村全面系统发展。农业农村部出台《乡村振兴科技支撑行动实施方案》，明确提出重点发展一批关系乡村发展要义的核心技术。尤其是要加快具有普及性、发展性的实用农业技术集成式应用，以科技创新与可持续发展模式的引领示范带动经济发展，探索实现乡村治理数字化转型的"最后一公里"。依托《数字乡村发展战略纲要》和《数字农业农村发展规划（2019—2025年）》等国家宏观顶层设计安排，数字乡村已经成为影响我国乡村现代化建设的重要发展战略。加强基础工程设施建设，如云平台、基础观测网络、常规信息系统、物联网等。最为重要和紧迫的任务是，建设覆盖我国大部分地区的乡村发展资源大数据系统，让乡村现代化治理变革成为可视化数字，纳入统一的国家大数据平台系统统筹。

2. 治理组织结构性调整

党的十八大以后，各级政府持续深化"互联网+政务服务"改革，积极推进治理数据共享、信息互联和服务协同。技术嵌入极大精简了治理中间环节，县镇村三级治理层级实现职能一体化，资源开放、协作共享、联动共治，进一步提升了政府治理效能和治理能力。"移动政务""数字政务""智能合约"等兴起，乡村居民可直接通过数字化平台参与乡村事务决策，治理结构进一步实现扁平化，治理决策和执行效率得以提升。此外，初步构建起乡村治理信息系统，运用物联网、大数据等技术覆盖乡村政务服务、农业管理、环境治理等领域，积极打造数字化治理平台。部分地区基层治理实践中，陆续使用数字技术助推现代化转型，如技术升级、新冠防控、风险治理、数字乡村建设、碎片化扶贫等，侧重在组织层级依托物化手段实现技术治理。由此，形成一批基层治理数字化改革的典型案例，如浙江"基层治理四平台基础"上推出的"未来乡村建设"，打造1612数字化改革体系和数智标杆。

3. 治理过程功能性优化

当前我国乡村现代化建设推进过程中，农业经济发展、人口资源管理、政务服务、社会保障、文化建设等都离不开现代科技的支撑。数字化技术响应乡村治理不同场景的复杂需求，自上而下和自下而上的治理过程协同联动，化繁为简，为实现整体智治提供效能保障。乡村治理相关领域加强关键核心技术自主创新力度，围绕困扰乡村生产和村民生活的重大问题进行重点攻克，工作流程、行为模式、服务流程等方面深度优化乡村治理各领域技术和管理服务。强化不同乡村地区之间"三农"资源共享平台建设，建立健全科技创新资源以及关键核心技术共享服务、运营和评估监测机制。以产业经济发展为例，当前我国培育和打造了一批具有相当实力的科技示范县，从科技创新、产业融合、人才培养、多元主体参与等入手，引导高水平科技团队、科技企业和社会基金注入乡村产业发展。目前已经初步形成一定规模的乡村区域增长极，以科技创新为基础的农业产业发展平台雏形出现，区域服务水平、运作流程和治理能力明显提升，如寿光蔬菜产业硅谷、杨凌农业高新技术产业示范区。

参考文献

一、著作类

［1］安东尼·吉登斯等．自反性现代化［M］．北京：商务印书馆，2004．

［2］安娜．改革开放以来中国共产党乡村治理的理论与实践［M］．北京：当代中国出版社，2019．

［3］奥利弗·威廉姆森．治理机制［M］．石烁，译，北京：机械工业出版社，2016．

［4］本杰明·巴伯．强势民主［M］．彭斌，吴润洲，译，长春：吉林人民出版社，2006．

［5］彼得·德鲁克．创新与企业家精神［M］．蔡文燕，译，北京：机械工业出版社，2009．

［6］陈家刚．协商民主与政治发展［M］．北京：社会科学文献出版社，2011．

［7］陈劲，郑刚．创新管理：赢得持续竞争优势［M］．北京：北京大学出版社，2016．

［8］陈振明．政策科学——公共政策分析导论（第二版）［M］．北京：中国人民大学出版社，2003．

［9］Matthias Bischoff, Or. Eric Chauvistré, Constanzekleis, Joachimwitle. 德国概况（中文版）［M］．法兰克富西埃德媒体公司，2018．

［10］东尼·吉登斯．现代性的后果［M］．田禾，译，南京：译林出版社，2000．

［11］斐迪南·滕尼斯．共同体与社会［M］．张巍卓，译，北京：商务印书

馆，2019.

[12] 贺雪峰. 乡村治理的社会基础 [M]. 北京：生活·读书·新知三联书店，2020.

[13] M. 霍莱特，M. 拉梅什. 公共政策研究 [M]. 北京：中国经济出版社，2005.

[14] 姜明安，等. 行政法与行政诉讼法（第三版）[M]. 北京：北京大学出版社、高等教育出版社，2007.

[15] 李焘. 续资治通鉴长编 [M]. 北京：中华书局，2004

[16] 李燕凌. 农村科技服务与管理 [M]. 北京：高等教育出版社，2011.

[17] 林尚立，赵宇峰. 中国协商民主的逻辑 [M]. 上海：上海人民出版社，2016.

[18] 刘刚. 乡村治理现代化：理论与实践 [M]. 北京：经济管理出版社，2020.

[19] 娄成武，孙萍. 社区管理 [M]. 北京：高等教育出版社，2003.

[20] 马克思恩格斯文集（第1-10卷）[M]. 北京：人民出版社，2009.

[21] 齐格蒙特·鲍曼. 共同体 [M]. 欧阳景根，译，南京：江苏人民出版社，2003.

[22] 全球治理委员会. 我们的全球伙伴关系 [M]. 香港：牛津大学出版社，1995.

[23] 社会学概论编写组. 社会学概论 [M]. 天津：天津人民出版社，1984.

[24] F. 滕尼斯. 共同体与社会 [M]. 北京：商务印书馆，1999.

[25] 王利器. 文子疏义 [M]. 北京：中华书局，2000.

[26] 王思斌. 社会学教程 [M]. 北京：北京大学出版社，2005.

[27] 魏征. 隋书 [M]. 北京：中华书局，2015.

[28] 魏徵，等. 隋书·食货志：卷二十四 [M]. 北京：中华书局，1973.

[29] 习近平. 论坚持人民当家作主 [M]. 北京：中央文献出版社，2021.

[30] 习近平谈治国理政（第1-4卷）[M]. 北京：外文出版社，2014-2022.

[31] 萧公权. 中国政治思想史 [M]. 北京：商务印书馆，2011.

［32］徐永祥．社区发展论［M］．上海：华东理工大学出版社，2000.

［33］徐勇．乡村治理的中国根基与变迁［M］．北京：中国社会科学出版社，2001.

［34］杨开道．中国乡约制度［M］．北京：商务印书馆，2019.

［35］俞可平．治理与善治［M］．北京：社会科学文献出版社，2000.

［36］约翰·德雷泽克．协商民主及其超越：自由与批判的视角［M］．丁开杰，译，北京：中央编译出版社，2006.

［37］约瑟夫·熊彼特．经济发展理论［M］．何畏，易家详，译，北京：商务印书馆，1990.

［38］约瑟夫·熊彼特．资本主义、社会主义和民主主义［M］．吴良健，译，北京：商务印书馆，1999.

［39］云梦龙岗秦简整理小组．云梦龙岗秦简［M］．北京：科学出版社，1997.

［40］詹成付．农村社区建设实验工作讲义［M］．北京：中国社会出版社，2008.

［41］詹姆斯·博曼．公共协商：多元主义、复杂性与民主［M］．黄相怀，译，北京：中央编译出版社，2006.

［42］詹姆斯·罗西璃．没有政府的治理［M］．张胜军等译，南昌：江西人民出版社，2001.

［43］张成福，党秀云．公共管理学（修订版）［M］．北京：中国人民大学出版社，2007.

［44］张家山二四七号汉墓竹简整理小组．张家山汉墓竹简：二年律令［M］．北京：文物出版社，2006.

［45］张康之，合作的社会及其治理［M］．上海：上海人民出版社，2014.

［46］张廷玉．明史·卷七十七·食货志一［M］．北京：中华书局，1974.

［47］章惠康，易孟醇．后汉书今注今译：下册［M］．长沙：岳麓书社，1998.

［48］赵尔巽．清史稿·卷一百二十二·志九十七·食货志一［M］．北京：中华书局，1977.

［49］郑杭生．社会学概论新修［M］．北京：中国人民大学出版社，2003.

　　[50] 周积明，宋德金，郭莹．中国社会史论：上卷 [M]．2 版．武汉：湖北教育出版社，2005．

　　[51] 周三多等．管理学——原理与方法（第六版）[M]．上海：复旦大学出版社，2014．

　　[52] 左丘明．国语 [M]．北京：中华书局，2013．

二、期刊类

　　[1] 陈劲．从技术引进到自主创新的学习模式 [J]．科研管理，1994（02）．

　　[2] 陈乐素，王正平．宋代的客户与士大夫 [J]．杭州大学学报（哲学社会科学版），1979（1）．

　　[3] 董丽晖．革故鼎新：北宋前期嬗变镇将势力述论 [J]．地域文化研究，2024（1）．

　　[4] 高鸣，魏佳朔，宋洪远．新型农村集体经济创新发展的战略构想与政策优化 [J]．改革，2021（09）．

　　[5] 何包钢．协商民主和协商治理：构建一个理性且成熟的公民社会 [J]．开放时代，2012（04）．

　　[6] 贺来．马克思哲学的"类"概念与"人类命运共同体" [J]．哲学研究，2016（08）．

　　[7] 贺雪峰．乡村治理中的公共性与基层治理有效 [J]．武汉大学学报（哲学社会科学版），2023（1）．

　　[8] 胡仙芝．从善政向善治的转变——"治理理论与中国行政改革"研讨会综述 [J]．中国行政管理，2001（09）．

　　[9] 黄敏璇．渐进性调适：中国基层协商民主制度的演进逻辑——基于历史制度主义的分析 [J]．社会主义研究，2022（02）．

　　[10] 黄永年．唐代两税法杂考 [J]．历史研究，1981（1）．

　　[11] 李景治．当代中国政治发展中的协商民主与票决民主 [J]．中国人民大学学报（社会科学版），2011（05）．

　　[12] 梁洪生：江右王门学者的乡族建设：以流坑村为例 [J] 台北新史学，1997（18）．

[13] 毛丹．村落共同体的当代命运：四个观察维度 [J]．社会学研究，2010（01）．

[14] 欧阳静．简约治理：超越科层化的乡村治理现代化 [J]．中国社会科学，2022（03）．

[15] 彭莹莹，燕继荣．从治理到国家治理：治理研究的中国化 [J]．治理研究，2018，34（02）．

[16] 邱春林．中国特色乡村治理现代化及其基本经验 [J]．湖南社会科学，2022（02）．

[17] 沈迁．乡村治理现代化背景下复合型治理的生成逻辑——以"三元统合"为分析框架 [J]．南京农业大学学报（社会科学版），2022（05）．

[18] 孙成聪，顾宇，葛骁欧．新时代乡村治理体系和治理能力现代化建设的路径分析 [J]．农业经济，2023（10）．

[19] 孙慧娟．以基层党建引领乡村治理现代化 [J]．人民论坛，2022（21）．

[20] 孙莹．协同共治视角下的乡村治理现代化——以四川省J市的乡村振兴实践为例 [J]．理论学刊，2022（02）．

[21] 唐力行．从碑刻看明清以来苏州社会的变迁——兼与徽州社会比较 [J]．历史研究，2000（1）．

[22] 王棣．宋代乡里两级制度质疑 [J]．历史研究，1999（4）．

[23] 王刚，宋锴业．治理理论的本质及其实现逻辑 [J]．求实，2017（03）．

[24] 王红艳．中国协商民主为什么真？——以标准、条件和效能为视角的分析 [J]．政治学研究，2022（02）．

[25] 王鸿铭．国家治理能力：现代国家建设的理论分析范式 [J]．学海，2024（3）．

[26] 王浦劬．新时代乡村治理现代化的根本取向、核心议题和基本路径 [J]．华中师范大学学报（文社会科学版），2022（01）．

[27] 徐勇．城乡一体化进程中的乡村治理创新 [J]．中国农村经济，2016（10）．

[28] 俞可平．全球治理引论 [J]．马克思主义与现实，2002（01）．

[29] 郁建兴. 社会治理共同体及其建设路径 [J]. 公共管理评论, 2019 (03).

[30] 张志旻, 赵世奎, 任之光, 等. 共同体的界定、内涵及其生成——共同体研究综述 [J]. 科学学与科学技术管理, 2010 (10).

[31] 章爱先, 朱启臻. 基于乡村价值的乡村振兴思考 [J]. 行政管理改革, 2019 (12).

[32] 赵华富. 论徽州宗族繁荣的原因 [J]. 民俗研究, 1993 (1).

[33] 朱新山. 中国乡村治理体系现代化研究 [J]. 毛泽东邓小平理论研究, 2018 (4).

[34] 朱英. 试论清政府地方自治政策及其影响 [J]. 史学月刊, 1989 (5).

三、其他类

[1] 范会勋. 中国社会主义协商民主问题研究 [D]. 北京: 中共中央党校, 2014.

[2] 黄泽清. 以产业振兴为基础推进农业农村现代化 [N]. 光明日报, 2023-05-23 (11).

[3] 日本国自治体国际化协会. 日本的地方自治2020 (2022改订版) [R/OL]. https: //www. clair. or. JP/jlforum/Publdocs/jichi2022-ch. pdf.

[4] 孙存良. 当代中国民主协商研究 [D]. 北京: 中国人民大学, 2008.

[5] 王少伯. 新时代乡村治理现代化研究 [D]. 北京: 中共中央党校, 2020.

[6] 中国驻美国大使馆经济商务处. 对外投资合作国别 (地区) 指南之美国 (2023年版) [R/OL]. https: //www. mofcom. gov. cn/dl/qbdqzn/upload/meiguo. pdf.

[7] Hart, G., Larson, H., & Lishner, M.. Rural definitions for health policy and research [J]. American Journal of Public Health, 2005, 95 (7), 1149-1155

[8] R.E. 帕克, E.N. 伯杰斯, R.D. 麦肯齐, 等. 城市社会学 [C]. 北京: 华夏出版社, 1987.

[9] U.S. Census Bureau. Urban Area Criteriafor the 2020 Census-Final Criteria [R/OL]. https: //www. federalregistergov/documents/2022/03/24/2022-06180/urban-

area-criteria-for-the-2020-census-final-criteria.

［10］ World Bank. World Development Report 2009：Reshaping Economic Geography ［R/OL］. https：//openknowledge. worldbank. org/entities/publication/58557 d74-baf0-5f97-a255-00482909810a.